高等医学院校检验专业专科教材

分 析 化 学

主　　编　　王世渝

编写人员　　王世渝（北京医学高等专科学校）

邱细敏（湖南医学高等专科学校）

孟宪伟（鸡西煤炭医学高等专科学校）

苗建伟（湖北药检高等专科学校）

中国医药科技出版社

内 容 提 要

　　本书是高等医学院校检验专业专科系列教材之一，在内容选择上以医学检验专业对分析化学的需要为主要依据，侧重基本理论知识的巩固和基本能力的培养。全书共九章，内容有绪论、误差和分析数据的处理、滴定分析法概述、酸碱滴定法、配位滴定法、氧化还原滴定法、沉淀滴定法、质量分析法、定量分析的一般步骤等。各章附有思考题和习题，书后附有分析化学 21 个实验，可供各学校选择使用。全书内容较丰富，深浅适宜，切合实际。适合大专层次培养应用型人才的需要。

　　本书也可作为大学专科其他专业及成人高校相关专业的教材和参考书。

图书在版编目（CIP）数据

　　分析化学/王世渝主编．—北京：中国医药科技出版社，
2000.5

　　高等医学院校检验专业专科教材

　　ISBN 978 - 7 - 5067 - 2149 - 3

　　Ⅰ.分… Ⅱ.王… Ⅲ.分析化学 – 高等学校：医学院校 – 教材
　　Ⅳ.O65

　　中国版本图书馆 CIP 数据核字（2000）第 07665 号

出版　中国医药科技出版社
地址　北京市海淀区文慧园北路甲 22 号
邮编　100082
电话　发行：010-62227427　邮购：010-62236938
网址　www.cmstp.com
规格　787×1092mm $\frac{1}{16}$
印张　12$\frac{1}{2}$
字数　288 千字
版次　2000 年 5 月第 1 版
印次　2021 年 8 月第 20 次印刷
印刷　北京市密东印刷有限公司
经销　全国各地新华书店
书号　ISBN 978-7-5067-2149-3
定价　36.00 元

本社图书如存在印装质量问题请与本社联系调换

前　言

　　本书受全国高等医学检验专科教育协作组的委托而编写，是高等医学院校医学检验专业专科系列教材之一，供全国医学检验专业使用，也可作为职大、夜大等成人高校相关专业的教材或教学参考书。

　　本书以培养医学检验专业专科应用型人才作为编写的指导思想，突出理论知识的应用和解决实际问题能力的培养、力求做到重点鲜明，把理论与分析实际紧密联系起来，注意启发学生多加思考，为后期课程的学习和工作实践打下良好基础。分析化学是医学检验专业的主要课程，在内容选择上以三基为重点，并按"掌握"、"熟悉"、"了解"三级要求选材。本书删去了定性化学分析内容，着重介绍化学定量分析，包括四种滴定分析方法、质量分析、定量分析的一般步骤，并单列一章讨论误差和分析数据的处理。书中各章都有应用实例，以帮助学生对知识的理解和运用，各章附有思考题和习题。分析化学实验是分析化学的重要环节，鉴于当前分析化学教学中亟待加强学生实验技能的训练，书中共编入21个有代表性的实验与理论教材配合使用。

　　在编写过程中还注意到了分析化学与医学检验专业的密切联系，这种联系不是把医学检验专业有关课程中的内容放到分析化学中来讲授，而是把专业课程中所需要的与分析化学有关的基本理论和操作技能作为主要内容，合理地、有机地与专业课衔接。

　　本书采用了国家颁布的法定计量单位。

　　本书由王世渝（主编）、邱细敏、孟宪伟、苗建伟等同志共同编写，北京医学高等专科学校韩志萍、王蓓两同志担任编写组秘书并参加教材的整理工作。全书在编写过程中得到了北京医学高等专科学校及有关学校领导和老师们的指导及帮助，在此一并表示感谢。

　　本教材在编审过程中，虽已注意到力求认真严谨，但似嫌时间仓促，水平有限，谬误失当之处，或所难免，望使用本教材的师生提出批评与修改意见。

编者

2000 年 1 月

目　　录

第一章 绪 论

第一节 分析化学的任务和作用

分析化学（analytical chemistry）是研究物质化学组成的分析方法及相关原理的一门科学，是化学学科的一个重要分支。按分析化学的任务，可将其分为定性分析（qualitative analysis）、定量分析（quntitative analysis）、结构分析（structural analysis）三部分。定性分析是确定物质是由哪些组分——元素、离子、基团或化合物所组成，也就是确定组成物质的各组分"是什么"；定量分析是确定物质中有关组分的含量，也就是确定物质中被测组分"有多少"；结构分析是确定物质各组分的结合方式及其对物质化学性质的影响。

分析化学又是一门工具学科，在进行科学研究时，可以帮助人们扩大和加深对自然界的认识。在化学学科本身的发展中，分析化学起着重要作用，如相对原子质量的测定和理论的建立等等都是用分析化学的方法确定的。此外，其他各个科学领域中也要用到分析化学。可以说，凡涉及到化学现象的任何一种科学研究中，分析化学往往都是它们所不可缺少的研究手段。不仅如此，分析化学对国民经济、国防建设和人民生活等方面都有很大的实际意义。

整个国民经济建设离不开分析化学。在工业上，资源的勘探、原料的选择、工艺流程的控制、成品的检验以及"三废"的处理与环境的监测；在农业上，土壤的普查、作物营养的诊断、化肥及农产品的质量检验；在尖端科学和国防建设中，像人造卫星、核武器的研究和生产，对原子能材料、半导体材料及超纯物质中微量杂质的分析等都要应用分析化学。在国际贸易方面，对进出口的原料、成品的质量分析，不仅具有经济意义，而且具有重大的政治意义。因此，人们常将分析化学称为生产的"眼睛"，它在工业、农业、国防和科学技术现代化进程中起着极其重要的作用。可以说，分析化学的水平已成为衡量一个国家技术水平的重要标志之一。

在医药卫生事业中，如药品鉴定、新药研究、体内药物分析、食品营养分析、药物制剂的稳定性、生物有效性的测定、病因调查、临床检验、环境分析等，无不需要应用分析化学的理论、知识与技术。近年来，随着医学科学技术的飞速发展，医学检验的方法和技术也在不断提高，在检验过程中常常使用分析化学的各种方法对人体各种试样进行分析，从而精确地反映了人体组织器官的生理和病态情况。如果没有分析化学为完成这些工作提供数据，要想有效地预防、诊断和治疗疾病，达到保障人民健康的目的，显然是难以做到的。临床医学检验的形成和发展，就是分析化学向医学渗透的结果，因此分析化学在医学检验中有着极其重要的作用。

在医学高等学校的有关专业中，学生学习分析化学的目的，不仅在于掌握各种不同物质的分析理论方法和技术，而且还将学到科学研究的方法，因为分析化学能够培养学生观察判断问题的能力和精密地进行科学实验的技能。分析化学是医学检验专业的主干课程之一，它是一门实践性很强的应用学科，部分教学内容是在实验课中完成的。通过分析化学的学习，可以掌握一些基本分析方法，突出量的概念；可以加强基本操作训练，把理论同实践紧密结合起来，提高分析问题解决问题的能力。通过分析化学的学习，还能养成严谨求实的科学态度和认真细致地进行科学实验的良好习惯。

第二节　分析化学方法的分类

按照不同的分类方法，可将分析化学方法归属于不同的类别。按分析任务分类，可分为定性分析、定量分析与结构分析；按分析对象分类，可分为无机分析和有机分析；按照分析原理分类可分为化学分析和仪器分析；按照试样用量分类可分为常量分析、半微量分析、微量分析、超微量分析等。这里仅就某些分类方法作进一步的探讨。

一、化学分析与仪器分析

1．化学分析法

化学分析法（chemical analysis）是以物质的化学反应为基础的分析方法。被分析的物质称为试样，与试样起反应的物质称为试剂。化学分析法包括化学定性分析和化学定量分析两部分，化学定性分析是根据试样与试剂化学反应的现象和特征来鉴定物质的化学组成；而化学定量分析是利用试样中被测组分与试剂定量进行的化学反应来测定该组分的相对含量。化学定量分析又分为质量分析法与滴定分析法。

例如，某定量分析反应为：

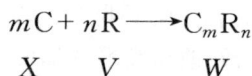

$$mC + nR \longrightarrow C_mR_n$$
$$X \qquad V \qquad\quad W$$

C为被测组分，R为试剂，可根据生成物 C_mR_n 的量 W，或与组分C反应所需的试剂R的量 V，求出组分C的量 X。如果用称量方法求得生成物 C_mR_n 的质量，这种方法属于质量分析法。如果从与组分反应的试剂R的浓度和体积求得组分C的含量，这种方法称为滴定分析或容量分析法。质量分析法和容量分析法应用于定量分析的时间最早，故又称这些方法为经典分析方法。

化学分析法所用仪器设备简单，测定结果准确，应用范围较为广泛。但是化学分析的应用也有一定的限制。例如对于试样中极微量的杂质的定性或定量分析往往不够灵敏，一般也不能满足快速分析的要求，故常需用仪器分析方法来解决。

2．仪器分析法

仪器分析法属于物理和物理化学分析。根据被测物质的某种物理性质（如相对密度、折射率、旋光度及光谱特征等）与组分的关系，不经化学反应直接进行定性或定量分析的方法，称为物理分析法（physical analysis）。而根据被测物质在化学变化中的某种物理性质与组分之间的关系，进行定性或定量分析的方法，称为物理化学分析法（physico - chemical analysis）如电位分析法等。由于进行物理和物理化学分析时，大都需要精密仪器，故这类分析方法又称为仪器分析法（instrumental analysis）。仪器分析法具有灵敏、快速、准确的特点，发展很快，应用广泛。仪器分析法主要包括电化学分析法、光学分析法、质谱分析法、色谱分析法、热量分析法、放射化学分析及流动注射分析法等。仅就其中几类主要仪器分析方法简要介绍如下。

(1) 电化学分析法 主要包括电导分析、电位分析及电解分析三类方法。

(2) 光学分析法 主要有吸收光谱分析法（如紫外－可见分光光度法、红外分光光度法、原子吸收分光光度法、核磁共振波谱法等），发射光谱分析法（如荧光分光光度法、火焰分光光度法等），旋光分析法，折光分析法等。

(3) 色谱分析法 主要有液相色谱分析法（包括柱色谱法、薄层色谱法、纸色谱法、高效液相色谱法等）和气相色谱法等。

仪器分析法常常是在化学分析法的基础上进行的。在进行仪器分析之前常用化学方法对试样进行预处理（如溶解样品、除去干扰杂质等），都是化学分析的基本步骤和实验技能，都是需要用化学分析方法来完成。所以化学分析法和仪器分析法是互相配合的。

本书将着重讨论化学定量分析法的基本知识、基本理论和基本技术。

二、常量、半微量、微量与超微量分析

按试样用量的多少，分析方法可分为常量分析、半微量分析、微量分析和超微量分析。各种方法所需样品的量列于表1－1。

表1－1 各种分析方法的取样量

方　法	试样质量	试液体积
常量分析	>0.1g	>10ml
半微量分析	0.01~0.1g	1~10ml
微量分析	0.1~10mg	0.01~1ml
超微量分析	<0.1mg	<0.01ml

在无机定性分析中，多采用半微量分析方法；在化学定量分析中，常采用常量分析方法；在进行微量和超微量分析时，一般用仪器分析方法。

另外按被测组分的百分含量可分为常量组分（>1%）、微量组分（0.01%~1%）及痕量组分分析（<0.001%）。这些组分的分析又称常量组分分析、微量组分分析及痕量组分分析。这种分类法与按取样量分类法的角度不同，两种概念不可混淆。采用哪种取样量的分析方法，应考虑组分的含量，但两者并不存在直接对应关系。例如，常量组分分析可用常量分析法，也可用半微量或微量分析法，主要取决于取样量。

第三节 分析化学的进展

生产的发展和科学的进步给分析化学提出了越来越高的要求。在20世纪50年代，由于原子科学发展的需要，建立了放射化学分析法；60年代半导体技术的兴起，建立了超纯物质的分析方法，使半导体材料的纯度有的甚至可达99.9999999%以上；70年代环境科学和宇宙科学的发展，引起痕量分析、超痕量分析及遥测分析方法的建立，分析手段也要求进一步准确、灵敏、快速、简便、自动化。随着科学技术的发展，分析化学也不断地发展了一些新的理论、方法和手段。

一、化学分析方法仍然是最广泛应用的方法之一

化学分析方法有着悠久的历史，由于设备简单、经济适用等优点，特别是在基准方法中起着重要作用。近年来由于使用了一些有机试剂作为沉淀剂、掩蔽剂、滴定剂、显色剂，所以提高了分析的灵敏度和选择性，减少了分析操作步骤，加快了分析速度。在对溶液理论的深入研究方面也取得了可喜的成果。因此化学分析方法仍广泛使用。

化学分析与仪器分析相辅相成。尽管仪器分析应用愈来愈广泛，但化学分析仍然是分析测试工作的基础。因为许多仪器分析方法都离不开化学处理和溶液平衡理论的应用，而且经典方法的教育价值和实用价值也是不可忽视的。

二、其他学科的渗透和要求促进了分析化学的进展

自 20 世纪 70 年代以来，以计算机应用为主要标志的信息时代的来临，尤其是生命科学和环境科学的发展，对分析化学的要求不再局限于"有什么"和"有多少"，而是要求提供物质更多的、更全面的信息。从常量到微量及微粒分析；从组成到形态的分析；从总体到微区分析；从宏观组分到微观结构分析；从整体到逐层分析；从静态到快速追踪分析；从破坏试样到无损分析等等。例如，在药物分析中，人们不仅要分析药物的含量，还要分析药物的药形，因为同一药物可能有不同的晶形，造成在体内有不同的溶解度，产生不同的疗效。药物分析还要深入到生物体内，在作用的过程中进行动态的监控。又例如，在环境科学研究中，不仅要求了解试样中各组分的价态和存在形式，如水中汞的测定，除要求定量分析汞的含量外，还要测定其化学形式，因为甲基汞的毒性比金属汞和无机盐中的汞大得多。

电子计算机引入分析化学领域，特别是微处理机的出现显著地提高了分析的自动化程度，它可控制分析操作，适时地处理数据和显示结果，构成了分析仪器－电子计算机系统，实现了分析实验室、生产管理全部自动化。在临床检验上这种联用正在逐渐扩大，如对血气分析、骨髓象分析、贫血鉴别等实验诊断中，微机诊断的符合率可达 99.5%～100%。我国已生产有临床检验专用的数据微处理机，能自动迅速将信号处理，并打印出检验结果。

两种分析技术联用，可取长补短，互相补充，解决复杂成分样品的分析问题。以光度分析法和滴定分析法在一定条件下组合而成的高速分析法，已用于生产检验的常规分析；此外，还有色谱－光谱联用、色谱－质谱联用。以色谱－质谱联用为例，既发挥了色谱法高分离效率的特点，又发挥了质谱法高分辨率的特点，各用其长，为解决复杂样品分析做出了贡献。

（王世渝）

第二章 误差和分析数据的处理

第一节 误差及其产生的原因

定量分析的任务是准确测定试样中各组分的含量，因此必须使分析结果具有一定的准确度。不准确的分析结果将会导致生产上的损失、资源上的浪费和科学上的错误结论。

在定量分析中，由于受到分析方法、测量仪器、所用试剂和分析人员主观条件等方面的限制，故使测定的结果不可能和真实含量完全一致；即使是分析技术非常熟练的分析人员，用最完善的分析方法、最精密的仪器和最纯的试剂，在同一时间，同样条件下，对同一试样进行多次测定，其结果也不会完全一样。这说明客观存在着难于避免的误差。因此，人们在进行定量分析时，不仅要得到被测组分的含量，而且必须对分析结果进行评价，判断分析结果的准确性（可靠程度），检查产生误差的原因，采取减小误差的有效措施，从而不断提高分析结果的准确程度。

分析结果与真实结果之间的差值称为误差。分析结果大于真实结果，误差为正；分析结果小于真实结果，误差为负。

一、误差的分类

根据误差的性质与产生的原因，可将误差区分为系统误差和偶然误差两类。

（一）系统误差

系统误差（systematic error）也叫可定误差（determinate error），它是由某种确定的原因引起的，一般有固定的方向（正或负）和大小，重复测定可重复出现。根据系统误差的来源，可区分为方法误差、仪器误差、试剂误差及操作误差等四种。

（1）方法误差 是由于分析方法本身的缺陷或不够完善所引起的误差。例如，在质量分析法中，由于沉淀的溶解或非被测组分的共沉淀；在滴定分析法中，由于滴定反应进行不完全，干扰离子的影响，测定终点和化学计量点不符合等，都会产生这种误差。

（2）仪器误差 由于所用仪器本身不够准确或未经校正所引起的误差。例如，天平两臂不等长，砝码、滴定管刻度不够准确等，会使测定结果产生误差。

（3）试剂误差 由于试剂不纯和蒸馏水中含有杂质引入的误差。

（4）操作误差 由于操作人员的习惯与偏向而引起的误差。例如，读取滴定管的读数时偏高或偏低，对某种颜色的变化辨别不够敏锐等所造成的误差。

在一个测定中这四种系统误差都可能存在。因为系统误差是重复地以固定方向和大小出现，所以能用对照实验、空白试验和校正仪器等方法校正。但不能用增加平行测定次数的方法减免。

（二）偶然误差

偶然误差或称随机误差（accidental error）和不可定误差（indeterminate error），它是

由不确定的原因引起的，常常难于察觉，可能由于实验时环境的温度、湿度和气压的微小变化以及其他操作条件的微小波动所造成，其方向（正或负）和大小都不固定。

偶然误差难以察觉，也难以控制。但在消除系统误差后，在同样条件下进行多次测定，则可发现偶然误差的分布完全服从一般的统计规律（将在下一节作介绍）。

实验表明，通过增加平行测定的次数，偶然误差可随着测定次数的增加而迅速减小。

偶然误差和系统误差两者常伴随出现，不能绝然分开。例如，观察滴定终点颜色，有人总是偏深，产生属于操作误差的系统误差。但他在多次测定中每次偏深的程度又不可能完全一致，因此也必有偶然误差。

除上述两类误差外，还可能出现由于分析人员的粗心大意，或操作不正确所引起的误差。例如，溶液溅失、沉淀穿滤、加错试剂、读错刻度、记录错误等。这些都是不应有的过失。通常只要我们在操作中认真细心，严格遵守操作规程，这种错误是可以避免的。在分析工作中，当出现较大的误差时，应查明原因，也可以用统计方法检查测定值是否保留。如确由过失所引起的错误，则应将该次测定结果弃去不用。

二、误差的表示方法

（一）准确度

准确度是表示分析结果与真实值接近的程度。测量值（X）与真实值（μ）越接近，就越准确。准确度（accuracy）的大小，用误差表示。误差愈小，表示分析结果的准确度愈高。所以误差的大小是衡量准确度高低的尺度。误差可用绝对误差（absolute error）与相对误差（relative error）两种方法表示。

1. 绝对误差

绝对误差是指测量值与真实值之差，以 δ 表示：

$$\delta = X - \mu \qquad\qquad (2-1)$$

绝对误差是以测量值的单位为单位，可以是正值，也可以是负值。测量值越接近其真实值，绝对误差越小；反之，越大。但绝对误差不能用于比较两个或多个测量值的准确度。例如，用分析天平称两个试样，一个是 0.2000g，另一个是 0.0200g，虽然两个称样的 δ 值都是 ±0.0002g，但可以看出前者的准确度大于后者。为了进行比较，人们引入相对误差的概念。

2. 相对误差

相对误差是指绝对误差在真实值或测量值中占的百分率，以下式表示：

$$相对误差 = \frac{\delta}{\mu} \times 100\% \qquad\qquad (2-2)$$

在上例中，相对误差分别为 $\pm\dfrac{0.0002}{0.2000} \times 100\% = \pm0.1\%$

$$\pm\frac{0.0002}{0.0200} \times 100\% = \pm1\%$$

由此可见，两试样称量的绝对误差相等，但它们的相对误差并不相同。显然，当被测定的量较大时，相对误差就比较小，测定结果的准确度也就比较高。因此，对于高含量的组分，测定的相对误差应当小些，以使其绝对误差较小；而对低含量的组分，测定的相对误差可以大些，但其绝对误差仍然较小。例如，用质量法或滴定分析法测定样品中的主要成分，相对误差须达千分之一二。而用仪器分析法测定样品中的微量成分时，相对误差达到百分之几即可。

（二）精密度与偏差

精密度（precision）是指在相同的条件下，多次平行测定结果相互接近的程度，它体现了测定结果的重复性。精密度用偏差（deviation）来表示。偏差愈小说明分析结果的精密度愈高。所以偏差的大小是衡量精密度高低的尺度。偏差可分为绝对偏差和相对偏差。

若令$\overline{X}$代表一组平行测定值的平均值，则单个测量值X_i的绝对偏差d可由下式推出。

$$\overline{X} = \frac{\sum X_i}{n} \tag{2-3}$$

$$d_1 = X_1 - \overline{X}$$
$$d_2 = X_2 - \overline{X}$$
$$\vdots$$

$$d_i = X_i - \overline{X} \quad 即绝对偏差＝个别测得值－测得平均值 \tag{2-4}$$

各单个偏差绝对值的平均值，称为平均偏差（average deviation），即

$$\overline{d} = \frac{\sum |d_i|}{n} = \frac{|d_1| + |d_2| + \cdots |d_n|}{n} \tag{2-5}$$

式中n表示测量次数。应当注意d_i值有正有负，而$\overline{d}$值都是正值。

相对平均偏差（relative average deviation）是指平均偏差占平均值的百分率，即

$$相对平均偏差 = \frac{\overline{d}}{\overline{X}} \times 100\% \tag{2-6}$$

例1　用质量法测定硅酸盐中SiO_2的百分含量时，得到下列数据：37.40%、37.20%、37.30%、37.50%和37.30%。试求其平均偏差和相对平均偏差。

解：计算结果如下：

n	SiO_2（%）	$\overline{X}$（%）	d（%）
1	37.40		+0.06
2	37.20		-0.14
3	37.30	37.34	-0.04
4	37.50		+0.16
5	37.30		-0.04
			$\sum |d| = 0.44$

$$\overline{d} = \frac{0.44}{5} = 0.088\%$$

$$相对平均偏差 = \frac{0.088}{37.34} \times 100\% = 0.24\%$$

（三）相对标准偏差

用平均偏差和相对平均偏差来表示精密度比较简单、方便。但不能反映一组数据的波动情况，即分散程度。因此仅从平均偏差还不能看出精密度的好坏，必须采用标准偏差和相对标准偏差来表示分析结果的精密度。

当测定次数不多时（$n < 20$），测量样本的标准偏差（standard deviation）是指各单次绝对偏差的平方和除以测定次数减 1 的平方根，标准偏差（S_X）可按下式计算：

$$S_X = \sqrt{\frac{\sum (d_i^2)}{n-1}} = \sqrt{\frac{\sum (X_i - \overline{X})^2}{n-1}} \qquad (2-7)$$

式中 $n-1$ 称为自由度（degree of freedom），常用 ϕ 或 f 表示，它表示一组测量值中独立变数的个数。

在上述的表达式中，把偏差平方起来，能消除它的正负号，这与用绝对值一样，可使偏差不致因相加而互相抵消。但更重要的是平方可以突出大偏差存在的影响，故标准偏差能更好地说明测量值的分散程度。

例如：有甲、乙两组数据，其各次测定的偏差分别为：

甲组：+0.1、+0.4、 0.0、−0.3、+0.2、+0.3、+0.2、−0.2、−0.4、 +0.3 $\overline{d_甲} = 0.24$

乙组：−0.1、−0.2、+0.9*、 0.0、+0.1、+0.1、 0.0、+0.1、−0.7*、 −0.2 $\overline{d_乙} = 0.24$

两组数据的平均偏差相同，但可明显地看出，乙组数据较为分散，因其中有两个较大的偏差（有 * 号者）。所以用平均偏差反映不出来这两组数据的好坏。但是，如果用标准偏差来表示时，情况就很清楚了。它们的标准偏差分别为：

$$S_甲 = \sqrt{\frac{\sum d_i^2}{n-1}} = \sqrt{\frac{(0.1)^2 + (0.4)^2 + \cdots + (0.3)^2}{10-1}} = 0.28$$

$$S_乙 = \sqrt{\frac{\sum d_i^2}{n-1}} = \sqrt{\frac{(-0.1)^2 + (-0.2)^2 + \cdots + (-0.2)^2}{10-1}} = 0.40$$

由此可见，甲组数据的精密度较好。

在比较两组或几组测量值波动的相对大小时，以标准偏差占平均值的百分率表示，称为相对标准偏差（relative standard deviation，简写 RSD）或偏离系数（coefficient of variation，CV）。

$$RSD = \frac{S_x}{\overline{X}} \times 100\% \qquad (2-8)$$

例 2　四次标定 NaOH 溶液的浓度，结果为 0.2041、0.2049、0.2039 和 0.2043mol/L，试计算测定的平均值、平均偏差、相对平均偏差、标准偏差和相对标准偏差。

解：　　　平均值 $\overline{X} = \dfrac{0.2041 + 0.2049 + 0.2039 + 0.2043}{4} = 0.2043 mol/L$

平均偏差 $\overline{d} = \dfrac{|-0.0002| + |+0.0006| + |-0.0004| + 0.0000}{4} = 0.0003$

相对平均偏差 $= \dfrac{\overline{d}}{\overline{X}} \times 100\% = \dfrac{0.0003}{0.2043} \times 100\% = 0.15\%$

标准偏差 $S_x = \sqrt{\dfrac{(-0.0002)^2 + (+0.0006)^2 + (-0.0004)^2 + (0.0000)^2}{4-1}} = 0.0004$

相对标准偏差（RSD）$= \dfrac{0.0004}{0.2043} \times 100\% = 0.2\%$

（四）准确度和精密度的关系

准确度是测定值与真实值相符合的程度，从上述的讨论可知，系统误差是定量分析中误差的主要来源，它影响分析结果的准确度；偶然误差则影响分析结果的精密度。精密度高并不能说明准确度就高，只有在消除了系统误差之后，精密度好，准确度才高。

例如，某铜合金中铜的真实含量为 10.00%，用四种分析方法各做了六次测定，所得结果列于表 2-1，并用图 2-1 表示。

表 2-1　铜合金试样四种分析方法的测定结果

编号	方　　　　法			
	1	2	3	4
1	10.06	9.94	9.77	9.94
2	10.08	9.96	9.88	10.06
3	10.10	9.98	9.94	10.16
4	10.12	10.00	10.06	10.27
5	10.14	10.02	10.17	10.37
6	10.16	10.04	10.26	10.42

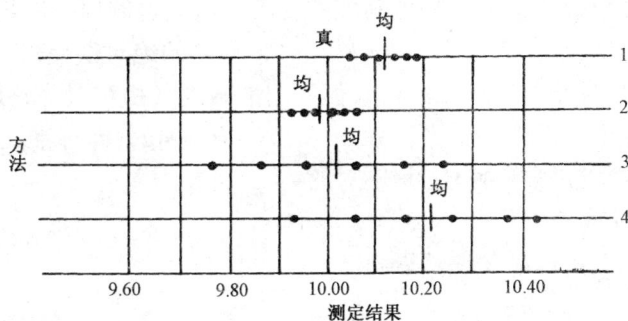

图 2-1　定量分析中的准确度与精密度

从图 2-1 可以看出，方法 1 的个别测定结果相差很小，故精密度高，说明它的偶然误差很小，但平均值与真实值相差较大，故准确度不高，其系统误差很大。方法 2 的精密度和准确度都很高，说明方法中的系统误差和偶然误差均很小。方法 3 的精密度很差，表明方法中的偶然误差很大。虽然其平均值接近于真实值，但几个数值彼此间相差很大，只是由于正负误差相互抵消才使结果接近于真实值，此已失去衡量准确度的前提。方法 4 的系统误差和偶然误差都很大，即准确度和精密度都很差。从上述可知：

(1) 准确度高一定需要精密度好，但精密度好不一定准确度高。

(2) 在消除系统误差的前提下，精密度高，准确度也会高。

(3) 精密度是保证准确度的先决条件。精密度差，所测得结果不可靠，就失去了衡量准确度的前提。

(五) 提高分析结果准确度的方法

要想得到准确的分析结果，必须设法减免在分析过程中带来的各种误差。下面介绍一些减免分析误差的主要方法。

1. 选择恰当的分析方法

不同分析方法的灵敏度和准确度不同。质量分析法和滴定分析法的灵敏度虽然不高，但对于高含量组分的测定，能够获得较准确的结果，相对误差一般是千分之几；可是它们对于微量组分的测定，常常做不出来，根本谈不上准确度。而仪器分析法对于微量组分的测定灵敏度较高，尽管其相对误差较大，但绝对误差不大，仍能符合准确度的要求。

选择分析方法还要考虑与被测组分一起存在的其他物质的干扰问题。总之，必须根据分析对象、样品情况及对分析结果的要求，选择恰当的分析方法。

2．减小测量误差

为了保证分析结果的准确度，必须尽量减小各步骤的测量误差。在称量步骤中，要减小称量误差。一般分析天平称量的绝对误差为 ±0.0001g，用减重法称量两次，可能引起的最大误差是 ±0.0002g。为了使称量的相对误差≤0.1%，所需试样质量可用下式计算。

$$试样质量 = \frac{绝对误差}{相对误差} = \frac{0.0002}{0.1\%} = 0.2g$$

可见试样质量必须等于或大于 0.2g，才能保证称量误差在 0.1% 以内。

在滴定分析中，要设法减小读数误差。一般滴定管读数可有 ±0.01ml 的绝对误差，一次滴定需要读数两次，可能造成的最大误差是 ±0.02ml。为使滴定读数的相对误差≤0.1%，消耗滴定剂的体积就需≥20ml。

对测量准确度的要求，要与方法准确度的要求相适应。例如，用某滴定分析法进行分析，其相对误差是≤0.1%，则称取 0.2g 样品时，称量的绝对误差需不大于 0.2g×0.1% =0.0002g，即须称准到小数点后第四位；但如用准确度（相对误差）是≤2% 的某比色法进行分析时，则称量的绝对误差不大于 0.2g×2% = 0.004g，即称准到小数点后第三位即可。一切称量都要求称准到 0.0001g 是不对的。

3．增加平行测定次数

增加平行测定次数可以减少偶然误差。

4．消除测量中的系统误差

（1）校准仪器　仪器误差可通过校准仪器来减免，如对砝码、滴定管、容量瓶和移液管等进行校准。

（2）做空白试验　以溶剂代替样品溶液，用测样品相同的方法和步骤进行，把所得结果作为空白值从样品的分析结果中减去。这样可以减免由于试剂不纯或容器不符合要求所带进的误差。

（3）做对照试验　把含量已知的标准试样或纯物质当作样品，按所选用的含量测定方法与未知样品平行测定。由分析结果与其已知含量的差值，便可得出分析的误差；用此误差值对未知试样的测定结果加以校正。对照试验可用于减免方法、试剂和仪器误差。

（4）做回收试验　如无标准试样做对照试验，或对样品的组成不大清楚时，可以向样品中加入已知量的被测物质，用同法进行分析。由分析结果中被测组分的增大值与加入量之差，便能计算出分析误差，并用于对样品的测定结果加以校正。

第二节　有效数字和运算规则

一、有效数字的意义及位数

在科学实验中，为了得到正确的测量结果，不仅要准确地测定各种数据，而且还要正确地记录和计算。分析结果的数值不仅表示成分含量的多少，而且还反映了测定结果的准确度和精密度。所以，记录实验数据是一件很重要的事情，不能随便增加或减少位数。例如，用质量法测定硅酸盐中的 SiO_2 时，若称取试样重为 0.4538g，经过一系列处理后，灼

烧得到 SiO_2 沉淀重 0.1374g，其百分含量为：

$$SiO_2\% = \frac{0.1374}{0.4538} \times 100\% = 30.27765535\%$$

上述分析结果共有 10 位数字，从运算来讲，并无错误，但是实际上用这样多位的数字来表示上述分析结果是错误的，它没有反映客观事实，因为所用的分析方法和测定仪器不可能准确到这种程度，那么在分析实验中记录和计算时，应该准确到什么程度，才符合客观事实呢？这就必须了解"有效数字"的意义。

有效数字是指在分析工作上能测量到的数字。记录和计算结果时究竟保留几位数字为宜，必须根据测定方法和测量仪器的准确程度来决定。在记录数据和计算结果时，所保留的有效数字中，只有最后一位是可疑的数字（有 ±1 个单位误差）。

例如，坩埚重 18.5734g，有六位有效数字，标准溶液的体积 21.41ml，有四位有效数字。由于万分之一的分析天平能称准至 18.5734 ± 0.0001g，标准溶液的体积应是 21.41 ± 0.01ml，用 50ml 量筒量取 25ml 溶液的第一位数字是准确的数字，而第二位数则是有 ±1 误差的可疑数字，所以共有两位有效数字。因此可得知有效数字其位数包括所有的准确数字和最后一位的可疑数字。

有效数字的位数，直接与测定的相对误差有关。例如，称得某物重为 0.5180g，它表示该物体实际质量是（0.5180 ± 0.0001）g，其相对误差为：

$$\pm \frac{0.0001}{0.5180} \times 100\% = \pm 0.02\%$$

如果少取一位有效数字，则表示该物体实际质量为 0.518 ± 0.001g，其相对误差为：

$$\pm \frac{0.001}{0.518} \times 100\% = \pm 0.2\%$$

它表明测量的准确度后者比前者低 10 倍。所以在测量准确度的范围内，有效数字的位数愈多，测量也愈准确。但超过测量准确度的范围，过多的位数是毫无意义的。

在判断数据的有效数字位数时，要注意以下几点：

（1）数据中的"0"要作具体分析。数字中间的"0"都是有效数字，例如 1.0002g，包含 5 位有效数字；数字后边的"0"也都是有效数字。例如 25.00ml，包含 4 位有效数字；至于数字前面的"0"则都不是有效数字，它们只起定位作用，例如 0.0980g，前面的两个"0"都不是有效数字，它们只用于表明物体的质量小于十分之一克，故该数据只包含 3 位有效数字。对于较大或较小的数据，用"0"表示不便，常用 10 的方次表示，如 0.0980g 据可写成 9.80×10^{-2}g，也表明是 3 位有效数字。又如 2500L，若有 3 位有效数字，即可写成 2.50×10^3L。

例如：　　　1.0005　　　　　　　　　　　　五位有效数字

　　　　　　0.5000；31.05%；　　6.023×10^2　　四位有效数字

　　　　　　0.0540；1.86×10^{-5}　　　　　　三位有效数字

　　　　　　0.0054；0.40%　　　　　　　　　二位有效数字

　　　　　　0.5；　0.002%　　　　　　　　　一位有效数字

（2）在变换单位时，有效数字位数不变，例如 10.00ml 可写成 0.01000L 或 1.000×10^{-2}L；10.5L 可写成 1.05×10^4ml。

（3）不是测量得到的数字，如倍数、分数关系等，可看作无误差数字或无限多位的有效数字。

（4）对 pH、pM、lgK 等对数值，其有效数字位数只决定于小数部分数字的位数，因为整数部分只代表原值 10 的方次部分，例如 pH=12.68，是两位有效数字，而不是 4 位，其原值为 $[H^+]=2.1\times10^{-13}$，就是两位有效数字。

（5）若数据的第一位数≥8，其有效数字位数可多算一位，例如 9.55，虽然只有 3 位，但它已接近 10.00，故可认为它是 4 位有效数字。

二、数字的修约规则

在运算时，按一定的规则舍入多余的尾数，称为数字修约。修约的基本原则如下：

（1）四舍六入五成双（或四舍六入五留双）按此规则，测量值中被修约数≤4 时舍弃；≥6 时进位。等于 5 时（5 后无数字或后面数为零时），若进位后末位数成偶数（0 以偶数计），则进位；若进位后成奇数，则舍弃。若 5 后还有不是零的任何数时，说明修约数比 5 大，宜进位。例如，下述的多位数修约为 4 位数时分别为：0.52664 为 0.5266，0.36266 为 0.3627，10.2350 为 10.24，250.650 为 250.6，18.0852 为 18.09。

（2）只允许对原测量值一次修约到所需位数，不能分次修约。例如，4.1349 修约为三位，只能修约为 4.13，不能先修约为 4.135，再修约为 4.14。

（3）在修约标准偏差值或其他表示准确度和精密度的数值时，修约的结果应使准确度和精密度的估计值变得更差一些。例如，S=0.213，如取两位有效数字，宜修约为 0.22；如取一位，则宜修约为 0.3。

三、有效数字的运算规则

在分析测定过程中，一般都要经过几个测量步骤，获得几个准确度不同的数据。对于这些数据，必须按照一定的规则进行运算，这样既可节省计算时间，避免因计算过繁引入错误，又能使结果真正符合实际测量的准确度。在运算时，加减法和乘除法的规则不同。

1. 加减法运算

当几个测量值相加减时，是各个数值绝对误差的传递，各个数应以小数点后位数最少（即绝对误差最大）的数据为准，使计算结果的绝对误差与数据的绝对误差相当。例如，14.72 和 0.3674 两数相加，由有效数字的含义可知，两个数中的最后一位都是欠准的，即 14.72 中的 2 已是欠准，故另一个数据小数点后第三、第四位准确也是没有意义的。因此在运算之前，应以 14.72 为准，把另一个数据修约成 0.37，然后再相加：

$$14.72+0.37=15.09$$

例3 50.1＋1.45＋0.5812＝?

原　　数	绝对误差	修约为
50.1	±0.1	50.1
1.45	±0.01	1.4
+）0.5812	±0.0001	+）0.6
52.1312	±0.1	52.1

可见三个数中以第一数绝对误差最大，它决定了总和的不确定性为 ±0.1。其他误差

小的数不起作用，结果的绝对误差仍保持 ±0.1，故为 52.1。实际计算时可以小数点后位数最少的数 50.1 为准，将各数修约为带一位小数的数，再相加求和，结果相同而较简捷。

　　2．乘除法运算

　　若干测量值相乘除时，是各个数值相对误差的传递，各个数应以有效数字位数最少（即相对误差最大）的测量值为准，使计算结果的相对误差与该测量值的相对误差相当。在计算结果出来后，一次修约成应保留的位数。例如：

$$(0.0325 \times 5.1031) \div 139.82 = ?$$

　　三个数的相对误差分别为：

$$0.0325 \quad \frac{\pm 1}{325} \times 100\% = \pm 0.3\%$$

$$5.1031 \quad \frac{\pm 1}{51031} \times 100\% = \pm 0.002\%$$

$$139.82 \quad \frac{\pm 1}{13982} \times 100\% = \pm 0.007\%$$

第一个数据是 3 位有效数字，其相对误差最大，应以此数据为准作如下修约及运算。

$$\frac{0.0325 \times 5.1031}{139.82} \text{写成} \frac{0.0325 \times 5.10}{140} = 0.0011839 = 0.00118$$

　　例 4　$0.121 \times 25.64 \times 1.05782 = ?$

原　　数	相　对　误　差
0.121	$\pm \frac{1}{121} \times 100\% = \pm 0.8\%$
25.64	$\pm \frac{1}{2564} \times 100\% = \pm 0.04\%$
1.05782	$\pm \frac{1}{105782} \times 100\% = \pm 0.00009\%$

　　其中以第一数（三位有效数字）相对误差最大，应以它为标准，其他各数都修约为三位有效数字，然后相乘，即 $0.121 \times 25.6 \times 1.06 = 0.328$。这样，最后结果仍为三位有效数字，相对误差为 $\pm 0.8\%$，与准确度最差的第一数相适应。

四、有效数字的位数在分析化学实验中的应用

　　1．正确记录测量数据

　　如在万分之一天平上称得某物体重 0.2500g，只能记录为 0.2500g，不能记录为 0.250g 或 0.25g。又如从滴定管上读取溶液的体积为 24ml 时，应记录为 24.00ml，而不能记录为 24 或 24.0ml。当用感量为百分之一克的台秤称物体的重量，由于仪器本身能准确到 ±0.01g，所以物体的质量如果是 10.5g，就应该写成 10.50g，不能写成 10.5g。

　　2．正确选取用量和选用适当仪器

　　若称取的试样重为 2～3g 时，就不需要用万分之一的分析天平，用千分之一的天平即可。因为千分之一的天平已能满足称量准确度的要求：

$$\frac{\pm 0.002}{2} \times 100\% = \pm 0.1\%$$

　　由此可见，没有万分之一分析天平也可以做分析实验，解决的办法是将试样的质量称

取在 1g 以上就行了。

3. 正确地表示分析结果

如分析煤中含硫量时，称样 2.5g，两次测得结果（S%）甲为 0.042% 和 0.041%；乙为 0.04201% 和 0.04199%，应采用哪种结果？

$$\frac{\pm 0.001}{0.042} \times 100\% = \pm 2\% \qquad （甲的准确度）$$

$$\frac{\pm 0.0001}{0.04201} \times 100\% = \pm 0.02\% \qquad （乙的准确度）$$

而称样的准确度为：　　　　$$\frac{\pm 0.1}{2.5} \times 100\% = \pm 4\%$$

从上可以看出甲的准确度与称样的准确度是一致的，而乙的准确度大大超过了称样的准确度，是没有意义的。所以应采用甲的结果。

定量分析的结果，一般要求准确到四位有效数字。在质量分析和滴定分析中，测量数据多于四位有效数字时，计算结果只须保留四位有效数字。各种分析方法测量的数据不足四位有效数字时，应按最少的有效数字的位数保留。

第三节　统计学中的几个基本概念

在分析化学中愈来愈广泛地采用统计学的方法处理分析数据。在统计学中，我们所研究的对象的全体叫做总体（population），总体应当看成是无限次测定数据之集合；供分析用的试样是从分析对象的无限总体中随机抽出的一部分，将其所得的一组数据称为样本（sample）；样本中所含测量值的数目，称为样本的大小（或样本容量）用 n 表示。例如就宫颈癌病人来说，所有宫颈癌病人都具有患宫颈癌这个同质的特征，是一个总体。每一个宫颈癌病人叫做个体。但我们要研究宫颈癌的规律，事实上并不能将宫颈癌病人总体都观察到，而只能对一部分个体来进行观察。这种从总体中取出部分个体的过程称为"抽样"。所抽得的部分就称为样本，在每个样本里可以含有不同的个体数。这个样本所包含的个体数目称为样本容量。在进行研究时所掌握的资料，经常只是总体的一小部分，只是一个样本。但我们进行研究的目的，不能满足于依据一个样本所得到的结果，而期望知道总体的情况。例如用某种新药治疗高血压病人 100 例，有效的 60 例，可认为有效率为 60%。但是我们所观察到的只是容量为 100 的一个样本。如果用这个新药治疗其他高血压病人，是否也会得到同样的效果呢？这就需要以样本的疗效来估测总体的疗效。如何正确地从样本来推测总体，这就是统计学所要解决的问题。

一、测量值的集中趋势和分散程度

（一）数据集中趋势的表示

设对某试样进行了几次测定，得到各个结果为 X_1、X_2、X_3……、X_n。n 次测定数据的算术平均值为：

$$\overline{X} = \frac{X_1 + X_2 + X_3 + \cdots X_n}{n} \qquad (2-9)$$

平均值 $\overline{X}$ 是一个很有意义的数值，它表征各个测定结果的集中趋势。也正是由于平均值$\overline{X}$表征测定值的集中趋势，因此就用它作为对总体平均值μ的最佳估计值。对有限次测定，测量值是围绕算术平均值$\overline{X}$集中的，即用$\overline{X}$来报告分析结果，当作无限次测定（$n \to \infty$）时，$\overline{X} \to \mu$，所得的$\overline{X}$即为总体平均值μ。

$$\lim_{n \to \infty} \overline{X} = \mu \qquad (2-10)$$

（二）数据分散程度的表示

在对物质进行定量分析时只写出测定结果的平均值是不够的。例如，甲、乙两人的测定结果如下：

$$甲：7.50\%、5.00\%、2.50\%，\overline{X} = 5.00\%$$
$$乙：5.02\%、5.00\%、4.98\%，\overline{X} = 5.00\%$$

两人分析结果的平均值都是5.00%，但甲的数据很分散，精密度差、离散度大。因此仅用均数只能说明两组数据相似的一面，却不能描述两组数据差别的一面，即分散程度。

表示测量值分散程度可用相对平均偏差（$\dfrac{\overline{d}}{\overline{X}} \times 100\%$），但在定量分析中用得最多的表示是标准偏差（standard deviation），用S_X表示（见式2-7）。

$$S_X = \sqrt{\frac{\sum (X_i - \overline{X})^2}{n-1}} \qquad (2-11)$$

对无限多次测量的总体标准偏差，用σ表示：

$$\sigma = \sqrt{\frac{\sum (X_i - \mu)^2}{n}} \qquad (2-12)$$

样本标准偏差比平均偏差更灵敏地反映出较大偏差存在的影响，因而标准偏差能更好地说明测量值分散程度。

必须区别样本的标准偏差S_X与总体标准偏差σ。前者是对有限次测定而言，表示的是各测量值对样本平均值$\overline{X}$的偏离；而后者（σ）表示的是无限次测定的情况。

二、偶然误差的正态分布

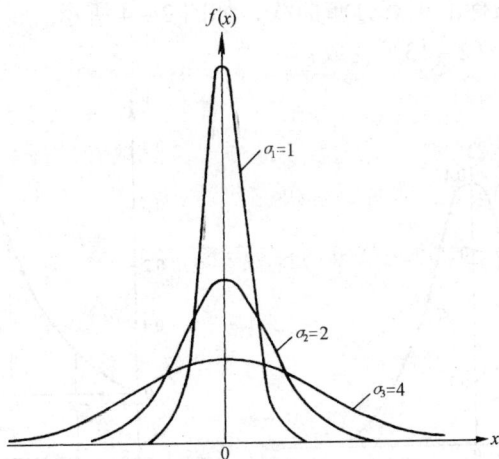

图2-2 真实值相同，精密度不相同（$\sigma_1 = 1$，
$\sigma_2 = 2$，$\sigma_3 = 4$）的三类测定的正态分布曲线

　　无限多次的测量值或其偶然误差出现的规律性服从正态分布，其数学表达式为高斯方程：

$$y = f(x) = \frac{1}{\sigma\sqrt{2\pi}}e^{\frac{-(x-\mu)^2}{2\sigma^2}} \tag{2-13}$$

式（2-13）对应的图形如图2-2所示。

　　式中 y 是概率密度（误差的相对频数、频率），它是 x 的函数，以 $f(x)$ 表示；与曲线最高点相对应的 μ 值是总体平均值，是大量的（无限多次）测量数据的平均值，它说明数据的集中趋势，也说明总体平均值出现的概率最大。在没有系统误差的情况下，其就是真实值。σ 是总体标准偏差，$x = \mu \pm \sigma$ 处有拐点（图2-3），μ 至曲线拐点间的水平距离即为 σ。概率密度曲线呈对称钟形，此曲线反映出偶然误差分布的规律性：

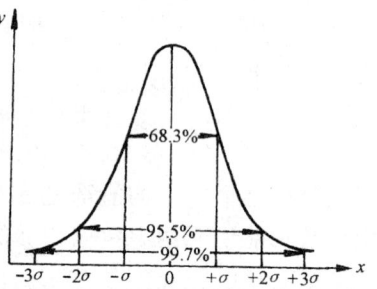

图2-3　误差的正态分布概率曲线

　　（1）正误差和负误差出现的概率相等。

　　（2）小误差出现的概率大，大误差出现的概率小，出现很大误差的概率极小。

　　μ 是总体平均值，相应于曲线最高点的横坐标值。σ 是总体标准偏差它表征数据分散程度。σ 小、数据集中测定数据精密度好，曲线瘦高；σ 大、数据分散数据的精密度不好，曲线矮胖。测定值愈靠近 μ，偶然误差愈小，曲线以 μ 值成轴对称分布，曲线与横坐标所围之面积，为所有测定值出现几率之和（100%）。

三、标准正态分布曲线及其数学表达式

　　由于正态分布曲线的形态随 σ 而异，若将横坐标改用 u 表示，则正态分布曲线都归结为一条曲线。u 的定义为：

$$u = \frac{x - \mu}{\sigma} \tag{2-14}$$

u 是以标准偏差 σ 为单位的 $(x - \mu)$ 值，用 u 值为横坐标、概率密度 y 作纵坐标表示的正态分布曲线，称为标准正态分布曲线，如图2-4所示。u 是以标准偏差为单位的 $(x - \mu)$ 值。变换之后式（2-13）变成：

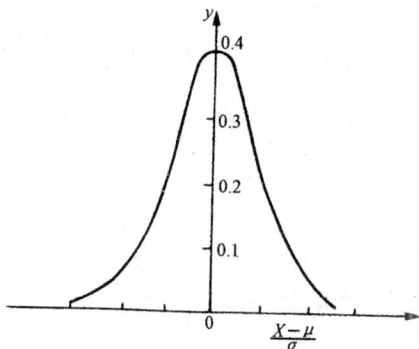

图2-4　标准正态分布曲线

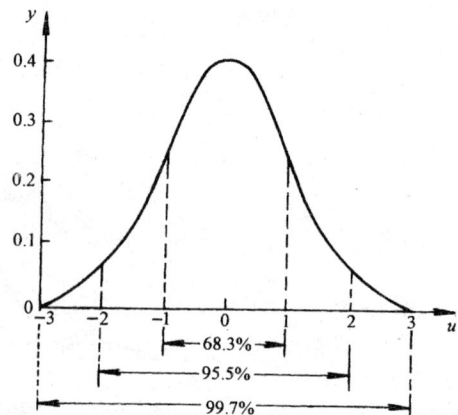

图2-5　偶然误差的正态分布曲线

$$y = f\ (x) = \frac{1}{\sqrt{2\pi}}e^{-\frac{1}{2}u^2} \tag{2-15}$$

经过这样变换坐标后，σ 大小不等的各种正态分布曲线，都可变为形状相同的标准正态分布曲线。若将分布曲线的横坐标采用 σ 为单位，则曲线上两个拐点的横坐标值便分别是 -1 和 $+1$ 如图 $2-5$ 所示。正态分布曲线与横坐标 $-\infty$ 到 $+\infty$ 之间所夹的总面积，代表所有测量值出现的概率的总和，显然应当是 100%（即为 1），即

$$p = \int_{-\infty}^{+\infty} \frac{1}{\sigma\ \sqrt{2\pi}} e^{-\frac{(x-\mu)^2}{2\sigma^2}} dx = 1$$

通过计算发现，一系列数据中，误差范围与曲线的各相应部分和横坐标所围面积（即出现的概率）及测定值存在区间有如下关系见表 $2-2$。

表 2-2　偶然误差与概率关系

误差范围（$u = \frac{X-\mu}{\sigma}$）	概率（%）	测定值存在区间
± 0.67	50.0	$\mu \pm 0.67\sigma$
± 1.00	68.3	$\mu \pm 1.00\sigma$
± 1.65	90.0	$\mu \pm 1.65\sigma$
± 1.96	95.0	$\mu \pm 1.96\sigma$
± 2.00	95.5	$\mu \pm 2.00\sigma$
± 2.58	99.0	$\mu \pm 2.58\sigma$
± 3.00	99.7	$\mu \pm 3.00\sigma$
± 3.29	99.9	$\mu \pm 3.29\sigma$

从表 $2-2$ 可见，分析结果（测量值）落在 $\mu \pm 1\sigma$ 范围内的概率为 68.3%，这表明偶然误差在 $(-1\sigma,\ +1\sigma)$ 区间，即测量值 x 在 $(\mu-\sigma,\ \mu+\sigma)$ 区间的概率是 68.3%，也就是 $\mu \pm 1\sigma$ 区间的面积占全部面积的 68.3%。同样，可以求得测量值落在其他范围内的概率为：落在 $\mu \pm 1.96\sigma$ 区间内的概率是 95%；落在 $\mu \pm 2\sigma$ 区间内的概率是 95.4%；落在 $\mu \pm 3\sigma$ 区间内的概率是 99.7%。

测量值落在 $\mu \pm 3\sigma$ 范围的概率达 99.7%，误差超过 $\pm 3\sigma$ 的分析结果是很少的只占分析结果的 0.3%，也就是平均每 1000 次的测定中只有三次。如果多次重复测量中的个别数据的误差绝对值大于 3σ，则这个极端值可以舍去。

从上述讨论中偶然误差的分布具有如下性质：

（1）$x = \mu$ 时，y 值最大，即为分布曲线的最高点。说明测定值有明显的集中趋势，小误差出现的次数多，大误差出现的次数少，大多数测量值集中在算术平均值附近；或者说算术平均值是最可信赖值或最佳值。

（2）曲线以 $x = \mu$ 这一直线为其对称轴，说明正误差和负误差出现的概率相等。

（3）偶然误差曲线的最高点 $\frac{X-\mu}{\sigma} = 0$，即 $X = \mu$ 处，$y = \frac{1}{\sigma\ \sqrt{2\pi}}$，$\sigma$ 大表明测定精密度差，数据分散，y 的数值小，分布曲线平宽；反之，测定精密度高，曲线陡窄。

（4）正态分布曲线下面的面积表示全部数据出现概率的总和，应当是 100%。

第四节　分析结果的数据处理

一、异常值的取舍

在一系列平行测定所得的数据中，常有个别数据与其他数据偏离较远，这些偏离的数值叫做异常值或逸出值（outlier）初学者多倾向于随意弃去这一异常值，企图获得精密度较好的分析结果。但这样做是不妥当的。如果这个异常值是由于明显过失引起的（例如，滴定管活塞处出现渗漏等），则不论这个值与其他数据是近是远，都应将其舍弃；否则就需用统计检验方法决定其取舍。常用的是 Q–检验法和 G–检验法。

（一）Q–检验法

当测量次数 $n=3\sim10$ 次时，根据所要求的置信度（常取 95% 或 0.95%），按下述步骤确定异常值的取舍：

（1）首先将数据大小顺序排列后，算出测量值的极差（即最大值与最小值之差）；

（2）找出可疑值与临近值之差（应取绝对值）；

（3）用极差除可疑值与临近值之差，得到舍弃商值 Q；

（4）查 Q（表2–3）。如果计算的 Q 值大于或等于表2–3中的 Q 值，就可以将可疑值弃去，否则应予以保留。

$$Q_{计} = \frac{|X_疑 - X_邻|}{X_{最大} - X_{最小}} \qquad (2-17)$$

表2–3　舍弃商 Q 值表

Q 值	测定次数							
	3	4	5	6	7	8	9	10
$Q_{0.90}$	0.94	0.76	0.64	0.56	0.51	0.47	0.44	0.41
$Q_{0.95}$	0.97	0.84	0.73	0.64	0.59	0.54	0.51	0.49

例5　用 Na_2CO_3 作基准物质标定 HCl 溶液的浓度，平行标定六次,结果为:0.1014,0.1018,0.1015,0.1020,0.1016,0.1002mol/L。问 0.1002 是否应该弃去？（置信度为90%）

解：先计算出弃去商值 Q

$$Q_{计} = \frac{|X_疑 - X_邻|}{X_{最大} - X_{最小}} = \frac{|0.1002 - 0.1014|}{0.1020 - 0.1002} = 0.67$$

由表2–3查得，当 $n=6$ 时，$Q_{0.90} = 0.56$

可见由计算所得的舍弃商值 $Q_{计} > 0.56$，所以 0.1002mol/L 应当弃去，且有 90% 的把握。

但需要指出的是，Q–检验法只适用于 $3\sim10$ 次测定，当 $n>10$ 时就不适用了，故 Q 表中只给出 $3\sim10$ 次舍弃商值。

（二）G–检验法

是目前用得最多的检验方法，其步骤如下：

（1）算出包括异常值在内的平均值。

（2）算出包括异常值在内的标准偏差。

（3）按下式计算 G 值

$$G_{计} = \frac{|X_{异常} - \overline{X}|}{S} \qquad (2-18)$$

（4）由测量次数查表 2-4 的 G 值表得 $G_{表}$ 值；若 $G_{计} \geqslant G_{表}$，异常值应弃去，否则应保留。

表 2-4　95% 置信度的 G 临界值表

n	3	4	5	6	7	8	9	10
G	1.15	1.48	1.71	1.89	2.02	2.13	2.21	2.29

例 6　标定 HCl 标准溶液时，平行测定了四次，其结果为：0.1014、0.1012、0.1019 和 0.1016mol/L 用 G-检验法判断 0.1019 值是否应舍弃？（置信度 95%）

解：　　　　　　　　　　$\overline{X} = 0.1015, \qquad S = 0.0003$

$$G_{计} = \frac{|0.1019 - 0.1015|}{0.0003} = 1.33$$

$n = 4$ 查表 2-4　得 $G_{表} = 1.48$　$G_{表} > G_{计}$，0.1019 应当保留。

二、平均值的精密度和置信区间

（一）平均值的精密度

通常是用一组测定的平均值 $\overline{X}$ 来估计总体平均值 μ 的。一系列测定（每次作几个平行测定）的平均值 $\overline{X}_1$、$\overline{X}_2$…的波动情况也遵从正态分布。此时应当用平均值的标准偏差 $S_{\overline{X}}$ 来表示平均值的分散程度，而 $S_{\overline{X}}$ 可由测量值的标准偏差 S_X 求得。显然，对于某一个量，测量的次数越多，则在求平均值时，各次测量的偶然误差就抵消得越充分，平均值的标准偏差就越小，也就越接近真实值。统计学已证明，平均值的标准偏差 $S_{\overline{X}}$ 与单次测定的标准偏差 S_X 和测定次数有如下关系：

$$S_{\overline{X}} = \frac{S_X}{\sqrt{n}} \qquad (2-19)$$

此表明平均值的标准偏差与测定次数的平方根成反比。增加测定次数可以提高测量的精密度。但过多次数的测量并不能更多地提高精密度，实际工作中测定次数无需过多，3~6 次已足够。

例 7　某样品经 4 次测定，标准偏差是 0.04mg，平均值是 144mg，求平均值的标准偏差。

解：　　　　　　$S_{\overline{X}} = \frac{S_X}{\sqrt{n}} = \frac{0.04}{\sqrt{4}} = 0.02mg$

（二）总体均值的置信区间

在分析工作中，必要时需根据样本平均值（$\overline{X}$）及其精密度（$S_{\overline{X}}$）对总体平均值（μ）做出估计，对 μ 做出估计不是指某个定值，而是 μ 的可能取值区间（范围），即真实结果所在的范围此称为置信区间。在对 μ 的取值区间做出估计时，还应指明这种估计的可靠性（多大把握）或概率，将真实结果落在此范围内的概率称为置信概率（置信度）以说明其真实值的可靠程度。

已知测定次数、平均值 $\overline{X}$ 和标准偏差 S_X，根据数理统计学，μ 的置信区间的数学定义为：

$$\mu = \overline{X} \pm t_{\alpha \cdot f} \frac{S_X}{\sqrt{n}} \qquad (2-20)$$

式中 $t_{\alpha \cdot f}$ 称为置信因数，下标中 α 为置信度，f（$f = n - 1$）为自由度。式（2-20）表示，在一定置信度下，以平均值 $\overline{X}$ 为中心，包括总体平均值 μ 的置信区间。

表 2-5　t 值表

f ＼ t值 ＼ α	0.90	0.95	0.99	0.995
1	6.31	12.71	63.66	127.32
2	2.92	4.30	9.92	14.98
3	2.35	3.18	5.84	7.45
4	2.13	2.78	4.60	5.60
5	2.02	2.57	4.03	4.77
6	1.94	2.45	3.71	4.32
7	1.90	2.36	3.50	4.03
8	1.86	2.31	3.35	3.83
9	1.83	2.26	3.25	3.69
10	1.81	2.23	3.17	3.58
20	1.72	2.09	2.84	3.15

不同自由度和置信度所对应的 t 值已由数学家计算出，列入表 2-5 中（部分数值）。在求得 $\overline{X}$、S_X 后，根据选用的置信度和测定次数 n，由表中查出 f 所对应的 $t_{\alpha \cdot f}$ 值，代入式（2-20）中求出 μ 的置信区间。

如果选用 α 为 95%（0.95）的 t 值计算置信区间 $\overline{X} \pm t_{\alpha \cdot f} S_{\overline{X}}$ 时，则说明经过 n 次测定后，真实结果落在 $\overline{X} \pm t_{\alpha \cdot f} S_{\overline{X}}$ 范围内的可靠性为 95%。或者说有 95% 的把握，真实结果落在 $\overline{X} \pm t_{\alpha \cdot f} S_{\overline{X}}$ 之间。显然，如果分析的次数愈多 $\overline{X} \pm t_{\alpha \cdot f} S_{\overline{X}}$ 将更接近真值。

例 8　分析铁矿石中的含量，平行测定 5 次，其结果分别为：39.10%、39.12%、39.19%、39.17% 和 39.22%，求置信度为 90% 和 95% 时平均值 μ 的置信区间。

解：　$\overline{X} = \dfrac{(39.10\% + 39.12\% + 39.19\% + 39.17\% + 39.22\%)}{5} = 39.16\%$

$d_1 = -0.06\%$　$d_2 = -0.04\%$　$d_3 = 0.03\%$　$d_4 = 0.01\%$　$d_5 = 0.06\%$

$S_X = \sqrt{\dfrac{\sum d_i^2}{n-1}} = \sqrt{\dfrac{0.0098}{4}} = 0.05\%$

$S_{\overline{X}} = \dfrac{S_X}{\sqrt{n}} = \dfrac{0.05\%}{\sqrt{5}} = 0.02\%$

当　　　　　　　$f = n - 1 = 5 - 1 = 4$　　$\alpha = 90\%$ 时，$t = 2.13$

则　　　　　　　　　$\mu = 39.16\% \pm 2.13 \times 0.02\%$

　　　　　　　　　　　$= 39.16\% \pm 0.0426\%$

计算结果说明，通过 5 次测定，我们有 90% 的把握，认为铁矿石中铁的含量在 39.20% 和 39.12% 之间。

当　$\alpha = 95\%$ 时 $t = 2.78$，

则　　　　　　　　　$\mu = 39.16\% \pm 2.78 \times 0.02\%$

　　　　　　　　　　　$= 39.16\% \pm 0.06\%$

即通过 5 次测定，我们有 95% 的把握，认为铁矿石的含量在 39.22 ％和 39.10 ％之间。

可见，置信度大些，置信区间宽些，μ 值区间的估计失误的风险会小些。但置信度过大，如 $\alpha = 1.00$（即 100%），则区间肯定会 100 ％包括 μ，但这没有什么实际意义。在分析化学中通常取 $\alpha = 95\%$ 或 90％。

三、显著性差别检验

在定量分析中，常常需要对两份样品的分析结果，或两个分析方法的分析结果的平均值与精密度等是否存在着显著性差别作出判断，这些问题都属于统计检验的内容，称为显著性检验。统计检验的方法很多，在定量分析中最常用的是 F 检验与 t 检验。

（一）F 检验法

该检验法是通过比较两组数据的方差（即标准偏差的平方 S^2），以确定它们的精密度是否有显著性差异，也即两组分析结果的偶然误差是否显著不同。

F 检验法的步骤很简单，首先计算出两个样本的方差 S_1 和 S_2，然后计算方差比，用 F 表示：

$$F = \frac{S_1^2}{S_2^2} \ (S_1 > S_2) \tag{2-21}$$

计算时，规定大方差者为分子，小者为分母。由式（2-21）计算得的 F 值以 $F_{计}$ 表示。然后再由两组数据的自由度（$f_1 = n_1 - 1$，$f_2 = n_2 - 1$），查表 2-6 得置信度为 95% 的 F 表值。若 $F_{计} > F_{表}$，则表明两组数据的精密度有显著性差异；反之，则无明显差异。

例 9 用两种方法测定某样品中的某组分，一法共测 6 次，S_1 为 0.055；另一法共测 4 次，S_2 为 0.022。两种方法测定结果的精密度有无显著性差异？

解： $f_1 = 6 - 1 = 5$　　$f_2 = 4 - 1 = 3$

从表 2-6 中查到 　　　$F_{表} = 9.01$

而 　　　　　　　$F_{计} = \frac{S_1^2}{S_2^2} = \frac{0.055^2}{0.022^2} = 6.2$

因 $F_{计} < F_{表}$ 故 S_1 和 S_2 无显著性差异，即两种方法的精密度相当。

表 2-6　95% 置信度时的 F 分布值表

f_2	f_1（$s_大$ 的自由度）									
	2	3	4	5	6	7	8	9	10	∞
2	19.00	19.16	19.25	19.30	19.33	19.35	19.37	19.38	19.40	19.50
3	9.55	9.28	9.12	9.01	8.94	8.89	8.85	8.81	8.79	8.53
4	6.94	6.59	6.39	6.26	6.16	6.09	6.04	6.00	5.96	5.63
5	5.79	5.41	5.19	5.05	4.95	4.88	4.82	4.77	4.74	4.36
6	5.14	4.76	4.53	4.39	4.28	4.21	4.15	4.10	4.06	3.67
7	4.74	4.35	4.12	3.97	3.87	3.79	3.73	3.68	3.64	3.23
8	4.46	4.07	3.84	3.69	3.58	3.50	3.44	3.39	3.35	2.93
9	4.26	3.86	3.63	3.48	3.37	3.29	3.23	3.18	3.14	2.71
10	4.10	3.71	3.38	3.33	3.22	3.14	3.07	3.02	2.98	2.54
∞	3.00	2.60	2.37	2.21	2.10	2.01	1.94	1.88	1.83	1.00

（二）t 检验法

t 检验法可用于检查某一分析方法或操作过程是否存在较大的系统误差。其做法是用标准试样作 n 次测定，然后用 t 检验法测定结果的平均值 $\overline{X}$ 与标准试样的标准值 μ 之间是否存在显著性差异。

做 t 检验时，先按下式计算 t 值：

$$t_{计} = |\overline{X} - \mu| \cdot \frac{\sqrt{n}}{S_X} \tag{2-22}$$

再根据置信度（通常取 95％）和自由度，由表 2-5 查出 $t_{表}$ 值。若 $t_{计} > t_{表}$，说明 $\overline{X}$ 和 μ 之间有显著性差异，表示该方法或该操作过程有显著的系统误差；反之，则表示不存在显著的系统误差。

例 10　某化验室测定某样品中 CaO 的含量应为 30.43％，得如下结果：$n = 6$，$\overline{X} = 30.51\%$，$S_X = 0.05\%$，问此测定是否有系统误差？

解：　　　　　　　　$t_{计} = |\overline{X} - \mu| \cdot \frac{\sqrt{n}}{S_X}$　　　$\mu = 30.43\%$

代入公式　　　　　$t_{计} = |30.51\% - 30.43\%| \cdot \frac{\sqrt{n}}{S_X} = 3.9$

查表 2-5，95％置信度，$f = n - 1 = 6 - 1 = 5$ 时的 $t_{表}$ 值为 2.57

因此 $t_{计} > t_{表}$

说明所测 CaO 的平均值与要求值有显著性差异，此测定存在着系统误差。

t 检验法还可用于对两种分析方法、两个实验室或两个分析人员的分析结果进行比较。此时对同一试样各作若干次平行测定，得到两组数据。在对数据作统计处理时，首先进行异常值的取舍检验，而后进行 F 检验，如 F 检验确认两组数据的精密度无显著差异时，再用 t 检验法比较它们的平均值，从而判断两组数据平均值之间是否存在显著性差异，即两个分析结果是否存在显著的系统误差。

在这种情况下应按下式计算 $t_{计}$：

$$t_{计} = \frac{|\overline{X_1} - \overline{X_2}|}{S} \cdot \sqrt{\frac{n_1 \cdot n_2}{n_1 + n_2}} \tag{2-23}$$

$$S = \sqrt{\frac{(n_1 - 1) S_1^2 + (n_2 - 1) S_2^2}{n_1 + n_2 - 2}} \tag{2-24}$$

式中 $\overline{X_1}\overline{X_2}$ 分别为第一、第二组数据的平均值；S_1、n_1 分别为第一组数据的标准偏差与测量次数；S_2、n_2 分别为第二组数据的标准偏差与测量次数；S 为合并的标准偏差。

例 11　用 Karl - Fischer 法与气相色谱法（GC）测定同一冰醋酸样品中的微量水分。试用统计检验评价气相色谱法可否用于微量水分的含量测定。

测得值：Karl - Fischer 法：0.762％、0.746％、0.738％、0.738％、0.753％及 0.747％；

　　　　　　　GC 法：0.749％、0.740％、0.749％、0.751％、0.747％、0.752％；

解：1. 求出

Karl - Fischer 法：$n_1 = 6$　$\overline{X_1} = 0.747\%$　$S_1 = 9.2 \times 10^{-3}\%$

　　　GC 法：$n_2 = 6$　$\overline{X_2} = 0.748\%$　$S_2 = 4.3 \times 10^{-3}\%$

2. G - 检验法

Karl – Fischer 法异常值为 0.762%

$$G_{计} = \frac{|0.762\% - 0.747\%|}{9.2 \times 10^{-3}\%} = 1.6$$

相表 2 – 4，95% 置信度 $n = 6$ 时 $G_表 = 1.89$ 则 $G_{计} < G_表$，故 0.762% 应保留。GC 法异常值为 0.740%

$$G_{计} = \frac{|0.740\% - 0.748\%|}{4.3 \times 10^{-3}\%} = 1.39$$

相表 2 – 4，95% 置信度 $n = 6$ 时 $G_表 = 1.89$ $G_{计} > G_表$，故 0.730% 应舍弃。0.730% 舍弃后 $\overline{X} = 0.750\%$；$S_2 = 2.0 \times 10^{-3}$（%）

3. F 检验

$$F_{计} = \frac{(9.2 \times 10^{-3}\%)^2}{(4.3 \times 10^{-3}\%)^2} = 4.6$$

查表 2 – 6，95% 置信度 $f_1 = 6 - 1$，$f_2 = 5 - 1$ 时，$F_表 = 6.62$；因 $F_{计} < F_表$，说明 S_1 和 S_2 无显著性差别，两种方法的精密度相当。

4. t 检验

由 F 检验已确认两组数据的方差无显著差异，可以求合并的标准偏差 S，进行 t 检验。将 S_1、S_2、n_1 及 n_2 代入式 2 – 24

$$S = \sqrt{\frac{(6-1) \times (9.2 \times 10^{-3}\%)^2 + (6-1) \times (4.3 \times 10^{-3}\%)^2}{6+6-2}}$$
$$= 7.2 \times 10^{-3}\%$$

$$t_{计} = \frac{|0.747\% - 0.748\%|}{7.2 \times 10^{-3}\%} \cdot \sqrt{\frac{6 \times 6}{6+6}} = 0.24$$

查表 2 – 5，95% 置信度 $f = 6 + 5 - 2 = 9$ 时，$t_表 = 2.23$ 由于 $t_{计}$ 小于 $t_表$，说明两个分析方法的平均值无显著性差别。

上述检验说明，两种方法的精密度相当，也不存在系统误差，GC 法可用于测量微量水分的含量。

例 12 用两种方法测定一碱石灰（Na_2CO_3）试样中的 Na_2CO_3 的含量，结果如下：

方法 1	方法 2
$n_1 = 5$	$n_2 = 4$
$\overline{X}_1 = 42.34\%$	$\overline{X}_2 = 42.44\%$
$S_1 = 0.10\%$	$S_2 = 0.12\%$

试比较两种测定方法有无显著性差异？

解： 1. 先进行 F 检验法检验

$$F = \frac{S_大^2}{S_小^2} = \frac{(0.12\%)^2}{(0.10\%)^2} = 1.44$$

查表 2 – 6，95% 置信度，$f_1 = 4 - 1$，$f_2 = 5 - 1$ 时 $F_表 = 6.59$，故 $F_{计} < F_表$。
表明 S_1 和 S_2 无显著性差异，两种方法的精密度相当。

2. t 检验法检验

$$t_{计} = \frac{|\overline{X}_1 - \overline{X}_2|}{S} \cdot \sqrt{\frac{n_1 \cdot n_2}{n_1 + n_2}}$$

$$S = \sqrt{\frac{(n_1 - 1) \ S_1^2 + (n_2 - 1) \ S_2^2}{n_1 + n_2 - 2}}$$

将上二式合并并代入数据：

$$t_{计} = \frac{|42.34\% - 42.44\%|}{\sqrt{\dfrac{(5-1) \times (0.10\%)^2 + (4-1) \times (0.12\%)^2}{5+4-2}}} \cdot \sqrt{\frac{5 \times 4}{5-4}}$$

$$= -1.35$$

查表 2 – 5　95％置信度 $f = 5 + 4 - 2 = 7$ 时，$t_{表} = 2.37$ 则 $|t_{计}| < t_{表}$
上述二种分析方法，无显著性差异。

思 考 题 与 习 题

1. 说明下列各种误差，是系统误差，还是偶然误差？
   (1) 砝码未经校正。
   (2) 天平的两臂不等长。
   (3) 试样未充分混合均匀。
   (4) 蒸馏水中含微量被测定离子。
   (5) 在称量时吸收了少量水分。
   (6) 天平零点突然变动。
   (7) 读滴定管刻度时，最后一位估计不准。
   (8) 在被测定物质沉淀时，某种离子被共沉淀。
   (9) 用重量法测定 SiO_2 时，试样中仍有少量硅未沉淀完全。
   (10) 用含量为 98％的 Na_2CO_3 为基准试剂来标定 HCl 的浓度。
2. 解释下列各名词的意义。
   绝对误差；　　相对误差；　　绝对偏差；　　相对偏差；　　平均偏差；
   标准偏差；　　置信区间；　　有效数字。
3. 下列数字中包括几位有效数字。
   (1) 1.052；(2) 0.0324；(3) 0.00330；(4) 10.030；(5) 8.7×10^{-5}；
   (6) pH = 4.74；(7) 1.02×10^{-2}；(8) 50.00％；(9) 0.50％；(10) 0.03％；
   (11) 3600；(12) 常数 π。
4. 根据有效数字的保留规则，计算下列结果。
   (1) $7.9936 \div 0.9967 - 5.02 = ?$
   (2) $0.0325 \times 5.103 \times 60.06 \div 139.8 = ?$
   (3) $0.414 \div (31.3 \times 0.0530) = ?$
   (4) $(1.274 \times 4.17) + (1.7 \times 10^{-4}) - (0.0021764 \times 0.0121) = ?$
   (5) pH = 2.70，$[H^+] = ?$

   （3.00；0.0721；0.249；5.3；2.0×10^{-3}mol/L）

5. 用重铬酸钾法测得 $FeSO_4 \cdot 7H_2O$ 样品中铁的百分含量为 20.01，20.03，20.04 和 20.05，试计算结果的平均值、平均偏差、相对平均偏差、标准偏差和相对标准偏差。

（20.03%；0.013%；0.065%；0.017%；0.0858%）

6. 用无水碳酸钠作基准物质，对 HCl 溶液的浓度进行标定，共做了 6 次，测得其浓度为：0.1029；0.1060；0.1036；0.1032；0.1018 和 0.1034mol/L，试用 G - 检验法判断 0.1060 数值可否舍弃？它们的平均值、标准偏差以及置信度为 95% 时平均值的置信区间是多少？

（$\overline{X} = 0.1035$mol/L；$S = 0.0014$；0.1035 ± 0.0015mol/L）

7. 甲、乙二人用同一方法，测得同一样品分析纯乙酸的含量（%），分析结果如下：

甲：36.40、36.42、36.40、36.41、36.42、36.42 及 36.40（%）；

乙：36.44、36.47、36.43、36.46、36.44、36.43 及 36.41（%）。

问：(1) 数据中有无逸出值；(2) 精密度各为多少；(3) 精密度是否有显著差异？

（无异常值；$S_甲 = 0.01\%$，$S_乙 = 0.02\%$；分析结果精密度无显著差异）

8. 滴定管的读数误差为 ± 0.01ml，如果滴定时用去标准溶液 2.50ml，相对误差是多少？如果滴定时用去标准溶液 25.00ml，相对误差又是多少？这些数值说明了什么问题？

（$\pm 0.4\%$，$\pm 0.04\%$）

9. 有如下四组测定数据：

(1) 35.47%，35.49%，35.42%，35.46%；真实值为 35.53%。

(2) 25.10%，25.20%，25.00%；真实值为 25.06%。

(3) 6.050，6.048，6.048，6.068，6.054，6.056；真实值为 6.064。

(4) 50.00%，49.96%，49.92%，50.15%；真实值为：49.80%。

试说明各组数据属于以下哪一种情况，依据是什么？

A. 准确且精密；　　　　　　　B. 准确但不精密；

C. 精密而不准确；　　　　　　D. 既不准确也不精密。

（王世渝）

第三章 滴定分析法概述

第一节 滴定分析法的特点及主要的滴定分析方法

一、滴定分析法的特点

滴定分析法（titrimetric analysis）是化学分析法中的重要分析方法之一，是将一种已知其准确浓度的试剂溶液——标准溶液（standard solution）通过滴定管滴加到被测物质的溶液中，直到所加试剂与被测物质按化学计量关系完全作用为止，然后根据所用试剂溶液的浓度和体积求得被测组分的含量，这种方法称为滴定分析法（或称容量分析法）。

例如，将 NaOH 标准溶液由滴定管滴加到一定体积的硫酸试样中，直到所加的 NaOH 标准溶液恰好和 H_2SO_4 溶液完全作用为止，根据 NaOH 标准溶液的浓度（c_{NaOH}）、所消耗的体积（V_{NaOH}）及反应的摩尔比可计算硫酸试液的浓度。

$$c_{H_2SO_4} = \frac{1}{2} \times \frac{c_{NaOH} V_{NaOH}}{V_{H_2SO_4}}$$

当滴定剂与被测物质完全作用时，反应达到了化学计量点（stoichiomertric point），简称计量点。到达化学计量点时常常没有任何外观现象的变化，为此必须借助于辅助试剂——指示剂（indicator）的变色来确定。通常把指示剂变色而停止滴定的这一点称为滴定终点（end point of the titration）。指示剂并不一定正好在化学计量点时变色，滴定终点与化学计量点不一定恰好符合，两者之间存在着一个很小的差别，由此而造成的误差称为"终点误差（end point error）"或"滴定误差（titration error）"。为了减小这一误差，应选择合适的指示剂，使滴定终点尽量接近化学计量点。

滴定分析法通常适用于组分含量在 1% 以上的常量组分的分析，有时也可用于一些含量较低的组分的测定。与质量分析法相比，该法操作简便、测定快速、适用范围广，分析结果的准确度高，一般情况下相对误差在 0.2% 以下。

二、主要的滴定分析方法

根据反应类型不同，滴定分析主要分为以下四类。

1. 酸碱滴定法

是以质子传递反应为基础的一种滴定分析方法。可以用标准酸溶液测定碱性物质，也可以用标准碱溶液测定酸性物质。滴定过程中的反应实质可以用以下简式表示。

$$H_3O^+ + OH^- \Longrightarrow 2H_2O$$

$$H_3O^+ + A^- \Longrightarrow HA + H_2O$$

$$OH^- + HA \Longrightarrow H_2O + A^-$$

2．沉淀滴定法

是利用沉淀反应进行滴定的方法。这类方法在滴定过程中，有沉淀产生，如银量法，有 AgX 沉淀产生。

$$Ag^+ + X^- \stackrel{}{=\!=\!=} AgX \downarrow$$

X 代表 Cl^-、Br^-、I^- 及 SCN^- 等离子。

3．配位（络合）滴定法

是利用配位反应进行滴定的一种方法。目前广泛使用氨羧配位剂溶液作为标准溶液，滴定多种金属离子，其基本反应是：

$$M^{n+} + H_2Y^{2-} \stackrel{}{=\!=\!=} MY^{n-4} + 2H^+$$

4．氧化还原滴定法

是利用氧化还原反应进行滴定的方法。可以用氧化剂作为标准溶液测定还原性物质，也可以用还原剂作为标准溶液测定氧化性物质。根据所用的标准溶液不同，氧化还原法还可分为碘量法、溴量法、溴酸钾法、高锰酸钾法等。如碘量法和高锰酸钾法的基本反应式是：

$$I_2 + 2S_2O_3^{2-} \stackrel{}{=\!=\!=} 2I^- + S_4O_6^{2-}$$

$$MnO_4^- + 5Fe^{2+} + 8H^+ \stackrel{}{=\!=\!=} Mn^{2+} + 5Fe^{3+} + 4H_2O$$

第二节　滴定分析法对化学反应的要求和滴定方式

一、滴定分析对化学反应的要求

化学反应很多，但并不都能用于滴定分析。适用于滴定分析的化学反应必须符合下列要求：

（1）反应必须定量进行。即反应达到计量点时，反应完全的程度应达到 99.9％以上。

（2）反应必须按一定的反应式进行。即反应具有确定的化学计量关系，且无副反应发生。

（3）反应必须迅速完成。反应速度要快或可采取有关措施加快反应速度。

（4）必须有合适的确定滴定终点的方法。

二、滴定的主要方法

1．直接滴定法

凡是能满足上述要求的反应，都可以用标准溶液直接滴定待测物质，这类滴定方式称为直接滴定法。直接滴定是滴定分析法中最常用和最基本的滴定方式。如以 HCl 标准溶液滴定 NaOH 和以 $KMnO_4$ 为标准溶液滴定 Fe^{2+} 等，都属于直接滴定法。当标准溶液与被测物质的反应不完全符合上述要求时，则应考虑采用下述几种滴定方式。

2．返滴定法（剩余量滴定法或回滴定法）

用于反应速度慢或反应物是固体，加入滴定剂后不能立即定量完成或没有适当的指示剂的那些滴定反应。此时，可以先加入一定量的过量滴定剂，待反应完成后，用另一种标准溶液滴定剩余的滴定剂。如固体碳酸钙的测定，可先加入一定量的过量盐酸标准溶液，使试样完全溶解，然后用氢氧化钠标准溶液返滴定剩余的盐酸。反应如下：

$$CaCO_3 + 2HCl(过量) =\!=\!= CaCl_2 + CO_2 \uparrow + H_2O$$

$$HCl(剩余) + NaOH =\!=\!= NaCl + H_2O$$

又如，在酸性条件下测定 Cl^- 时，用 $AgNO_3$ 标准溶液直接滴定，缺少合适的指示剂。此时可先加入过量的硝酸银标准溶液与 Cl^- 充分反应，待反应完全后，再用 NH_4SCN 标准溶液返滴定剩余的硝酸银标准溶液，以 Fe^{3+} 为指示剂滴定至出现 $[Fe(SCN)]^{2+}$ 红色为终点。

3. 置换滴定法

对于不按确定的反应式进行（伴有副反应）反应的物质，可以不直接滴定待测物质，而是先用适当试剂与待测物质发生置换反应，再用标准溶液滴定被置换出的物质，这种方法称置换滴定法。例如，还原剂 $Na_2S_2O_3$ 与氧化剂 $K_2Cr_2O_7$ 之间发生反应时，$Na_2S_2O_3$ 一部分被氧化生成 SO_4^{2-}，另一部分被氧化成 $S_4O_6^{2-}$，反应无确定的计量关系。但是 $K_2Cr_2O_7$ 在酸性条件下氧化 KI，定量生成 I_2，此时再用 $Na_2S_2O_3$ 标准溶液滴定生成的 I_2，这一反应符合滴定分析的要求，反应如下：

$$Cr_2O_7^{2-} + 6I^- + 14H^+ =\!=\!= 2Cr^{3+} + 3I_2 + 7H_2O$$

生成的 I_2 与 $Na_2S_2O_3$ 标准溶液反应

$$I_2 + S_2O_3^{2-} =\!=\!= 2I^- + S_4O_6^{2-}$$

4. 间接滴定法

当被测组分不能与标准溶液直接反应时，可将试样通过一定的化学反应后，再用适当的标准溶液滴定反应产物。这种滴定方式称为间接滴定。例如，测定试样中 $CaCl_2$ 的含量时，由于钙盐不能直接与 $KMnO_4$ 标准溶液反应，可先加过量 $(NH_4)_2C_2O_4$，使 Ca^{2+} 定量沉淀为 CaC_2O_4，然后用 H_2SO_4 溶解，再用 $KMnO_4$ 标准溶液滴定与 Ca^{2+} 结合的 $C_2O_4^{2-}$，从而可间接算出 $CaCl_2$ 的含量。其主要反应式如下：

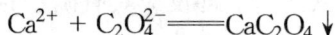

$$Ca^{2+} + C_2O_4^{2-} =\!=\!= CaC_2O_4 \downarrow$$

$$CaC_2O_4 + 2H^+ =\!=\!= H_2C_2O_4 + Ca^{2+}$$

$$2MnO_4^- + 5H_2C_2O_4 + 6H^+ =\!=\!= 2Mn^{2+} + 10CO_2 \uparrow + 8H_2O$$

在滴定分析中由于采用了剩余量滴定、置换滴定、间接滴定等滴定方式，从而扩大了滴定分析的应用范围。

第三节　标准溶液与基准物质

浓度准确已知的试剂溶液叫标准溶液（或称滴定剂或滴定液）。这种溶液的配制方法，可根据物质的性质来选择。

一、标准溶液浓度的表示方法

（一）物质的量浓度（molarity）

它是指单位体积溶液中所含溶质 B 的物质的量，以符号 c_B 表示，即：

$$c_B = \frac{n_B}{V} \qquad (3-1)$$

式中 V 为溶液体积（L 或 ml）；n_B 为溶液中溶质 B 的物质的量（mol 或 mmol）；B 代表溶质的化学式；c_B 为物质的量浓度（mol/L 或 mmol/ml），简称浓度。

计算物质的量浓度，往往还要知道物质的量，物质的量是质量（m）除以摩尔质量（M），即：

$$n_B = \frac{m_B}{M_B} \qquad (3-2)$$

例 1 1L Na$_2$CO$_3$ 溶液中含溶质 Na$_2$CO$_3$ 53.00g，则该 Na$_2$CO$_3$ 溶液的浓度为：

$$c_{Na_2CO_3} = \frac{n_{Na_2CO_3}}{V_{Na_2CO_3}} = \frac{\frac{m_{Na_2CO_3}}{M_{Na_2CO_3}}}{V_{Na_2CO_3}} = \frac{\frac{53.00}{106.00}}{1} = 0.05000 \text{mol/L}$$

（二）滴定度

滴定度是指每毫升标准溶液相当于被测组分的质量，以 T_{M_1/M_2} 表示。M$_1$ 是标准溶液溶质的化学式，M$_2$ 是待测物质的化学式，单位为 g/ml。例如 $T_{K_2Cr_2O_7/Fe} = 0.05321$g/ml，表示用这种 K$_2Cr_2O_7$ 标准溶渡滴定 Fe 样品时，每消耗 1ml K$_2$Cr$_2$O$_7$ 标准溶液相当于样品中含 0.05321g Fe，即与 0.05321g Fe 完全反应。知道了滴定度，再乘以滴定中用去的标准溶液体积，就可以得到待测物质的质量。

例 2 若用 $T_{NaOH/HCl} = 0.003646$g/ml NaOH 的标准溶液滴定盐酸，用去该标准溶渡 22.00ml，求试样中 HCl 的质量。

$$m_{HCl} = V_{NaOH} \cdot T_{NaOH/HCl} = 22.00\text{ml} \times 0.003646\text{g/ml} = 0.08021\text{g}$$

这种浓度表示方法常用于大批试样中同一组分的测定。

二、标准溶液的配制

（一）直接法

准确称取一定量的物质，溶解后定量转移到容量瓶中，稀释至一定体积，根据称取的质量和容量瓶的体积，即可算出该标准溶液的准确浓度。例如，欲配制 0.01000mol/L K$_2$Cr$_2$O$_7$ 溶液 1L 时，首先在分析天平上精确称取分析纯或优级纯 K$_2$Cr$_2$O$_7$ 2.9420g 于烧杯中，加入适量水使其溶解后，定量转移到 1000ml 容量瓶中，再用水稀释至刻度即得。

许多化学试剂由于不纯和不易提纯，或在空气中不稳定（如易吸收水分）等原因，不能用直接法配制标准溶液，只有具备下列条件的化学试剂，才能用直接法配制。

（1）在空气中稳定。例如加热干燥时不分解，称量时不吸湿，不吸收空气中的 CO$_2$，不被空气氧化等。

（2）纯度高（一般要求纯度在 99.9% 以上），杂质含量少到可以忽略（0.01% ~ 0.02%）。

（3）实际组成应与化学式完全符合。若含结晶水时，如硼砂 Na$_2$B$_4$O$_7 \cdot$10H$_2$O，其结晶水的含量也应与化学式符合。

（4）具有较大的摩尔质量。摩尔质量越大，称取的量越多，称量的相对误差就可相应地减小。

凡是符合上述条件的物质，都能用来直接配制和作为标定标准溶液的物质，在分析化学上称该物质为"基准物质"（standard substance）或称"基准试剂"（primary standard reagent）。

（二）标定法

很多物质不符合基准物质的条件，如 NaOH，它很容易吸收空气中的 CO_2 和水分，因此称得的质量不能代表纯净 NaOH 的质量；盐酸（除恒沸溶液外）也很难知道其中 HCl 的准确含量。对这类物质，应先按需要配成近似浓度的溶液，再用基准物质或另一种物质的标准溶液来确定它的准确浓度。这种用基准物质或已知准确浓度的溶液来确定标准溶液浓度的操作过程称为"标定"（standar－dization）（后者也称"比较"）。

三、标准溶液的标定

用直接法配制的溶液，通过计算即可得到准确浓度。而用标定法配制的溶液，其浓度需要进行标定。标定溶液浓度的方法有以下两种。

（一）用基准物质进行标定

精密称取一定量的基准物质，溶解后用待测的标准溶液进行滴定。根据滴定所消耗的体积（ml）及称取的基准物质的质量，即可算出该溶液的准确浓度。大多数标准溶液是通过"标定"来确定其准确浓度。

（二）与标准溶液进行比较

准确吸取一定量的待标定溶液，用已知准确浓度的标准溶液滴定，反之亦然。根据两种溶液所消耗的体积及标准溶液的浓度可计算出待标定溶液的浓度。这种用标准溶液来测定待标定溶液准确浓度的操作过程称"比较"法。此法不及用基准物质标定法好。

标定时，无论采用哪种方法，一般规定要平行测定 3～4 次，并且相对平均偏差不大于 0.2%。标定好的标准溶液应妥善保存。对不稳定的溶液还要定期进行标定。例如，对见光易分解的 $AgNO_3$、$KMnO_4$ 标准溶液应贮存在棕色瓶中，并放置暗处。对 NaOH、$Na_2S_2O_3$ 等不稳定的标准溶液放置 2～3 个月后，应重新标定。

第四节　滴定分析法的计算

在滴定分析中，要涉及到一系列的计算问题，如标准溶液配制和浓度标定的计算，标准溶液和待测物质间关系的计算，以及测定结果的计算等，现分别讨论如下。

一、滴定分析计算的依据

滴定分析就是用标准溶液（滴定剂 T）去滴定待测物质（A）溶液。按照化学计量关系相互作用的原理，在化学计量点，待测物质与标准溶液的物质的量必定相当。例如，对于任一滴定反应：

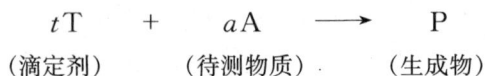

$$tT \quad + \quad aA \quad \longrightarrow \quad P$$
（滴定剂）　　　（待测物质）　　　（生成物）

当滴定到达化学计量点时，$t\,mol\,T$ 恰好与 $a\,mol\,A$ 完全作用，此时

$$n_T : n_A = t : a$$

$$n_A = \frac{a}{t} n_T$$

$$n_T = \frac{t}{a} n_A \tag{3-3}$$

式中 a/t 或 t/a 为换算因数，即反应方程式中两物质计量数之比，通常称为摩尔比。n_T、n_A 分别表示 T、A 的量。

若待测物质的溶液其体积为 V_A，浓度为 c_A，到达化学计量点时用去浓度为 c_T 的滴定剂体积为 V_T。由式（3-1）和式（3-3）可得到：

$$c_A \cdot V_A = \frac{a}{t} c_T \cdot V_T \tag{3-4}$$

式（3-4）是两种溶液间互相作用，达到化学计量点的计算式。同样，可写出固体物质与溶液间相互作用的计算式，即由式（3-2）和式（3-4）可得到：

$$m_A = \frac{a}{t} c_T \cdot V_T \cdot M_A \tag{3-5a}$$

在滴定分析中，体积常以毫升为单位，此时：

$$m_A = \frac{a}{t} c_T \cdot \frac{V_T}{1000} M_A \quad \text{或} \quad m_A = \frac{a}{t} c_T \cdot V_T \cdot \frac{M_A}{1000} \tag{3-5b}$$

二、滴定分析计算实例

（一）$c_A \cdot V_A = \dfrac{a}{t} c_T \cdot V_T$ 式的应用——计算被测溶液浓度

例 3 用 H_2SO_4（0.09904mol/L）标准溶液滴定 20.00ml NaOH 溶液时，用去硫酸液 22.40ml，计算该 NaOH 溶液的浓度。

解： $$H_2SO_4 + 2NaOH \Longrightarrow Na_2SO_4 + 2H_2O$$

$$n_{NaOH} = 2 n_{H_2SO_4}$$

$$c_{NaOH} = \frac{a}{t} \times \frac{c_{H_2SO_4} \cdot V_{H_2SO_4}}{V_{NaOH}}$$

$$= \frac{2}{1} \times \frac{0.09904 \times 22.40}{20.00}$$

$$= 0.2218 mol/L$$

（二）$m_A = \dfrac{a}{t} c_T \cdot V_T \dfrac{M_A}{1000}$ 式的应用

1. 计算配制一定浓度溶液所需固体试剂的量

例 4 用容量瓶配制 0.02000mol/L 重铬酸钾标准溶液 500ml，需称取固体重铬酸钾多少克？（$M_{K_2Cr_2O_7} = 294.2$）

解：
$$m_{K_2Cr_2O_7} = c_{K_2Cr_2O_7} \cdot V_{K_2Cr_2O_7} \frac{M_{K_2Cr_2O_7}}{1000}$$

$$= 0.02000 \times 500 \times \frac{294.2}{1000}$$

$$= 2.942g$$

2. 标定标准溶液浓度的计算

例5　用 0.2036g 无水 Na_2CO_3 作基准物质，以甲基橙为指示剂，标定 HCl 溶液浓度时，用去 HCl 溶液 36.06ml，计算该 HCl 溶液的浓度。

解：
$$Na_2CO_3 + 2HCl = 2NaCl + H_2O + CO_2 \uparrow$$

$$n_{HCl} = 2n_{Na_2CO_3}$$

$$c_{HCl} = \frac{t}{a} \times \frac{1000 m_{Na_2CO_3}}{V_{HCl} \cdot M_{Na_2CO_3}}$$

$$= \frac{2}{1} \times \frac{1000 \times 0.2036}{36.06 \times 106.6}$$

$$= 0.1059 mol/L$$

3. 估计应称取基准物（或待测物）的质量

例6　标定 NaOH 溶液时，希望滴定时用去 NaOH（0.10mol/L）滴定液 20～25ml，问应称取邻苯二甲酸氢钾基准物质多少克？

解：

$$n_{NaOH} = n_{KHC_8H_4O_4}$$

$$m_{KHC_8H_4O_4} = \frac{a}{t} \times \frac{c_{NaOH} \cdot V_{NaOH} \cdot M_{KHC_8H_4O_4}}{1000}$$

$$= \frac{1}{1} \times \frac{0.10 \times 20 \times 204}{1000}$$

$$= 0.41g$$

$$m_{KHC_8H_4O_4} = \frac{1}{1} \times \frac{0.10 \times 25 \times 204}{1000} = 0.51g$$

应称取邻苯二甲酸氢钾 0.41～0.51g。

4. 估计消耗标准溶液的体积

例7　0.3000g 草酸（$H_2C_2O_4 \cdot 2H_2O$）溶于适量水后，用 KOH 液（0.2mol/L）滴定至终点，问大约消耗此溶液多少毫升？

解：
$$H_2C_2O_4 + 2KOH = K_2C_2O_4 + 2H_2O$$

$$n_{KOH} = 2n_{H_2C_2O_4}$$

$$V_{KOH} = \frac{t}{a} \times \frac{1000 \cdot m_{H_2C_2O_4 \cdot 2H_2O}}{c_{KOH} \cdot M_{H_2C_2O_4 \cdot 2H_2O}}$$

$$= \frac{2}{1} \times \frac{1000 \times 0.3000}{0.2 \times 126.1}$$

$$= 23.79 \approx 24ml$$

（三）c_T 与 $T_{T/A}$的换算

如前所述，滴定度 $T_{T/A}$是每毫升标准溶液相当于待测物质的质量。当标准溶液与被测物质反应，$tT + aA \longrightarrow P$ 反应的摩尔比为 $t:a$

此时
$$n_T = \frac{t}{a} \times m_A \times \frac{1000}{M_A} = c_T V_T$$

$$c_T V_T = \frac{t}{a} \times m_A \times \frac{1000}{M_A}$$

当 $V_T = 1ml$ 则 $m_A = T_{T/A}$

$$c_T = \frac{t}{a} \times T_{T/A} \times \frac{1000}{M_A}$$

$$T_{T/A} = \frac{a}{t} \times c_T \times \frac{M_A}{1000}$$

例 8　试计算 HCl 溶液（0.2500mol/L）对 Na_2CO_3 的滴定度（以甲基橙为指示剂）。

解：
$$NaCO_3 + 2HCl \Equiv 2NaCl + H_2O + CO_2 \uparrow$$

$$2n_{Na_2CO_3} = n_{HCl}$$

$$T_{HCl/Na_2CO_3} = \frac{a}{t} \times c_{HCl} \times \frac{M_{Na_2CO_3}}{1000}$$

$$= \frac{1}{2} \times 0.2500 \times \frac{106.0}{1000}$$

$$= 0.01325g/ml$$

例 9　某 $AgNO_3$ 标准溶液的滴定度为 $T_{AgNO_3/NaCl} = 0.005858g/ml$，试计算该 $AgNO_3$ 标准溶液浓度。

解：
$$AgNO_3 + NaCl \Equiv AgCl + NaNO_3$$

$$n_{AgNO_3} = n_{NaCl}$$

$$c_{AgNO_3} = \frac{t}{a} \times T_{AgNO_3/NaCl} \times \frac{1000}{M_{NaCl}}$$

$$= \frac{1}{1} \times 0.005858 \times \frac{1000}{58.44}$$

$$= 0.1002 \ (mol/L)$$

（四）待测物质百分含量的计算

设 m_S 为样品质量（g），m_A 为样品中待测组分 A 的质量（g），待测组分的百分含量为 A%，即

$$A\% = \frac{m_A}{m_S} \times 100\%$$

$$m_A = \frac{a}{t} c_T \cdot V_T \frac{M_A}{1000}$$

$$A\% = \frac{\dfrac{a}{t} c_T \cdot V_T \dfrac{M_A}{1000}}{m_S} \times 100\%$$

若标准溶液浓度用滴定度 $T_{T/A}$（g/ml）表示时，则

$$A\% = \frac{V_T \cdot T_{T/A}}{m_S} \times 100\%$$

例 10　用盐酸标准溶液（0.1000mol/L）滴定碳酸钠试样，称取 0.1986g，滴定时消耗 37.31ml 标准溶液。碳酸钠试样的百分含量为多少？

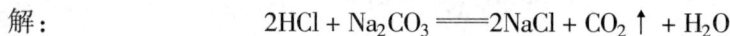

解：
$$2HCl + Na_2CO_3 =\!=\!= 2NaCl + CO_2 \uparrow + H_2O$$

$$n_{Na_2CO_3} = \frac{1}{2} n_{HCl}$$

$$Na_2CO_3\% = \frac{\frac{a}{t} c T \cdot V_T \frac{M_A}{1000}}{m_S} \times 100\%$$

$$= \frac{\frac{1}{2} \times 0.1000 \times 37.31 \times \frac{106.0}{1000}}{0.1986} \times 100\%$$

$$= 99.57\%$$

例 11　称取 CaCO₃ 试样 0.2501g，用 25.00ml 盐酸标准溶液（0.2602mol/L）溶解，回滴过量的酸用去 NaOH 标准溶液（0.2450mol/L）6.50ml，求 CaCO₃ 的百分含量。

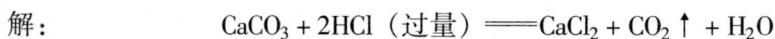

解：
$$CaCO_3 + 2HCl（过量）=\!=\!= CaCl_2 + CO_2 \uparrow + H_2O$$

$$HCl（剩余）+ NaOH =\!=\!= NaCl + H_2O$$

$$n_{CaCO_3} = \frac{1}{2} (n_{HCl} - n_{NaOH})$$

$$CaCO_3\% = \frac{\frac{a}{t}(c_{HCl} \cdot V_{HCl过量} - c_{NaOH} \cdot V_{NaOH}) \frac{M_{CaCO_3}}{1000}}{m_S} \times 100\%$$

$$= \frac{\frac{1}{2} \times (0.2602 \times 25.00 - 0.2450 \times 6.50) \times \frac{100.9}{1000}}{0.2501} \times 100\%$$

$$= 99.10\%$$

例 12　称取含铁试样 0.3071g，经处理为 Fe^{2+} 后，用 $K_2Cr_2O_7$ 标准溶液（0.01938mol/L）滴定，用去 20.42ml，以 Fe_2O_3 计算，求试样中铁的含量。

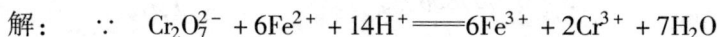

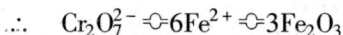

解：　∵ $Cr_2O_7^{2-} + 6Fe^{2+} + 14H^+ =\!=\!= 6Fe^{3+} + 2Cr^{3+} + 7H_2O$

$$Fe_2O_3 \longrightarrow 2Fe^{2+}$$

∴ $Cr_2O_7^{2-} \backsim 6Fe^{2+} \backsim 3Fe_2O_3$

$$n_{Fe_2O_3} = 3 n_{K_2Cr_2O_7}$$

$$Fe_2O_3\% = \frac{\frac{a}{t} c_{K_2Cr_2O_7} V_{K_2Cr_2O_7} \frac{M_{Fe_2O_3}}{1000}}{m_S} \times 100\%$$

$$= \frac{\frac{3}{1} \times 0.01938 \times 20.42 \times \frac{159.69}{1000}}{0.3071} \times 100\%$$

$$= 61.73\%$$

例 13　上例中若 $T_{K_2Cr_2O_7/Fe_2O_3} = 0.009213g/ml$，试样中 Fe_2O_3 的百分含量为多少？

解：
$$Fe_2O_3\% = \frac{V_{K_2Cr_2O_7} \cdot T_{K_2Cr_2O_7/Fe_2O_3}}{m_S} \times 100\%$$

$$= \frac{20.42 \times 0.009213}{0.3071} \times 100\%$$

$$= 61.26\%$$

思 考 题 与 习 题

1. 什么叫滴定分析？有何特点？

2. 什么叫基准物质，作为基准物质应具备哪些条件？

3. 为什么用于滴定分析的化学反应必须具有确定的计量关系？

4. 在滴定分析中何谓化学计量点？它与滴定终点有何区别？

5. 下列物质中哪些可用作标定标准溶液的"基准物质"？如果用它们配制标准溶液，应用何种方法配制？需用何种仪器进行配制？

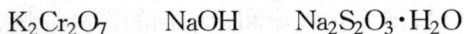

　　　　$K_2Cr_2O_7$　　　　NaOH　　　　$Na_2S_2O_3 \cdot H_2O$

6. 已知浓盐酸的密度为 1.19g/ml，其中 HCl 含量为 37%（m/m），其浓度为多少？若配制 HCl 液（0.20mol/L）500ml，应取浓 HCl 多少毫升？

（12mol/L，8.3ml）

7. 中和 20.00ml HCl 溶液（0.2235mol/L），需 21.40ml Ba（OH）$_2$ 溶液，而中和 25.00ml HAc 溶液，需 22.55ml Ba（OH）$_2$ 溶液，试计算 HAc 溶液的浓度。

（0.1883mol/L）

8. 用每升 $K_2Cr_2O_7$ 含 5.442g 的 $K_2Cr_2O_7$ 标准溶液滴定含铁试样，计算此标准溶液对 Fe、Fe_2O_3 的滴定度。

（0.006199g/ml，0.008567g/ml）

9. 标定 0.10mol/L NaOH 溶液时，用草酸作基准，欲将 NaOH 溶液的体积控制在 20～25ml 左右，则草酸（$H_2C_2O_4 \cdot 2H_2O$）的称量范围为多少？

（0.13～0.16g）

10. 滴定 0.1600g 草酸试样，用去 NaOH 液（0.1100mol/L）22.90ml，试求草酸试样中 $H_2C_2O_4$ 的百分含量。

（70.88%）

11. 将 0.2029gZnO 试样溶解在 25.00ml H_2SO_4（0.9760mol/L）中，过量酸用 31.95ml NaOH 溶液（0.1372mol/L）滴定。试计算 ZnO 的百分含量。

（99.57%）

（邱细敏）

第四章 酸碱滴定法

酸碱滴定法（acid – base titrations）是以水溶液中的质子转移反应为基础的滴定分析方法。一般酸、碱以及能与酸碱直接或间接发生质子反应的物质，几乎都可以用酸碱滴定法测定。因此，酸碱滴定法是分析化学的基础内容之一。

这个方法的关键问题是计量点的确定。因为酸碱反应通常不发生外观的变化，在滴定中需选用适当的指示剂，利用它的变色作为到达计量点的标志。因为不同的指示剂的变色有其不同的 pH，而不同类型的酸碱反应的计量点的 pH 又不相同，为了正确地确定计量点，就需要选择一个刚好能在计量点时变色的指示剂。要解决这个问题，必须了解滴定过程中溶液 pH 的变化情况。因此，在学习酸碱滴定时，不仅要了解指示剂的变色原理和变色范围，同时也要了解滴定过程中溶液 pH 的变化规律和指示剂的选择原则，以便能正确地选择合适的指示剂，获得准确的分析结果。

基于上述原因，我们先讨论酸碱溶液平衡的基本原理，然后再介绍酸碱滴定中的理论及应用。

第一节　水溶液中的酸碱平衡

一、酸碱的质子理论

根据质子理论，凡能给出质子（H^+）的物质是酸，能接收质子的物质是碱。其酸碱关系如下：

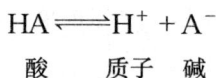

$$HA \rightleftharpoons H^+ + A^-$$
$$酸 \qquad 质子 \quad 碱$$

此反应是酸碱半反应，式中 HA 为酸，当它给出质子后，剩余部分 A^- 对质子有一定的亲合力，因而是一种碱，这就构成了一个酸碱共轭体系。酸 HA 与碱 A^- 处于一种相互依存的关系中，即：HA 失去质子转化为它的共轭碱 A^-，A^- 得到质子后，转化为它的共轭酸 HA，则 HA 与 A^- 被称为共轭酸碱对。如：

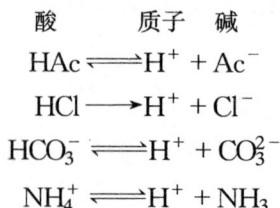

$$酸 \qquad 质子 \quad 碱$$
$$HAc \rightleftharpoons H^+ + Ac^-$$
$$HCl \longrightarrow H^+ + Cl^-$$
$$HCO_3^- \rightleftharpoons H^+ + CO_3^{2-}$$
$$NH_4^+ \rightleftharpoons H^+ + NH_3$$

由上述酸碱的半反应可知：酸碱可以是中性分子，也可以是阳离子或阴离子，酸碱是相对的。又如：

$$H_3PO_4 \rightleftharpoons H^+ + H_2PO_4^-$$

$$H_2PO_4^- \Longrightarrow H^+ + HPO_4^{2-}$$

离子($H_2PO_4^-$)在 H_3PO_4-$H_2PO_4^-$ 共轭体系中为碱,而在 $H_2PO_4^-$-HPO_4^{2-} 共轭体系中为酸。同一物质在某些场合是酸,而在另一场合是碱,其原因是共存物质彼此间给出质子能力相对强弱不同。因此同一物质在不同的环境(介质或溶剂)中,常会引起其酸碱性的改变。

酸碱质子理论认为,酸碱反应的实质是质子转移。例如 HAc 在水中离解,溶剂水就起着碱的作用,否则 HAc 无法实现其在水中的离解,即质子转移是在两个共轭酸碱对间进行。其反应表示为:

$$HAc + H_2O \Longrightarrow H_3O^+ + Ac^-$$

酸1　　碱2　　　酸2　　碱1

同样,碱在水中接收质子,也必须有溶剂水分子参加。例如:

$$NH_3 + H_2O \Longrightarrow OH^- + NH_4^+$$

碱1　　酸2　　　碱2　　酸1

所不同的是,H_2O 在此反应中起酸的作用,可见水是一种两性溶剂。

二、水的质子自递反应

水是两性物质,在水分子之间也发生酸碱反应,即一个水分子作为碱接受另一个水分子的质子。

$$H_2O + H_2O \Longrightarrow H_3O^+ + OH^-$$

酸1　　碱2　　　酸2　　碱1

这种只发生在溶剂分子之间的质子转移反应,称为溶剂的质子自递反应(autoprotolysis reaction)。反应的平衡常数称为溶剂的质子自递常数,以 K_S 表示。水的质子自递常数又称为水的离子积 K_W,即:

$$K_W = [H_3O^+][OH^-] = 1.0 \times 10^{-14} \qquad (25℃) \qquad (4-1)$$

三、共轭酸碱对的 K_a 与 K_b 及其相互关系

酸的强度决定于它将质子给予溶剂分子的能力和溶剂分子接受质子的能力;碱的强度决定于它从溶剂分子中夺取质子的能力和溶剂分子给出质子的能力。这就是说,酸碱的强度与酸碱的性质和溶剂的性质有关。如 NH_3 在水中是弱碱,而在甲酸中其碱性显得强得多。这是因为甲酸的酸性比水强,它比水容易将质子给予 NH_3,从而使 NH_3 的碱性增强了。

在水溶液中,酸碱强度决定于酸将质子给予水分子或碱从水分子中夺取质子的能力,通常用其在水中的离解常数的大小来衡量。酸(碱)的离解常数愈大,其酸(碱)性愈强。例如:

$$HCl + H_2O \Longrightarrow H_3O^+ + Cl^- \qquad K_a = 10^3$$
$$HAc + H_2O \Longrightarrow H_3O^+ + Ac^- \qquad K_a = 1.8 \times 10^{-5}$$
$$H_2S + H_2O \Longrightarrow H_3O^+ + HS^- \qquad K_a = 5.1 \times 10^{-8}$$

显然，这三种酸的强弱顺序是：$HCl > HAc > H_2S$

又如：

$$Ca\ (H_2O)_5OH^+ + H_2O \rightleftharpoons Ca\ (H_2O)_6 + OH^- \qquad K_b = 4.0 \times 10^{-2}$$

$$NH_3 + H_2O \rightleftharpoons NH_4^+ + OH^- \qquad K_b = 1.8 \times 10^{-5}$$

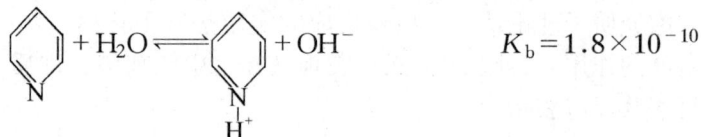 $\qquad K_b = 1.8 \times 10^{-10}$

这三种碱的强弱顺序是 $Ca\ (H_2O)_5OH^+ > NH_3 > $

共轭酸碱对 K_a 和 K_b 之间有确定的关系，以 HAc 为例：

$$HAc + H_2O \rightleftharpoons H_3O^+ + Ac^- \qquad K_a = \frac{[H^+]\,[Ac^-]}{[HAc]}$$

$$Ac^- + H_2O \rightleftharpoons HAc + OH^- \qquad K_b = \frac{[HAc]\,[OH^-]}{[Ac^-]}$$

$$K_a \times K_b = \frac{[H^+]\,[Ac^-]}{[HAc]} \times \frac{[HAc]\,[OH^-]}{[Ac^-]} = [H^+]\,[OH^-]$$

故
$$K_a \times K_b = K_W$$

$$pK_a + pK_b = 14.00 \ (25\ ℃)$$

多元酸在水中存在逐级离解，情况较复杂。以 H_3PO_4 为例。

$$H_3PO_4 + H_2O \rightleftharpoons H_3O^+ + H_2PO_4^- \qquad K_{a_1} = \frac{[H_2PO_4^-] \cdot [H^+]}{[H_3PO_4]}$$

$$H_2PO_4^- + H_2O \rightleftharpoons H_3O^+ + HPO_4^{2-} \qquad K_{a_2} = \frac{[HPO_4^{2-}] \cdot [H^+]}{[H_2PO_4^-]}$$

$$HPO_4^{2-} + H_2O \rightleftharpoons H_3O^+ + PO_4^{3-} \qquad K_{a_3} = \frac{[PO_4^{3-}] \cdot [H^+]}{[HPO_4^{2-}]}$$

作为碱，PO_4^{3-} 存在逐级接受质子（H^+）：

$$PO_4^{3-} + H_2O \rightleftharpoons HPO_4^{2-} + OH^- \qquad K_{b_1} = \frac{[HPO_4^{2-}] \cdot [OH^-]}{[PO_4^{3-}]}$$

$$HPO_4^{2-} + H_2O \rightleftharpoons H_2PO_4^- + OH^- \qquad K_{b_2} = \frac{[H_2PO_4^-] \cdot [OH^-]}{[HPO_4^{2-}]}$$

$$H_2PO_4^- + H_2O \rightleftharpoons H_3PO_4 + OH^- \qquad K_{b_3} = \frac{[H_3PO_4] \cdot [OH^-]}{[H_2PO_4^-]}$$

由各对共轭酸碱离解常数关系式可看出：

$$K_{a_1} \times K_{b_3} = K_{a_2} \times K_{b_2} = K_{a_3} \times K_{b_1} = K_W$$

从上列式中可以看出，共轭酸碱对的 K_a 和 K_b 只要知道其中一个就可导出另一个。因此可以统一地用 pK_a 值来表示酸或碱的强度。近年来在化学书籍和文献中常常只给出酸的 pK_a 值。

第二节 酸碱指示剂

一、指示剂的变色原理和变色范围

酸碱指示剂（acid-base indicator）一般是有机弱酸或有机弱碱，它们的共轭酸碱对具有不同结构，因而呈现不同颜色。改变溶液的 pH，指示剂失去或得到质子，结构发生变化，引起颜色变化。

例如酚酞是一种有机弱酸，$pK_a = 9.1$，其离解平衡式如下：

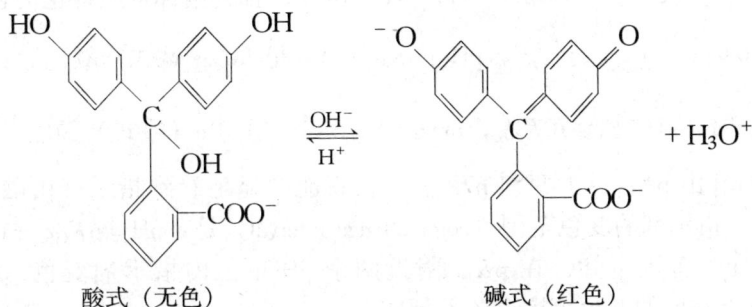

在酸性溶液中，酚酞主要以酸式色存在，溶液无色；在碱性溶液中，酚酞主要以碱式色存在，溶液显红色。

又如，甲基橙是一种有机弱碱，它的变色反应如下式所示：

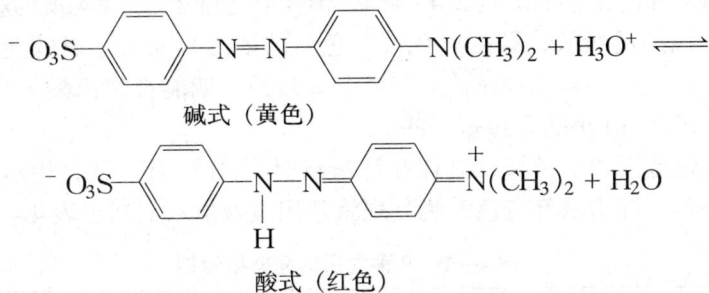

在碱性溶液中，甲基橙主要以碱式存在，溶液呈黄色，当溶液酸度增强时，平衡向右方移动，甲基橙主要以酸式存在，溶液由黄色向红色转变；反之，由红色向黄色转变。为简便起见，以 HIn 表示指示剂的酸式，其颜色称酸式色；In$^-$ 表示指示剂的碱式，其颜色称为碱式色，则指示剂在溶液中有下列平衡：

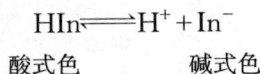

$$HIn \rightleftharpoons H^+ + In^-$$
$$\text{酸式色} \qquad \text{碱式色}$$

由此可见，酸碱指示剂的变色和溶液的 pH 有关。指示剂在什么 pH 变色，对于酸碱滴定分析非常重要。只有知道了指示剂变色的 pH 条件，才有可能用它指示终点。因此，必须讨论指示剂变色与溶液 pH 的关系。现以弱酸型指示剂为例来讨论，其在溶液中的离解如下：

$$HIn \rightleftharpoons H^+ + In^-$$

$$K_{HIn} = \frac{[H^+]\,[In^-]}{[HIn]}$$

$$\frac{[In^-]}{[HIn]} = \frac{K_{HIn}}{[H^+]} \qquad\qquad (4-2)$$

式（4-2）表明，比值 $\frac{[In^-]}{[HIn]}$ 是 $[H^+]$ 的函数。当溶液的 pH 改变时，$\frac{[In^-]}{[HIn]}$ 随之改变。由于人眼对颜色分辨有一定限度，溶液中虽含有带不同颜色的 HIn 和 In^-，但如果两者浓度相差 10 倍或 10 倍以上，就只能看出 HIn 或 In^- 的颜色。若 $[In^-]/[HIn] \geq 10$，看到 In^- 的颜色；$[In^-]/[HIn] \leq 0.1$，看到 HIn 的颜色；而在 $10 > [In^-]/[HIn] > 0.1$，看到混合色；$[In^-]/[HIn] = 1$，pH $= pK_{HIn}$，称为指标剂的理论变色点。

$\frac{[In^-]}{[HIn]} \geq 10$ 时，$[H^+] \leq \frac{K_{HIn}}{10}$，pH $\geq pK_{HIn} + 1$，呈 In^-（碱式）颜色。

$\frac{[In^-]}{[HIn]} \leq \frac{1}{10}$ 时，$[H^+] \geq 10K_{HIn}$，pH $\leq pK_{HIn} - 1$，呈 HIn（酸式）颜色。

当溶液的 pH 由 $pK_{HIn} - 1$ 变到 $pK_{HIn} + 1$，就能明显地看到指示剂由酸式色变为碱式色。由此可见，指示剂的变色范围（color change interval）是：pH $= pK_{HIn} \pm 1$。

由指示剂变色范围可知，在 pK_{HIn} 附近两个 pH 单位内指示剂变色，不同的指示剂 pK_{HIn} 不同，所以它们的变色范围也各不相同。

根据理论上推算，指示剂的变色范围是两个 pH 单位，但由于人的眼睛对不同颜色的敏感程度不同，加上两种颜色相互掩盖，所以实际观察结果与理论结果有差别。例如：甲基橙 $pK_{HIn} = 3.4$，理论变色范围是 2.4～4.4，但实测范围是 3.1～4.4。这是由于人眼对红色比对黄色更为敏感的缘故，即酸式色（红色）的浓度只要大于碱式色（黄色）的二倍（pH $= 3.1$ 时，$[In^-]/[HIn] = K_{HIn}/[H^+] = 1/2$），就能观察出酸式色（红色）。所以甲基橙的变色范围在 pH 小的一边短一些。

指示剂的变色范围越窄越好，这样在计量点时，pH 稍有改变，指示剂立即由一种颜色变成另一种颜色，即指示剂变色敏锐。现将常用酸碱指示剂列于表4-1。

表4-1　几种常用的酸碱指示剂

指示剂	变色范围 pH	颜色		变色点 pH	浓度	用量 滴/10ml 试液
		酸色	碱色			
百里酚蓝	1.2～2.8	红	黄	1.65	0.1%的20%乙醇溶液	1～2
甲基黄	2.9～4.0	红	黄	3.25	0.1%的90%乙醇溶液	1
甲基橙	3.1～4.4	红	黄	3.45	0.05%的水溶液	1
溴酚蓝	3.0～4.6	黄	紫	4.1	0.1%的20%乙醇溶液或其钠盐的水溶液	1
溴甲酚绿	3.8～5.4	黄	蓝	4.9	0.1%的乙醇溶液	1
甲基红	4.4～6.2	红	黄	5.1	0.1%的60%乙醇溶液或其钠盐的水溶液	1
溴百里酚蓝	6.2～7.6	黄	蓝	7.3	0.1%的20%乙醇溶液或其钠盐的水溶液	1
中性红	6.8～8.0	红	黄橙	7.4	0.1%的20%乙醇溶液	1
酚红	6.7～8.4	黄	橙红	8.0	0.1%的60%乙醇溶液或其钠盐水溶液	1
酚酞	8.0～10.0	无	红	9.1	0.5%的90%乙醇溶液	1～3
百里酚酞	9.4～10.6	无	蓝	10.0	0.1%的90%乙醇溶液	1～2

二、影响指示剂变色范围的因素

影响指示剂变色范围的因素主要有两方面：一是影响指示剂常数 K_{HIn} 的数值，因而移动了变色范围的区间。这方面的因素如温度、溶剂的极性等，其中以温度的影响较大；另一方面就是对变色范围宽度的影响，如指示剂的用量、滴定程序等，现分别讨论如下：

（1）温度　指示剂的变色范围和 K_{HIn} 有关，而 K_{HIn} 与温度有关，故温度改变，指示剂的变色范围也随之改变。例如在 18℃ 时，甲基橙的变色范围为 3.1～4.4，而 100℃ 时，则为 2.5～3.7。

（2）溶剂　指示剂在不同的溶剂中，pK_{HIn} 值不同。因此指示剂在不同溶剂中的变色范围不同。例如甲基橙在水溶液中 $pK_{HIn}=3.4$，而在甲醇中 $pK_{HIn}=3.8$。

（3）指示剂的用量　指示剂的用量（或浓度）是一个重要因素，这可从指示剂变色的平衡关系看出：

$$HIn \Longrightarrow H^+ + In^-$$

如果溶液中指示剂的浓度小，则在单位体积中 HIn 为数不多，加入少量标准溶液即可使之几乎完全变为 In^-，因此颜色变化灵敏。反之，指示剂浓度大时，发生同样的颜色变化所需要的标准溶液的量也较多，致使终点时颜色变化不敏锐，而且指示剂本身也会多消耗一些滴定剂从而带来误差。这种影响对单色指示剂或双色指示剂是共同的。因此指示剂少一点为佳。对单色指示剂来说，指示剂的用量还会影响指示剂的变色范围。例如酚酞，它的酸式无色，碱式为红色。设人眼观察碱式的红色的最低浓度为 a，它应该是固定不变的。今假设指示剂的总浓度为 c，由指示剂的离解平衡式可以看出：

$$\frac{K_{HIn}}{[H^+]} = \frac{[In^-]}{[HIn]} = \frac{a}{c-a}$$

如果 c 增大为 c'，因为 K_{HIn}、a 都是定值，为维持比值关系，$[H^+]$ 必须相应地增大，也就是说，指示剂会在较低的 pH 值时变色。例如在 50ml～100ml 溶液中加入 2～3 滴 0.1% 酚酞，在 pH≈9 时出现微红，而在同样情况下加 10～15 滴酚酞，则在 pH≈8 时出现微红。

（4）滴定程序　由于浅色转深色明显，所以当溶液由浅色变为深色时，肉眼容易辨认出来。例如用碱滴定酸时，以酚酞为指示剂，终点时容易由无色变到红色，颜色变化明显，易于辨别；反之则不明显，滴定剂易滴过量。同样，甲基橙由黄变红，比由红变黄易于辨认。因此，当用碱滴定酸时，一般用酚酞作指示剂；用酸滴定碱时，一般用甲基橙作指示剂。

三、混合指示剂

在某些酸碱滴定中，pH 突跃范围很窄，使用一般的指示剂不能判断终点，此时可使用混合指示剂（mixed indicator）。它能缩小指示剂的变色范围，使颜色变化更明显。混合指示剂有两种配制方法，一种是在某种指示剂中加入一种惰性染料。例如，甲基橙和靛蓝组成的混合指示剂，靛蓝在滴定过程中不变色，只作甲基橙变色的背景，它与甲基橙的酸式色（红色）加和为紫色，与甲基橙的碱式色（黄色）加和为绿色。在滴定过程中，随 H^+ 浓度变化而发生如下颜色变化：

溶液的酸度	甲基橙的颜色	甲基橙＋靛蓝的颜色
pH≥4.4	黄色	绿色
pH＝4.0	橙色	浅灰色
pH≤3.1	红色	紫色

可见，单一甲基橙变色过程中有一过渡的橙色较难辨别；而混合指示剂由绿（紫）变到紫（绿），不仅中间几乎是无色的浅灰色，而且绿色与紫色明显不同，所以变色敏锐，易于辨别。

另一种配法是两种或两种以上的指示剂混合而成，也可使指示剂变色敏锐，易于辨别。表4-2列出一些常用的混合指示剂。

表4-2　常用的混合指示剂

混合指示剂的组成	变色点 pH	变色情况 酸色	变色情况 碱色	备　注
一份0.1%甲基黄乙醇溶液 一份0.1%次甲基蓝乙醇溶液	3.25	蓝紫	绿	pH3.4绿色，3.2蓝紫色
一份0.1%甲基橙水溶液 一份0.25%靛蓝二磺酸水溶液	4.1	紫	黄绿	
三份0.1%溴甲酚绿乙醇溶液 一份0.2%甲基红乙醇溶液	5.1	酒红	绿	
一份0.1%溴甲酚绿钠盐水溶液 一份0.1%氯酚红钠盐水溶液	6.1	黄绿	蓝紫	pH5.4蓝绿色，5.8蓝色，6.0蓝带紫，6.2蓝紫
一份0.1%中性红乙醇溶液 一份0.1%次甲基蓝乙醇溶液	7.0	蓝紫	绿	pH7.0紫蓝
一份0.1%甲酚红钠盐水溶液 三份0.1%百里酚蓝钠盐水溶液	8.3	黄	紫	pH8.2玫瑰色，8.4清晰的紫色
一份0.1%百里酚蓝50%乙醇溶液 三份0.1%酚酞50%乙醇溶液	9.0	黄	紫	从黄到绿再到紫
二份0.1%百里酚酞乙醇溶液 一份0.1%茜素黄乙醇溶液	10.2	黄	紫	

第三节　酸碱滴定类型及指示剂的选择

在酸碱滴定中，要估计被测物质能否准确被滴定，就须了解在滴定过程中溶液 pH 的变化情况，以便选择适宜的指示剂来确定终点。要解决这个问题，就须了解不同类型酸碱滴定过程中溶液 pH 随滴定剂的加入而变化的情况，尤其是计量点前后 ±0.1% 相对误差范围内溶液 pH 的变化情况。只有在这一 pH 范围内产生颜色变化的指示剂，才能用来确定终点。

一、强酸强碱的滴定

滴定的基本反应为

$$H^+ + OH^- \rightleftharpoons H_2O$$

现以 NaOH（0.1000mol/L）滴定 20.00ml HCl（0.1000mol/L）为例讨论。滴定过程可分四个阶段：

1．滴定前 溶液的酸度等于 HCl 的原始浓度。

$$[H^+] = 0.1000 mol/L$$

$$pH = 1.00$$

2．滴定开始至计量点前 溶液的酸度取决于剩余 HCl 的浓度。

例如：当滴入 NaOH 溶液 19.98ml 时：

$$[H^+] = \frac{0.1000 \times 0.02}{20.00 + 19.98} = 5.0 \times 10^{-5} mol/L$$

$$pH = 4.30$$

3．计量点 滴入 NaOH 溶液 20.00ml，溶液呈中性。

$$[H^+] = [OH^-] = 1.00 \times 10^{-7} mol/L$$

$$pH = 7.00$$

4．计量点后 溶液的碱度取决于过量 NaOH 的浓度。例如滴入 NaOH 溶液 20.02ml 时：

$$[OH^-] = \frac{0.1000 \times 0.02}{20.00 + 20.02} = 5.00 \times 10^{-5} mol/L$$

$$pOH = 4.30$$

$$pH = 14.00 - pOH = 9.70$$

如此逐一计算滴定过程中的 pH 列于表 4-3。如果以 NaOH 加入量为横坐标，以溶液的 pH 为纵坐标作图，所得曲线为强碱滴定强酸的滴定曲线，见图 4-1。

由表 4-3 和图 4-1 可以看出，从滴定开始到加入 NaOH 溶液 19.98ml，溶液 pH 仅改变 3.30 个 pH 单位。但在计量点附近加入 1 滴 NaOH 溶液（从剩余 0.02mlHCl 到过量 NaOH0.02ml），就使溶液的 pH 由 4.30 急剧改变为 9.70，增大了 5.40 个 pH 单位。即 [H+] 降低了 25 万倍，溶液由酸性突变到碱性，这种计量点附近 pH 的突变称为滴定突跃。突跃所在的 pH 范围称为滴定突跃范围。此后再继续滴加 NaOH 溶液，溶液的 pH 变化又愈来愈小。

表 4-3 用 NaOH（0.1000mol/L）滴定 20.00mlHCl 溶液（0.1000mol/L）的 pH 变化（25℃）

V（加入 NaOH）ml	HCl 被滴定百分数	V（剩余 HCl）ml	V（过量 NaOH）ml	$[H^+]$	pH
0.00	0.00	20.00		1.00×10^{-1}	1.00
18.00	90.00	2.00		5.26×10^{-3}	2.28
19.80	99.00	0.20		5.02×10^{-4}	3.30
19.98	99.90	0.02		5.00×10^{-5}	4.30 ⎫突
20.00	100.00	0.00		1.00×10^{-7}	7.00 ⎬跃范
20.02	100.10		0.02	2.00×10^{-10}	9.70 ⎭围
20.20	101.00		0.20	2.01×10^{-11}	10.07
22.00	110.00		2.00	2.10×10^{-12}	11.68
40.00	200.00		20.00	5.00×10^{-13}	12.52

滴定突跃有重要的实际意义，它是选择指示剂的依据。凡是变色范围全部或部分落在滴定突跃范围内的指示剂都可用来指示滴定终点。从图 4-1 可以看出，用 NaOH（0.1000 mol/L）滴定 HCl（0.1000 mol/L）时，其滴定突跃的 pH 范围是 4.30~9.70。

所以酚酞、甲基红、甲基橙等都可用来指示终点。

如果反过来用 HCl（0.1000mol/L）滴定 NaOH（0.1000mol/L），则情况类似 NaOH 滴定 HCl 时的滴定曲线的形状（如图 4-1 中虚线所示），但变化方向相反。这时酚酞、甲基红都可以选为指示剂。

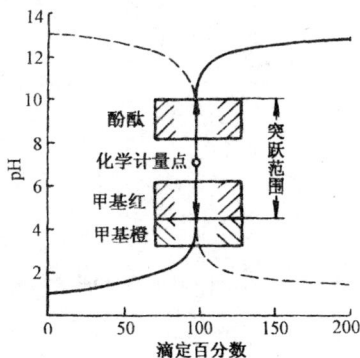

图 4-1　用 NaOH（0.1000mol/L）滴定 20.00ml　　　图 4-2　不同浓度（mol/L）的强碱滴
　　　　HCl 溶液（0.1000mol/L）的滴定曲线　　　　　　　定强酸的滴定曲线

酸碱的浓度可以改变滴定突跃范围的大小。从图 4-2 可以看出，若用 0.01mol/L、0.10mol/L、1.0mol/L 三种浓度的标准溶液进行滴定，它们的突跃范围分别为 5.30～8.70、4.30～9.70、3.30～10.70。可见溶液愈浓，突跃范围愈大，可供选择的指示剂愈多；溶液愈稀，突跃范围愈小，指示剂的选择就受到限制。例如用 0.01mol/L 强碱溶液滴定 0.01mol/L 强酸溶液，由于其突跃范围减小到 pH5.30～8.70，因此，甲基橙就不能采用了。在一般测定中，不使用浓度大小的标准溶液，试样也不制成太稀的溶液，就是这个道理。但也不可使用太浓的溶液，否则滴定误差增大。常用的浓度为 1.0～0.1mol/L。

二、一元弱酸（弱碱）的滴定

（一）强碱滴定弱酸

这一类型可用 NaOH（0.1000mol/L）滴定 20.00mlHAc（0.1000mol/L）为例来讨论，滴定反应为：

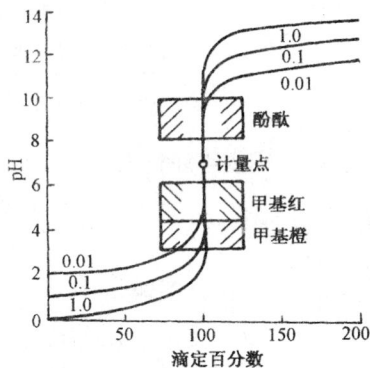

$$HAc + OH^- = Ac^- + H_2O$$

1．滴定前　0.1000mol/LHAc 溶液，溶液中 H+ 浓度为：

$$[H^+] = \sqrt{K_a C_a} = \sqrt{1.8 \times 10^{-5} \times 0.1000} = 1.34 \times 10^{-3} mol/L$$

$$pH = 2.87$$

2．滴定开始至计量点前　由于 NaOH 的滴入，溶液中存在 HAc-NaAc 缓冲体系，其 pH 可按下式求得：

$$[H^+] = K_a \frac{[HAc]}{[Ac^-]}$$

当加入 NaOH19.98ml 时，剩余 0.02mlHAc：

$$[HAc] = \frac{0.1000 \times 0.02}{20.00 + 19.98} = 5.0 \times 10^{-5} mol/L$$

$$[Ac^-] = \frac{0.1000 \times 19.98}{20.00 + 19.98} = 5.0 \times 10^{-2} mol/L$$

$$[H^+] = 1.76 \times 10^{-5} \times \frac{5.0 \times 10^{-5}}{5.0 \times 10^{-2}} = 1.8 \times 10^{-8} mol/L$$

$$pH = 7.70$$

3. 计量点时 HAc 全部被中和为 NaAc。由于 Ac^- 为一弱碱，由离解平衡得：

$$[OH^-] = \sqrt{K_b c_b} = \sqrt{\frac{K_W}{K_a} c_b} = \sqrt{\frac{1.0 \times 10^{-14}}{1.8 \times 10^{-5}} \times 0.05000} = 5.27 \times 10^{-6} mol/L$$

$$pOH = 5.28$$

$$pH = 14.00 - 5.28 = 8.72$$

4. 计量点后 由于 NaOH 过量，抑制了 Ac^- 离解，此时溶液 pH 由过量的 NaOH 决定，其计算方法和强碱滴定强酸相同。例如滴入 NaOH 20.02ml 时：

$$[OH^-] = \frac{0.1000 \times 0.02}{20.00 + 20.02} = 5.0 \times 10^{-5} mol/L$$

$$pOH = 4.30$$

$$pH = 9.70$$

如此逐一计算，其结果列于表 4-4 并绘图如图 4-3。

表 4-4 用 NaOH (0.1000mol/L) 滴定 HAc (0.1000mol/L)
20.00ml 时溶液 pH 的变化 (25℃)

加入的 NaOH		剩余的 HAc		计 算 式	pH	
%	ml	%	ml			
0	0	100	20.00	$[H^+] = \sqrt{K_a c_a}$	2.87	
50	10.00	50	10.00		4.75	
90	18.00	10	2.00	$[H^+] = K_a \times \dfrac{[HAc]}{[Ac^-]}$	5.71	
99	19.80	1	0.20		6.75	
99.9	19.98	0.1	0.02		7.70	突跃范围
100	20.00	0	0		8.72	
		过量的 NaOH		$[OH^-] = \sqrt{\dfrac{K_W}{K_a} \times c_b}$	(计量点)	
100.1	20.02	0.1	0.02	$[OH^-] = 10^{-4.3}$, $[H^+] = 10^{-9.7}$	9.70	
101.0	20.20	1	0.20	$[OH^-] = 10^{-3.3}$, $[H^+] = 10^{-10.7}$	10.70	

比较用 NaOH 滴定 HCl 与滴定 HAc 的图表可知，后者具有如下特点。

由于 HAc 的离解度要比相同浓度的 HCl 的离解度小，所以滴定前溶液 pH = 2.87，比 0.1000mol/L HCl 的 pH 约大 2 个 pH 单位。滴定开始之后，曲线坡度比滴定 HCl 的更倾斜，这是由于滴定过程中有 NaAc 生成，由于 Ac^- 的同离子效应，使 HAc 的离解度变小，因而 H^+ 浓度迅速降低，pH 很快增大；当继续滴入 NaOH，由于 NaAc 不断生成，在溶液中构成缓冲体系，使溶液 pH 变化缓慢，因此这一段曲线变化较为平坦。接近计量点时，溶液中 HAc 已很少，缓冲作用减弱，所以继续滴入 NaOH 时，溶液 pH 的变化又逐渐加快，到计量点时，HAc 浓度急剧减小，使溶液 pH 发生突变。计量点的 pH 不是 7 而是

8.72，在碱性范围内，这是由于反应产物 Ac^- 是一种碱，在水溶液中离解产生了相当数量的 OH^-。计量点后，溶液 pH 的变化与强碱滴定强酸相同。滴定突跃的 pH 值范围是 7.75～9.70，比强碱滴定强酸时要小得多。显然，在酸性范围内变色的指示剂，如甲基橙、甲基红等都不能用，所以本滴定应选用酚酞和百里酚酞作指示剂。

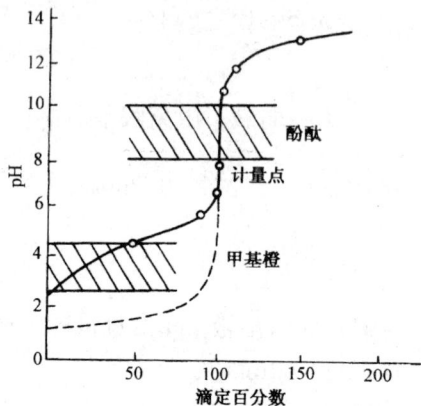

图 4-3　用 NaOH（0.1000mol/L）滴定 HAc　　图 4-4　用强碱滴定不同强度的酸的滴定曲线
（0.1000mol/l）的滴定曲线　　　　　　　　1. $K_a=10^{-5}$；2. $K_a=10^{-7}$；3. $K_a=10^{-9}$

图 4-4 为用 NaOH（0.10mol/L）滴定不同强度酸（0.10mol/L）的滴定曲线，从图中可以看出：

（1）当酸的浓度一定时，K_a 愈大，即酸愈强时，滴定突跃范围也愈大。当 $K_a \leqslant ^{-9}$ 时，已无明显的突跃，无法利用一般的酸碱指示剂确定它的滴定终点。

（2）当 K_a 一定时，酸的浓度愈大，突跃范围也愈大。如果弱酸电离常数很小或酸的浓度很低，达到一定限度时，就不能准确滴定了。这个限度是多少呢？如果用指示剂检测终点，要求滴定误差 $\leqslant 0.1\%$，就是说在计量点前后 0.1% 时，人眼能借助指示剂准确判断出终点。对于弱酸的滴定，一般来说，要求 $c_a K_a \geqslant 10^{-8}$。例如 HCN，因 $K_a \approx 10^{-10}$ 即使浓度为 1mol/L，也不能按通常的办法准确滴定。

（二）强酸滴定弱碱

这一类型可用 HCl（0.1000mol/L）滴定 20.00ml $NH_3 \cdot H_2O$ 溶液（0.1000mol/L）为例进行讨论。其滴定曲线如图 4-5。

其滴定曲线图 4-5 与强碱滴定弱酸相似，所不同的是溶液的 pOH 由小到大，pH 由大到小，所以滴定曲线的形状刚好相反。在化学计量点时，因 NH_4^+ 显酸性，pH 也不在 7，而在偏酸性区（pH = 5.28），滴定突跃为 6.34～4.30。因此，只能选用酸性范围变色的指示剂，如甲基橙、甲基红等指示终点。

和强碱滴定弱酸相似，只有弱碱的 $c_b K_b \geqslant 10^{-8}$ 时，才能用强酸准确滴定。

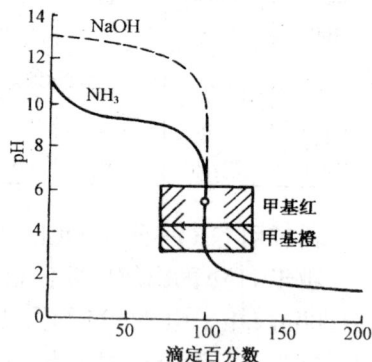

图 4-5　用 HCl（0.1000mol/L）滴定 $NH_3 \cdot H_2O$（0.1000mol/L）的滴定曲线

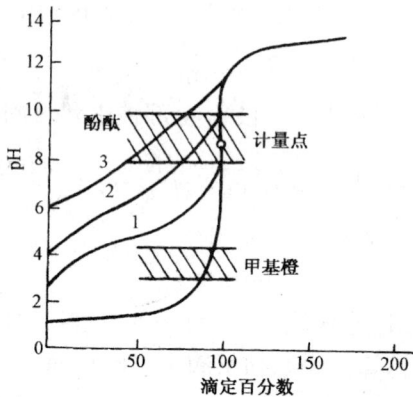

三、多元酸（碱）的滴定

（一）多元酸的滴定

用强碱滴定多元酸，情况比较复杂。例如用 NaOH（0.1000mol/L）滴定 20.00ml H$_3$PO$_4$（0.1000mol/L）。由于 H$_3$PO$_4$ 是三元酸，分三步离解如下：

$$H_3PO_4 \rightleftharpoons H^+ + H_2PO_4^- \qquad\qquad K_{a_1} = 7.5 \times 10^{-3}$$

$$H_2PO_4^- \rightleftharpoons H^+ + HPO_4^{2-} \qquad\qquad K_{a_2} = 6.3 \times 10^{-8}$$

$$HPO_4^{2-} \rightleftharpoons H^+ + PO_4^{3-} \qquad\qquad K_{a_3} = 4.4 \times 10^{-13}$$

用 NaOH 滴定 H$_3$PO$_4$ 时，酸碱反应也是分步进行的：

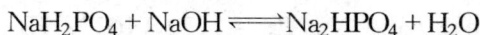

$$H_3PO_4 + NaOH \rightleftharpoons NaH_2PO_4 + H_2O$$

$$NaH_2PO_4 + NaOH \rightleftharpoons Na_2HPO_4 + H_2O$$

由于 HPO$_4^{2-}$ 的 K_{a_3} 太小，$c_a K_{a_3} \leqslant 10^{-8}$ 不能直接滴定。因此在滴定曲线图上只有二个突跃，见图 4-6。

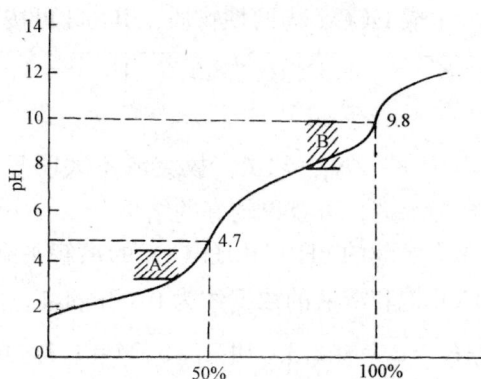

图 4-6　用 NaOH 滴定 H$_3$PO$_4$ 的滴定曲线
A：甲基红　　B：酚酞

多元酸的滴定曲线计算比较复杂，在实际工作中，为了选择指示剂，通常只须计算化学计量点时的 pH，然后选择在此 pH 附近变色的指示剂指示滴定终点。

上例中，第一计量点时，滴定产物是 H$_2$PO$_4^-$，其 pH 可用下式近似计算：

$$[H^+] = \sqrt{K_{a_1} \cdot K_{a_2}}$$

$$pH = \frac{1}{2}(pK_{a_1} + pK_{a_2}) = \frac{1}{2}(7.21 + 2.12) = 4.66$$

可选甲基红作指示剂。

第二计量点时，滴定产物是 HPO$_4^{2-}$。

$$[H^+] = \sqrt{K_{a_2} \cdot K_{a_3}}$$

$$pH = \frac{1}{2}(pK_{a_2} + pK_{a_3}) = \frac{1}{2}(7.21 + 12.67) = 9.94$$

可选用酚酞作指示剂。

上述二个计量点由于突跃范围比较小，如若分别用溴甲酚绿和甲基橙（变色点 pH＝

4.3)，酚酞和百里酚酞（变色点 pH＝9.9）混合指示剂，则终点变色比单一指示剂更好些。判断多元酸有几个突跃，是否能准确分步滴定，通常根据以下两个原则来确定：

（1）$c_a \cdot K_a \geqslant 10^{-8}$ 判断第几个 H^+ 能否被准确滴定。

（2）$K_{a_n}/K_{a_{n+1}} \geqslant 10^4$ 判断相邻两个氢离子能否分步滴定。

例如，草酸 $K_{a_1} = 5.9 \times 10^{-2}$，$K_{a_2} = 6.4 \times 10^{-5}$，$K_{a_1}/K_{a_2} \approx 10^3$ 故不能准确进行分步滴定。但 K_{a_1}、K_{a_2} 均较大，可按二元酸一次被滴定，滴至终点时，有较大突跃。

（二）多元碱的滴定

与多元酸的滴定类似，判断原则有两条：

（1）$c_b K_b \geqslant 10^{-8}$ 能准确滴定；

（2）$K_{b_n}/K_{b_{n+1}} \geqslant 10^4$ 能分步滴定。

例：Na_2CO_3 是二元弱碱 $K_{b_1} = K_W/K_{a_2} = 1.79 \times 10^{-4}$，$K_{b_2} = K_W/K_{a_1} = 2.38 \times 10^{-8}$。由于 K_{b_1}、K_{b_2} 都大于 10^{-8}，且 $K_{b_1}/K_{b_2} \approx 10^4$，因此这个二元碱可用强酸分步滴定。现以 HCl（0.1000mol/L）滴定 20.00ml Na_2CO_3 液（0.1000mol/L）为例：

当滴到第一计量点时，生成 HCO_3^- 为两性物质，其 pH 可按下式计算：

$$[H^+] = \sqrt{K_{a_1} \cdot K_{a_2}} = \sqrt{4.3 \times 10^{-7} \times 5.6 \times 10^{-11}} = 4.9 \times 10^{-9} mol/L$$

$$pH = 8.31$$

可选酚酞作指示剂。由于 $K_{b_1}/K_{b_2} \approx 10^4$，故突跃不太明显。为准确判定第一终点，选用甲酚红和百里酚蓝混合指示剂，可获得较好的结果。

第二计量点生成 H_2CO_3，溶液的 pH 可由 H_2CO_3 的离解平衡计算。因 $K_{a_1} \gg K_{a_2}$，所以只须考虑一级离解，H_2CO_3 饱和溶液的浓度约为 0.04mol/L。

$$[H^+] = \sqrt{K_{a_1} \cdot c_a} = \sqrt{4.3 \times 10^{-7} \times 0.04} = 1.3 \times 10^{-4} mol/L$$

$$pH = 3.89$$

可选甲基橙作指示剂，滴定曲线见图 4－7。

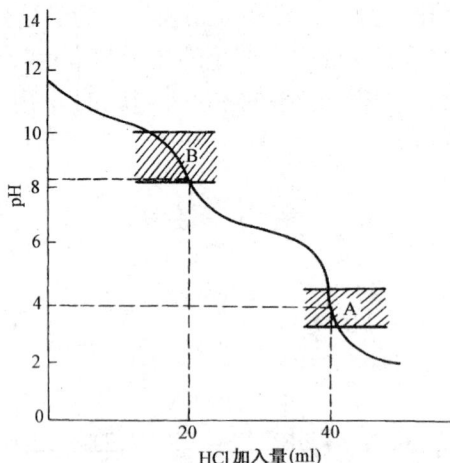

图 4－7　HCl 滴定 Na_2CO_3 的滴定曲线

A：甲基橙　　B：酚酞

应注意,由于接近第二计量点时容易形成 CO_2 过饱和溶液,而使溶液酸度稍稍增大,终点稍有提前,因此接近终点时应剧烈振摇溶液或将溶液煮沸以除去 CO_2,冷却后再滴定。

第四节 溶液中酸碱分布系数与终点误差

一、不同酸度下溶液中酸碱存在形式的分布

在酸碱平衡体系中,酸碱以各种不同形式存在。这些形式的浓度,随溶液中 H^+ 浓度的改变而改变。溶液中某酸碱组分的平衡浓度占其总浓度的分数,称为"分布系数",以 δ 表示。分布系数大小,能定量说明溶液中各种酸碱存在形式的分布情况。知道了分布系数,可求出溶液酸碱组分的平衡浓度。这在分析化学中是十分重要的。现以一元弱酸 HAc 为例,讨论酸度对酸(碱)各存在形式分布的影响。

HAc 在水溶液中只能以 HAc 和 Ac^- 两种形式存在。设 HAc 总浓度为 C,而 HAc 和 Ac^- 的平衡浓度分别为 [HAc] 和 [Ac^-],δ_{HAc} 为 HAc 的分布系数,δ_{Ac^-} 为 Ac^- 的分布系数,则:

$$\delta_{HAc} = \frac{[HAc]}{c} = \frac{[HAc]}{[HAc] + [Ac^-]} = \frac{[H^+]}{K_a + [H^+]}$$

$$\delta_{Ac^-} = \frac{[Ac^-]}{c} = \frac{[Ac^-]}{[HAc] + [Ac^-]} = \frac{K_a}{K_a + [H^+]}$$

显然
$$\delta_{HAc} + \delta_{Ac^-} = 1$$

因此可见,某组分的分布系数,决定于该酸碱物质的性质和溶液中 H^+ 的浓度,而与总浓度无关。

例1 计算 pH=5.00 时,HAc(0.1000mol/L)中 HAc 和 Ac^- 的分布系数及平衡浓度。

解:
$$\delta_{HAc} = \frac{[H^+]}{K_a + [H^+]} = \frac{1.0 \times 10^{-5}}{1.76 \times 10^{-5} + 1.0 \times 10^{-5}} = 0.36$$
$$\delta_{Ac^-} = 1.00 - 0.36 = 0.64$$

$$[HAc] = c \cdot \delta_{HAc} = 0.36 \times 0.1000 = 0.036 \ (mol/L)$$

$$[Ac^-] = c \cdot \delta_{Ac^-} = 0.64 \times 0.1000 = 0.064 \ (mol/L)$$

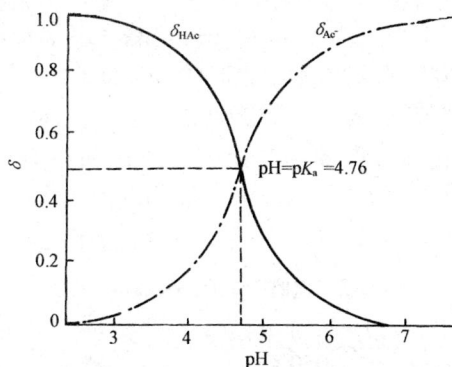

图4-8 HAc 和 Ac^- 的分布系数与 pH 的关系

以 pH 为横坐标，分布系数为纵坐标，可得图 4−8 所示的分布曲线。由图可见 δ_{Ac^-} 随 pH 的增大而增加，δ_{HAc} 则随 pH 增大而减小。当 pH = pK_a（4.76）时 $\delta_{HAc} = \delta_{Ac^-} = 0.5$，HAc 和 Ac$^-$ 各占一半；pH < pK_a，主要存在形式是 HAc；pH > pK_a，主要存在形式是 Ac$^-$。多元酸各种存在形式随 pH 分布的情况可照一元酸类推。

二、终点误差

滴定终点误差（titration end point error）是由于指示剂的变色点不恰好在化学计量点，从而滴定终点与化学计量点不相符合引起的相对误差，也叫滴定误差（titration error 简写为 TE）。通常以百分数或千分数表示。这是一种系统误差。

（一）强酸强碱的滴定误差

设用浓度为 c 的 NaOH 滴定浓度为 c_0 体积为 V_0 的 HCl，若指示剂变色点与计量点不一致，引起的终点误差 TE 应为：

$$TE\% = \frac{NaOH\ 过量或不足的物质的量（mmol/L）}{HCl\ 的物质的量（mmol/L）} \times 100\%$$

若终点在计量点之前，溶液中有如下两个离解平衡：

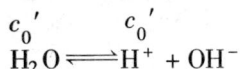

$$HCl \rightleftharpoons H^+ + Cl^-$$
$$\begin{array}{cc} c_0' & c_0' \end{array}$$
$$H_2O \rightleftharpoons H^+ + OH^-$$

c_0' 是未被中和的 HCl 的浓度，即 NaOH 不足的浓度，终点时溶液的 $[H^+]_终$ 来自两个方面：一是未中和的 HCl（c_0'）；二是水离解产生的 $[H^+]$，其浓度应与终点时的 $[OH^-]$ 相等，则：

$$[H^+]_终 = [OH^-]_终 + c_0'$$
$$c_0' = [H^+]_终 - [OH^-]_终$$

即将水离解的那部分 $[H^+]$ 从终点 $[H^+]_终$ 中扣除，因终点在计量点前，终点误差为负，所以有：

$$TE\% = -\frac{([H^+]_终 - [OH^-]_终) \cdot V_终}{c_0 V_0} \times 100\% = -\frac{[H^+]_终 - [OH^-]_终}{c_终} \times 100\%$$

$$(4-3)$$

式中 $c_终 = \dfrac{c_0 V_0}{V_终}$，是终点时被滴定酸的分析浓度。

若终点在计量点之后，NaOH 过量，误差为正，其终点误差计算式与式（4−3）相同。

例 2　求用 NaOH（0.1000mol/L）滴定 HCl（0.1000mol/L）至 pH = 4.0（用甲基橙作指示剂）和 pH = 9.0（用酚酞作指示剂）时的终点误差。

解：（1）终点 pH = 4，较计量点 pH = 7 为低，则 NaOH 用量不足，误差为负。

已知
$$[H^+]_终 = 1.0 \times 10^{-4} mol/L$$
$$[OH^-]_终 = 1.0 \times 10^{-10} mol/L$$
$$c_终 = 0.1000/2 = 0.05000 mol/L$$
$$TE\% = -\frac{1.0 \times 10^{-4} - 1.0 \times 10^{-10}}{0.05000} \times 100\% = = -0.20\%$$

（2）滴至 pH = 9.00，pH$_{终}$ 高于计量点的 pH，NaOH 已过量，误差为正，此时 ［H$^+$］$_{终}$ = 1.0×10^{-9}mol/L，［OH$^-$］$_{终}$ = 1.0×10^{-5}mol/L，$c_{终}$ = 0.1000/2 = 0.05000mol/L 故

$$TE\% = -\frac{［OH^-］_{终} - ［H^+］_{终}}{c_{终}} \times 100\% = \frac{-1.0 \times 10^{-9} - 1.0 \times 10^{-5}}{0.05000} \times 100\% = 0.020\%$$

通过计算，说明用 NaOH 滴定 HCl 时，用酚酞指示剂比用甲基橙作指示剂确定终点误差小。

（二）弱酸强碱的滴定误差

设用浓度为 c 的 NaOH 滴定浓度为 c_0、体积为 V_0 的一元弱酸。若在计量点前结束，溶液中尚有一部分 HA 未被中和，误差为负。［HA］$_{终}$ 来自两个方面：一是未被中和的 HA，其浓度为 c_0'，一是 ［A$^-$］水解产生的 HA 其浓度为 ［HA］。根据反应式 A$^-$ + H$_2$O $\rightleftharpoons$ HA + OH$^-$，［HA］= ［OH$^-$］$_{终}$，则未被中和的 HA 浓度为：

$$c_0' = ［HA］_{终} - ［OH^-］_{终}$$

$$TE\% = -\frac{(［HA］_{终} - ［OH^-］_{终}) \cdot V_{终}}{c_0 V_0} \times 100\%$$

$$= \frac{［HA］_{终} - ［OH^-］_{终}}{c_0} \times 100\%$$

终点时一元弱酸的平衡浓度 ［HA］$_{终}$ 可按分布系数求得：

$$［HA］_{终} = \delta_{HAc终} = \frac{［H^+］}{K_a + ［H^+］} \cdot c_{终}$$

若终点在计量点之后，NaOH 过量，误差为正，其终点计算式与式（4 - 4）相似。

例 3 用 NaOH（0.1000mol/L）溶液滴定 20.00ml HAc（0.1000mol/L）溶液。（1）如用酚酞作指示剂，滴定到 pH = 8.0 时为终点；（2）滴定到 pH = 9.0 为终点。分别计算滴定误差。

解： 当滴定到计量点时，生成 NaAc。由于 Ac$^-$ 水解生成 OH$^-$，溶液中的 ［OH$^-$］ = 5.3×10^{-6}mol/L，pOH = 5.28，pH = 8.72，$c_{终}$ = 0.05000mol/L。

（1）滴定到 pH = 8 时，未到计量点，溶液中尚有未中和的 HAc 存在，当 pH = 8 时，溶液中醋酸的平衡浓度即 ［HAc］$_{终}$。

$$［HAc］_{终} = \delta_{HAc终} = \frac{［H^+］}{K_a + ［H^+］} \cdot c_{终}$$

$$= \frac{1.0 \times 10^{-8}}{1.0 \times 10^{-8} + 1.76 \times 10^{-5}} \times 0.05000 = 2.8 \times 10^{-5}mol/L$$

$$TE\% = -\frac{2.8 \times 10^{-5} - 1.0 \times 10^{-6}}{0.05000} \times 100\% = -0.054\%$$

（2）滴定到 pH = 9 时，超过了计量点。这时 ［OH$^-$］$_{终}$ = 1.0×10^{-5}mol/L，［H$^+$］$_{终}$ = 1.0×10^{-9}mol/L，

$$［HAc］_{终} = \delta_{HAc终} = \frac{［H^+］}{K_a + ［H^+］} \cdot c_{终}$$

$$= \frac{1.0 \times 10^{-9}}{1.0 \times 10^{-9} + 1.76 \times 10^{-5}} \times 0.05000 = 2.8 \times 10^{-6}mol/L$$

$$TE\% = -\frac{2.8 \times 10^{-6} - 1.0 \times 10^{-5}}{0.05000} \times 100\% = 0.014\%$$

第五节　应 用 与 示 例

一、酸碱标准溶液及其基准物

酸碱滴定中，常用盐酸和硫酸配制标准酸溶液，其中以盐酸应用最为广泛。盐酸易挥发，硫酸吸湿性强，不能直接配制，应配制成近似所需浓度的溶液，再用基准物进行标定。

标定盐酸可选用 270～300℃ 干燥至恒重的无水碳酸钠或硼砂作基准物。

配制碱标准溶液常用 NaOH、KOH 来配制，由于 KOH 较贵，故以 NaOH 的应用最广泛。NaOH 易吸收空气中的水分和 CO_2，故不能直接配制。标定 NaOH 溶液常用的基准物质是邻苯二甲酸氢钾、草酸等。

0.1mol/LHCl、NaOH 标准溶液的配制与标定详见实验部分。

二、应用实例

酸碱滴定法能测定一般的酸碱及能与酸碱起反应的物质，因而应用范围非常广泛。下面列举几个实例，说明酸碱滴定的某些应用。

（一）混合碱的测定

NaOH 易吸收空气中的 CO_2，使部分 NaOH 变成 Na_2CO_3，形成 NaOH 和 Na_2CO_3 的混合碱，欲测定 NaOH 和 Na_2CO_3 的含量，有两种方法，下面分别介绍。

（1）双指示剂法　准确称取一定量试样，溶解后，以酚酞为指示剂，用 HCl 标准溶液滴定至红色消失。记下用去 HCl 的量（V_1）。这时 Na_2CO_3 被中和至 $NaHCO_3$，而 NaOH 全部被中和，再向溶液中加入甲基橙指示剂，继续用 HCl 滴至橙色，记下 HCl 用量（V_2）。显然 V_2 是滴定 $NaHCO_3$ 所消耗的量。

由于 Na_2CO_3 被中和到 $NaHCO_3$ 与 $NaHCO_3$ 被中和到 H_2CO_3 所消耗的 HCl 的摩尔数相等，所以

$$Na_2CO_3\% = \frac{2c_{HCl} \cdot V_2 \times \frac{1}{2} \times \frac{M_{Na_2CO_3}}{1000}}{m_S} \times 100\%$$

而中和 NaOH 所消耗的 HCl 量为 $V_1 - V_2$。

$$NaOH\% = \frac{c_{HCl}(V_1 - V_2) \times \frac{M_{NaOH}}{1000}}{m_S} \times 100\%$$

（2）氯化钡法　先取一份试样以甲基橙为指示剂，用 HCl 标准溶液滴至橙色。此时 NaOH 和 Na_2CO_3 都被滴定，设消耗 HCl 体积为 V_1ml。

另取一份等体积试样溶液，加入 $BaCl_2$，使 Na_2CO_3 变成 $BaCO_3$ 沉淀析出。然后以酚酞为指示剂，用 HCl 标准溶液滴定至红色褪去，记下体积 V_2ml，此量是滴定混合物中 NaOH 所消耗的 HCl 体积。于是

$$NaOH\% = \frac{c_{HCl} \cdot V_2 \times \dfrac{M_{NaOH}}{1000}}{m_S} \times 100\%$$

$$Na_2CO_3\% = \frac{c_{HCl}(V_1 - V_2) \times \dfrac{1}{2} \times \dfrac{M_{Na_2CO_3}}{1000}}{m_S} \times 100\%$$

（二）铵盐和有机氮测定

1．铵盐中氮的测定

无机铵盐如 NH_4Cl，$(NH_4)_2SO_4$ 等，NH_4^+ 的 $K_a = 5.7 \times 10^{-10}$，不能用碱标准溶液直接滴定，常用下述两种方法测定其含氮量。

（1）蒸馏法　在试样中加入过量的碱，加热把 NH_3 蒸馏出来：

$$NH_4^+ + OH^- \xrightarrow{\text{加热}} NH_3 \uparrow + H_2O$$

蒸出的 NH_3 用一定量标准 HCl 溶液吸收，再以甲基橙或甲基 红作指示剂，用 NaOH 标准溶液回滴过量的酸；也可将 NH_3 用 2% H_3BO_3 吸收，再用盐酸标准溶液滴定，其反应过程为：

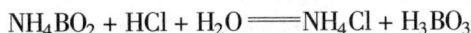

$$NH_3 + H_3BO_3 =\!=\!= NH_4BO_2 + H_2O$$

$$NH_4BO_2 + HCl + H_2O =\!=\!= NH_4Cl + H_3BO_3$$

H_3BO_3 起固定氮的作用，由于 H_3BO_3 是极弱酸，它的存在不干扰滴定。含量计算公式如下：

$$N\% = \frac{c_{HCl} V_{HCl} \times \dfrac{M_N}{1000}}{m_S} \times 100\%$$

用 H_3BO_3 吸收只需准备一种标准溶液，目前使用较多。

（2）甲醛法　铵盐与甲醛作用，生成相当的酸（质子化六次甲基四铵和 H^+）：

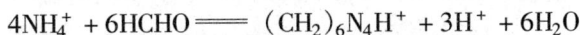

$$4NH_4^+ + 6HCHO =\!=\!= (CH_2)_6N_4H^+ + 3H^+ + 6H_2O$$

以酚酞为指示剂，用标准 NaOH 滴至溶液微红色。按下式计算氮的含量。

$$N\% = \frac{c_{NaOH} V_{NaOH} \times \dfrac{M_N}{1000}}{m_S} \times 100\%$$

2．含氮有机物中氮的测定

有机化合物如氨基酸、生物碱、蛋白质等都是含氮有机物。常以凯氏（kjeldahl）法定氮。将试样与浓 H_2SO_4 共煮，使其消化分解，有机化合物被氧化为 CO_2 和 H_2O，其中的氮转变为 NH_4^+。常加入 $CuSO_4$ 或汞盐作催化剂，加入 K_2SO_4 提高沸点，促进消化分解过程。

$$C_mH_nN \xrightarrow{CuSO_4 (H_2SO_4)} CO_2 \uparrow + H_2O + NH_4^+$$

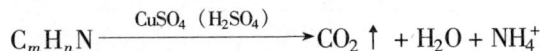

然后用上述蒸馏法测定氮的含量。

（三）硼酸的测定

硼酸（H_3BO_3）是一种极弱的酸（$K_{a_1} = 7.3 \times 10^{-10}$），因 $c_a K_{a_1} < 10^{-8}$，故不能用

NaOH 标准溶液直接滴定，但硼酸与多元醇生成配位酸后能增加酸的强度，如硼酸与甘油生成甘油硼酸的 $K_{a_1}=3\times10^{-7}$，与甘露醇生成的配位酸的 $K_{a_1}=5.5\times10^{-5}$，故可用 NaOH 标准溶液直接滴定。例如：有大量多元醇存在时，其反应如下：

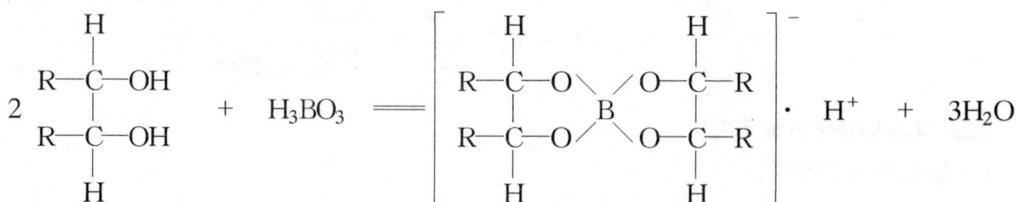

计算式：

$$H_3BO_3\% = \frac{c_{NaOH}V_{NaOH}\times\dfrac{M_{H_3BO_3}}{1000}}{m_S}\times100\%$$

思 考 题 和 习 题

1. 下列物质哪些是酸？哪些是碱？哪些是两性物质？为什么？

　　HAc　Ac⁻　NH₃　NH₄⁺　H₂C₂O₄　HC₂O₄⁻　C₂O₄²⁻

2. 试将上述物质按酸碱强弱顺序排列起来，并判断哪几种不能用酸碱滴定法直接滴定，为什么？

3. 试判断下列多元酸能否分步滴定？滴定到哪一级？

　　0.1mol/L 草酸、0.1mol/L 氢硫酸、0.01mol/L 砷酸、0.1mol/L 邻苯二甲酸。

4. 如何获得下列物质的标准溶液？

　　HCl　　　NaOH　　　H₂C₂O₄·2H₂O

5. 某指示剂 HIn 的 $K_{HIn}=10^{-4.8}$，则指示剂的理论变色点和变色范围的 pH 为多少？

6. 有一碱液，可能是 NaOH 或 Na₂CO₃ 或 NaHCO₃ 或它们的混合物，若用酸标准溶液滴定到酚酞终点时，用去酸 V_1ml，继续以甲基橙为指示剂滴至终点，又用去 V_2ml，由 V_1 和 V_2 的关系判断碱液的组成。

　　(1) $V_1>V_2>0$　　　　　(2) $V_2>V_1>0$　　　　　(3) $V_1=V_2$

　　(4) $V_2>0$　$V_1=0$　　　(5) $V_1>0$　$V_2=0$

7. 拟定下列混合物的测定方案（方法原理、指示剂、操作步骤、计算公式）。

　　(1) HCl + NH₄Cl　　　　　(2) H₃BO₃ + Na₂B₄O₇

　　(3) HCl + H₃BO₃　　　　　(4) NaH₂PO₄ + Na₂HPO₄

8. 下列各酸哪些能用 NaOH 溶液直接滴定？哪些不能？如果能直接滴定，应采用什么指示剂？

　　(1) 硼酸（H₃BO₃）$K_{a_1}=7.3\times10^{-10}$；$K_{a_2}=1.8\times10^{-13}$；$K_{a_3}=1.6\times10^{-14}$。

　　(2) 蚁酸（HCOOH）$K_a=1.77\times10^{-4}$。

　　(3) 琥珀酸（H₂C₄H₄O₄）$K_{a_1}=6.4\times10^{-5}$；$K_{a_2}=2.7\times10^{-6}$。

　　(4) 枸橼酸（H₃C₆H₅O₇）$K_{a_1}=8.7\times10^{-4}$；$K_{a_2}=1.8\times10^{-5}$；$K_{a_3}=4.0\times10^{-6}$。

(5) 顺丁烯二酸 $\left(\begin{array}{c} H-C-COOH \\ \parallel \\ H-C-COOH \end{array}\right)$ $K_{a_1} = 1.0 \times 10^{-2}$; $K_{a_2} = 5.5 \times 10^{-7}$。

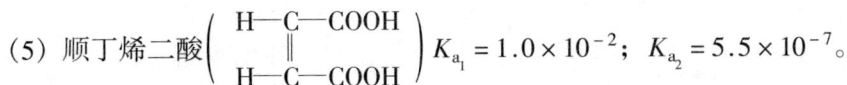

9. (1) 从附录中查出下列各酸的 K_a 值并比较各酸的相对强弱;(2) 写出各相应的共轭碱的化学式,计算共轭碱的 pK_b 值,并比较各碱的相对强弱。

$$H_3PO_4 \quad CH_2ClCOOH(一氯乙酸) \quad HNO_2 \quad H_2C_2O_4$$

10. 用 NaOH(0.1000mol/L)滴定 HA(0.1000mol/L)($K_a = 10^{-6}$),试计算:

(1) 化学计量点的 pH。

(2) 如果滴定终点与化学计量点相差 0.5pH 单位,求终点误差。

[(1) 9.35　(2) ±0.13%]

11. 用 $Na_2C_2O_4$ 作基准物质标定 HCl 溶液的浓度。若用甲基橙作指示剂,称取 $Na_2C_2O_4$ 0.3524g 用去 HCl 溶液 25.49ml,求 HCl 溶液的浓度。

(0.2608mol/L)

12. 有工业硼砂 $Na_2B_4O_7 \cdot 10H_2O$ 1.000g,用 HCl(0.2000mol/L)24.50ml 滴定至甲基橙变色,计算试样中 $Na_2B_4O_7 \cdot 10H_2O$ 的百分含量和以 B_2O_3 及 B 表示的百分含量。

(93.44%,34.11%,10.58%)

13. 称取含有 Na_2CO_3 与 NaOH 的试样 0.5895g,溶解后用 HCl 标准溶液(0.3014mol/L)滴定至酚酞变色时,用去 24.08ml,继续用甲基橙作指示剂,用 HCl 滴定至终点又用去该 HCl 溶液 12.02ml,试计算试样中 Na_2CO_3 与 NaOH 的含量。

(65.14%,24.66%)

14. 用凯氏法测定氮的含量。称取试样 1.026g,产生的 NH_3 用 H_3BO_3 吸收用甲基红作指示剂,用 HCl 溶液(0.1002mol/L)滴定,用去 HCl 溶液 22.85ml,求试样中氮的含量。

(3.13%)

15. 称取仅含有 Na_2CO_3 和 K_2CO_3 的试样 1.000g,溶于水后,以甲基橙作指示剂,用 HCl 标准溶液(0.5000mol/L)滴定,用去 HCl 溶液 30.00ml,分别计算试样中 Na_2CO_3 和 K_2CO_3 的百分含量。

(Na_2CO_3 12.02%,K_2CO_3 87.98%)

16. 取 50.00ml H_2SO_4 溶液(0.05505mol/L),溶解氧化锌 0.1000g,过量的 H_2SO_4 用 NaOH 溶液(0.1200mol/L)滴定,消耗 NaOH 溶液 25.50ml,求氧化锌的百分含量。

(99.49%)

(邱细敏)

第五章 配位滴定法

第一节 概　　述

配位滴定法（coordinate titration）是以配位反应为基础的滴定分析方法，又称为络合滴定法。配位反应在分析化学中的应用非常广泛，例如许多显色剂、萃取剂、沉淀剂、掩蔽剂等都是配位剂。因此，配位反应的有关理论和实践知识，是分析化学的重要内容之一。但是，能用于配位滴定的反应必须具备以下条件：

（1）用于配位滴定的反应要能进行完全，生成的配合物要稳定，否则滴定终点不明显。

（2）配位反应要定量进行，即金属离子与配位剂的比例要恒定，这样才有定量计算的基础。

（3）反应必须快速。

（4）要有适当的方法指示滴定终点。

（5）滴定过程中生成的配合物最好是可溶的。

在配位滴定法中所用的配位剂，最早为一些无机物。由于大多数无机配位剂只含有一个配位原子，不能形成环状稳定的配合物，且各级稳定常数又比较接近，不符合配位滴定分析的要求，从而限制了配位滴定的发展。直至 20 世纪 40 年代，许多有机配合剂，特别是氨羧配合剂用于配位滴定后，配位滴定法得到了迅速的发展，现已成为广泛应用的分析方法之一。以氨基二乙酸 $[—N（CH_2COOH）_2]$ 为基体的氨羧配位剂能提供氨氮

（ $:N—$ ）和羧氧（ $—\overset{O}{\overset{\|}{C}}—\overset{..}{O}—$ ）两个配位原子。这类配位剂现有几十种，应用最广泛的是乙二胺四乙酸（ethylenediamine tetraacetic acid），简称为 EDTA，其结构为：

$$
\begin{array}{c}
HOOCH_2C \qquad\qquad\qquad\qquad CH_2COO^- \\
\overset{H}{\underset{+}{N}}—CH_2—CH_2—\overset{H}{\underset{+}{N}} \\
^-OOCH_2C \qquad\qquad\qquad\qquad CH_2COOH
\end{array}
$$

式中，两个羧基上的 H^+ 转移到两个 N 原子上，形成双偶极离子，常用 H_4Y 表示。在较低的 pH 下，它还可再与两个 H^+ 结合而形成 H_6Y^{2+}，这样乙二胺四乙酸就相当于六元酸，并有六级离解平衡。乙二胺四乙酸为白色粉末状结晶，在水中的溶解度很小（22℃ 时为 0.02g/100ml），难溶于酸及一般有机溶剂，易溶于碱而生成相应的盐溶液，所生成的二钠盐可用 $Na_2H_2Y·2H_2O$ 表示，由于它在水中具有较大的溶解度（22℃ 时为 11.1g/100ml），且易于精制，故广为应用，一般也叫做 EDTA。EDTA 作为常用的配合剂是因为：

（1）EDTA 具有很强的配位能力，几乎能与所有的金属离子配位。它有 6 个配位原子，与金属离子配位大都形成 1:1 配合物，反应如下：

$$M^{2+} + H_2Y^{2-} \Longrightarrow MY^{2-} + 2H^+$$

$$M^{3+} + H_2Y^{2-} \Longrightarrow MY^- + 2H^+$$

$$M^{4+} + H_2Y^{2-} \Longrightarrow MY + 2H^+$$

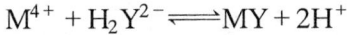

（2）EDTA 与金属离子生成的配合物是含有多个五元环的螯合物。图 5-1 所示为以锌为例的螯合物示意图。

无机化学知识告诉我们，凡能形成五元环和六元环的配合物都很稳定，故金属－EDTA 配合物稳定性很高。表 5-1 列出了部分金属－EDTA 配合物的稳定常数的对数值。

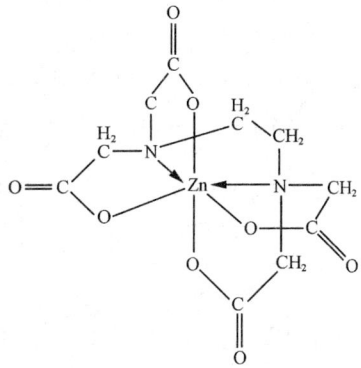

图 5-1　ZnY 配合物的立体构型

表 5-1　一些金属－EDTA 配合物的 $\lg K_{稳}$

离子	$\lg K_{稳}$	离子	$\lg K_{稳}$	离子	$\lg K_{稳}$	离子	$\lg K_{稳}$
Na^+	1.7	Mn^{2+}	13.9	Cd^{2+}	16.5	Sn^{2+}	22.1
Ag^+	7.3	Fe^{2+}	14.3	Pb^{2+}	18.0	Cr^{3+}	23.0
Ba^{2+}	7.8	Al^{3+}	16.1	Ni^{2+}	18.6	Fe^{3+}	25.1
Mg^{2+}	8.7	Co^{2+}	16.3	Cu^{2+}	18.8	Bi^{3+}	27.9
Ca^{2+}	10.7	Zn^{2+}	16.5	Hg^{2+}	21.8	Co^{3+}	36.0

从表中可看出，三价、四价等金属离子及大多数两价金属离子与 EDTA 所形成配合物的 $\lg K_{稳} > 15$，即便是碱土金属，与 EDTA 形成配合物的 $\lg K_{稳}$ 也多在 8~11 之间。

（3）金属－EDTA 配合物形成速度快，水溶性大，且大多无色，便于指示剂指示终点。

以上三方面都为配位滴定提供了十分有利的条件，因此，目前常用的配位滴定实际上就是本章讨论的 EDTA 滴定。

第二节　配位平衡

一、配合物的稳定常数

（一）MX（1:1）型配合物

EDTA 与金属离子生成 1:1 型配合物，其反应式为

$$M + Y \Longrightarrow MY \text{（省去电荷）}$$

当反应达到平衡时，稳定常数 $K_{稳}$（即 K_{MY}）可用下式表示

$$K_{稳} = \frac{[MY]}{[M][Y]} \qquad (5-1a)$$

$K_{稳}$ 为金属－EDTA 配合物的稳定常数，此值越大配合物越稳定，其倒数为配合物的不稳定常数，又称为离解常数，即：

$$K_{不稳} = \frac{[M][Y]}{[MY]} \qquad (5-1b)$$

$K_{不稳}$ 越大，配合物越不稳定。

（二）MX_n（1:n）型配合物

金属离子可以与其他配位剂形成 MX_n 型简单配合物，这种配合物是逐级形成的，若以 L 表示配位剂，则其形成过程为：

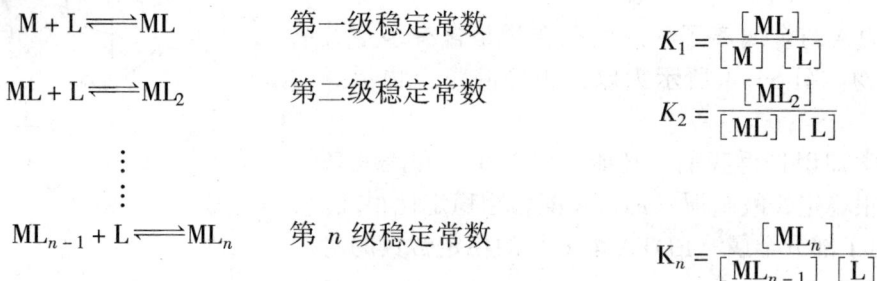

$$M + L \rightleftharpoons ML \qquad 第一级稳定常数 \qquad K_1 = \frac{[ML]}{[M][L]}$$

$$ML + L \rightleftharpoons ML_2 \qquad 第二级稳定常数 \qquad K_2 = \frac{[ML_2]}{[ML][L]}$$

$$\vdots$$

$$ML_{n-1} + L \rightleftharpoons ML_n \qquad 第 n 级稳定常数 \qquad K_n = \frac{[ML_n]}{[ML_{n-1}][L]}$$

从以上各级稳定常数表达式可求出相对应的各级配合物的浓度。

$$[ML] \rightleftharpoons K_1[M][L]$$

$$[ML_2] \rightleftharpoons K_1 K_2[M][L]^2$$

$$\vdots$$

$$[ML_n] \rightleftharpoons K_1 K_2 \cdots K_n[M][L]^n$$

二、配位反应的副反应及副反应系数

在配位滴定体系中，有被测金属离子、其他金属离子、缓冲剂、掩蔽剂等。因此，除被测金属离子 M 与滴定剂 Y 的主反应外，还存在很多副反应，其化学平衡复杂，可表示如下：

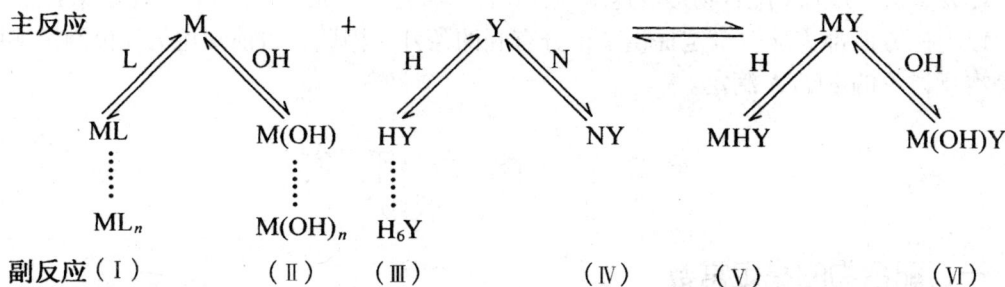

副反应（Ⅰ）：金属离子与其他配位剂 L 的反应。
副反应（Ⅱ）：金属离子与 OH^- 的反应。
副反应（Ⅲ）：配位剂 EDTA 与 H^+ 的反应。
副反应（Ⅳ）：配位剂 EDTA 与其他金属离子 N 的反应。
副反应（Ⅴ）：配合物 MY 与 H^+ 的反应。
副反应（Ⅵ）：配合物 MY 与 OH^- 的反应。

显然，这些副反应的发生将直接影响主反应进行的程度。即与反应物（M、Y）发生的副反应不利于主反应的进行；而与反应生成物（MY）发生的副反应则有利于主反应的进行。为了定量地表示副反应进行的程度，引入副反应系数 α。下面主要讨论溶液的酸度及其他配位剂对主反应的影响，即酸效应及配位效应。

（一）酸效应与酸效应系数

乙二胺四乙酸在溶液中存在六级离解平衡：

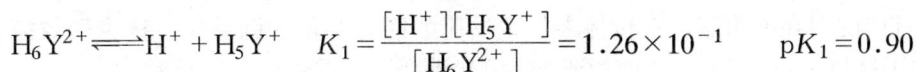

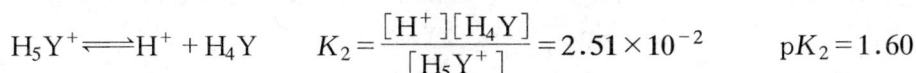

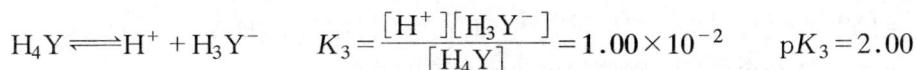

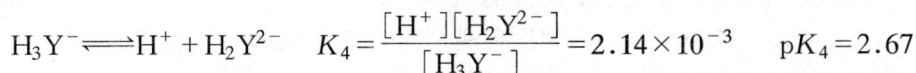

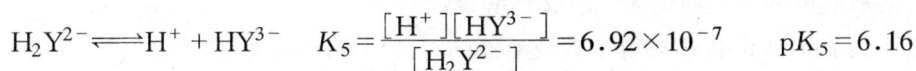

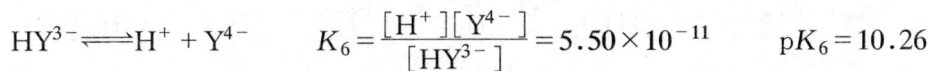

$$H_6Y^{2+} \rightleftharpoons H^+ + H_5Y^+ \quad K_1 = \frac{[H^+][H_5Y^+]}{[H_6Y^{2+}]} = 1.26 \times 10^{-1} \quad pK_1 = 0.90$$

$$H_5Y^+ \rightleftharpoons H^+ + H_4Y \quad K_2 = \frac{[H^+][H_4Y]}{[H_5Y^+]} = 2.51 \times 10^{-2} \quad pK_2 = 1.60$$

$$H_4Y \rightleftharpoons H^+ + H_3Y^- \quad K_3 = \frac{[H^+][H_3Y^-]}{[H_4Y]} = 1.00 \times 10^{-2} \quad pK_3 = 2.00$$

$$H_3Y^- \rightleftharpoons H^+ + H_2Y^{2-} \quad K_4 = \frac{[H^+][H_2Y^{2-}]}{[H_3Y^-]} = 2.14 \times 10^{-3} \quad pK_4 = 2.67$$

$$H_2Y^{2-} \rightleftharpoons H^+ + HY^{3-} \quad K_5 = \frac{[H^+][HY^{3-}]}{[H_2Y^{2-}]} = 6.92 \times 10^{-7} \quad pK_5 = 6.16$$

$$HY^{3-} \rightleftharpoons H^+ + Y^{4-} \quad K_6 = \frac{[H^+][Y^{4-}]}{[HY^{3-}]} = 5.50 \times 10^{-11} \quad pK_6 = 10.26$$

从上述离解平衡可以看出，在水溶液中，不论 EDTA 的原始形式是 H_4Y 还是 Na_2H_2Y，EDTA 总是以 H_6Y^{2+}、H_5Y^+、H_4Y、H_3Y^-、H_2Y^{2-}、HY^{3-} 和 Y^{4-} 等七种型体存在，但在不同酸度的溶液中，这些型体的浓度是不同的。它们的分布系数与 pH 有关。图 5-2 是 EDTA 溶液中各种存在型体的分布图（为书写简便起见，EDTA 的各型体均略去其电荷，用 H_6Y、H_5Y……Y 表示）。

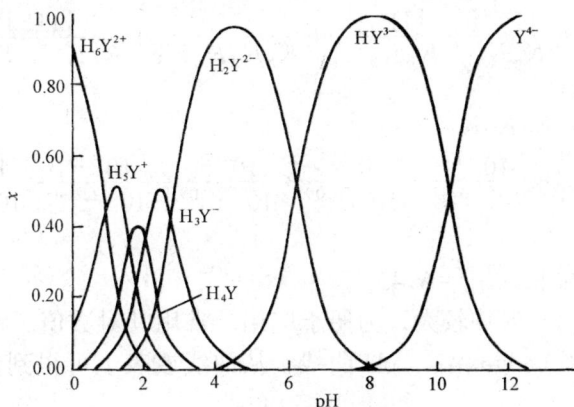

图 5-2　EDTA 各种型体的分布图

从图 5-2 可看出，在不同 pH 时，EDTA 的主要存在型体如下：

pH	主要存在型体
<0.90	H_6Y^{2+}
0.90~1.60	H_5Y^+
1.60~2.00	H_4Y
2.00~2.67	H_3Y^-
2.67~6.16	H_2Y^{2-}
6.16~10.26	HY^{3-}
>10.26	Y^{4-}

可见，只有在 pH>10.26 时，EDTA 才主要以能与金属离子形成稳定配合物的 Y^{4-}

的形式存在；而当溶液的酸度增高时，可使生成 H_4Y 的倾向增大，降低其 MY 的稳定性。这种由于 H^+ 的存在而引起的配位体参加主反应的能力降低的副反应，称为酸效应。其副反应系数用符号 $\alpha_{Y(H)}$ 表示，表明由于 H^+ 引起游离 Y^{4-} 浓度降低的倍数。

$$\alpha_{Y(H)} = \frac{[Y']}{[Y^{4-}]} \qquad (5-2)$$

式中 $[Y'] = [Y^{4-}] + [HY^{3-}] + [H_2Y^{2-}] + [H_3Y^-] + [H_4Y] + [H_5Y^+] + [H_6Y^{2+}]$

$[Y^{4-}]$ 表示能与金属离子配位的游离的 Y^{4-} 的浓度。

$\alpha_{Y(H)}$ 越大，表示 EDTA 与 H^+ 的副反应越严重，能与金属离子配位的 $[Y^{4-}]$ 越小。$\alpha_{Y(H)}$ 随着溶液酸度的增大而增大，故又称酸效应系数。

$\alpha_{Y(H)}$ 可由 EDTA 的各级离解常数及溶液的 $[H^+]$ 计算出来。

$$\begin{aligned}\alpha_{Y(H)} &= \frac{[Y^{4-}] + [HY^{3-}] + [H_2Y^{2-}] + [H_3Y^-] + [H_4Y] + [H_5Y^+] + [H_6Y^{2+}]}{[Y^{4-}]} \\ &= 1 + \frac{[H^+]}{K_6} + \frac{[H^+]^2}{K_6K_5} + \frac{[H^+]^3}{K_6K_5K_4} + \frac{[H^+]^4}{K_6K_5K_4K_3} + \frac{[H^+]^5}{K_6K_5K_4K_3K_2} \\ &\quad + \frac{[H^+]^6}{K_6K_5K_4K_3K_2K_1}\end{aligned} \qquad (5-3)$$

例 1　计算 pH＝5.0 时，EDTA 的酸效应系数。

解： 因为 pH＝5.0 时 $[H^+] = 10^{-5}$mol/L EDTA 的 $K_1 \sim K_6$ 值见前面内容

$$\begin{aligned}\alpha_{Y(H)} &= 1 + \frac{[H^+]}{K_6} + \frac{[H^+]^2}{K_6K_5} + \frac{[H^+]^3}{K_6K_5K_4} + \frac{[H^+]^4}{K_6K_5K_4K_3} + \frac{[H^+]^5}{K_6K_5K_4K_3K_2} \\ &\quad + \frac{[H^+]^6}{K_6K_5K_4K_3K_2K_1} \\ &= 1 + \frac{10^{-5}}{10^{-10.26}} + \frac{10^{-10}}{10^{-16.42}} + \frac{10^{-15}}{10^{-19.09}} + \frac{10^{-20}}{10^{-21.09}} + \frac{10^{-25}}{10^{-22.69}} + \frac{10^{-30}}{10^{-23.59}} \\ &= 10^{6.45}\end{aligned}$$

即　当 pH＝5.0 时 $\lg\alpha_{Y(H)} = 6.45$

该例说明，$\alpha_{Y(H)}$ 值一般均较大，为便于应用，常用其对数值。将不同 pH 的 $\alpha_{Y(H)}$ 值列成表（表 5-2）或绘成 $\lg\alpha_{Y(H)}$ - pH 曲线，从曲线或表上可得到任一 pH 下的 $\lg\alpha_{Y(H)}$ 值。

表 5-2　EDTA 在各种 pH 时的酸效应系数

pH	$\lg\alpha_{Y(H)}$	pH	$\lg\alpha_{Y(H)}$	pH	$\lg\alpha_{Y(H)}$	pH	$\lg\alpha_{Y(H)}$
1.0	17.13	4.0	8.44	6.5	3.92	10.0	0.45
1.5	15.55	4.5	7.50	7.0	3.32	10.5	0.20
2.0	13.79	5.0	6.45	7.5	2.78	11.0	0.07
2.5	11.11	5.4	5.69	8.0	2.26	11.5	0.02
3.0	10.63	5.5	5.51	8.5	1.77	12.0	0.01
3.4	9.71	6.0	4.65	9.0	1.29		
3.5	9.48	6.4	4.06	9.5	0.83		

（二）被测金属离子 M 的配位效应及配位效应系数

当溶液中存在其他配位剂（如为了消除干扰离子而加入一定量的其他配位剂；为控制溶液的酸度而加入的缓冲溶液等）时，M 不仅与 EDTA 生成配合物 MY，而且还与其他配位剂 L 生成 ML_n 型配合物，从而使溶液中的被测金属离子浓度降低，使 MY 离解倾向增大，降低了 MY 的稳定性。这种由于其他配位剂的存在，而引起金属离子发生副反应，使金属离子参加主反应的能力降低的副反应，称为金属离子的配位效应。配位效应的大小以副反应系数 $\alpha_{M(L)}$ 来表示。

$$\alpha_{M(L)} = \frac{[M']}{[M]} \tag{5-4a}$$

式中 $[M]$ 为游离金属离子浓度；$[M']$ 为金属离子总浓度。

$$[M'] = [M] + [ML] + [ML_2] + \cdots\cdots + [ML_n]$$

$\alpha_{M(L)}$ 越大，表明 M 与其他配位剂 L 配位的程度越严重，对主反应的影响程度也越大，即副反应越严重，$\alpha_{M(L)}$ 称为配位效应系数。

$\alpha_{M(L)}$ 可以由各级稳定常数及有关金属离子和各配合物的浓度求算。

$$\alpha_{M(L)} = \frac{[M']}{[M]} = \frac{[M] + [ML] + [ML_2] + \cdots\cdots + [ML_n]}{[M]}$$

$$= 1 + K_1[L] + K_1K_2[L]^2 + \cdots\cdots + K_1K_2\cdots K_n[L]^n \tag{5-4b}$$

运算中常遇到 K_1K_2，$K_1K_2K_3$，…等，化学手册中直接给出了它们连乘后的积，称为累积稳定常数，并以字母 β 表示。

$$\beta_1 = K_1$$
$$\beta_2 = K_1K_2$$
$$\beta_3 = K_1K_2K_3$$
$$\vdots$$
$$\beta_n = K_1K_2K_3\cdots\cdots K_n$$

于是，式（5-4b）便可以写成：

$$\alpha_{M(L)} = \frac{[M']}{[M]} = 1 + \beta_1[L] + \beta_2[L]^2 + \cdots\cdots + \beta_n[L]^n \tag{5-5}$$

若体系中同时存在两种配位剂 L′、L″，并同时与 M 发生作用，则其影响可用 M 的总配位效应系数表示：

$$\alpha_M = \frac{[M] + [ML'] + \cdots + [ML'_n]}{[M]} + \frac{[M] + [ML''] + \cdots[ML''_n]}{[M]} - \frac{[M]}{[M]} \tag{5-6}$$

$$\alpha_M = \alpha_{M(L')} + \alpha_{M(L'')} - 1$$

式中 α_M 表示未与滴定剂 Y 配合的金属离子的各种型体总浓度；$[M']$ 是游离金属离子浓度 $[M]$ 的多少倍，其值由各个副反应系数 $\alpha_{M(L')}$、$\alpha_{M(L'')}$ 等求得。

例 2 计算 $pH = 11$，$[NH_3] = 0.1mol/L$ 时，Zn^{2+} 的副反应系数 α_{Zn} 值。

解： 当 $pH = 11$ 时，除考虑 Zn^{2+} 与 NH_3 的配位外，还应考虑 OH^- 与 Zn^{2+} 的副反应，故 $\alpha_{Zn} = \alpha_{Zn(NH_3)} + \alpha_{Zn(OH)} - 1$

从附录中查得 $Zn(NH_3)_4^{2+}$ 的 $lg\beta_1 \sim lg\beta_4$ 分别为：2.27、4.61、7.01、9.06。

所以　　$\alpha_{Zn(NH_3)} = 1 + \beta_1[NH_3] + \beta_2[NH_3]^2 + \beta_3[NH_3]^3 + \beta_4[NH_3]^4$

$= 1 + 10^{2.27} \times 0.1 + 10^{4.61} \times (0.1)^2 + 10^{7.01} \times (0.1)^3 + 10^{9.06} \times (0.1)^4$

$= 10^{5.10}$

又从附录查得 pH = 11 时，$\lg\alpha_{Zn(OH)} = 5.4$

所以　　$\alpha_{Zn} = \alpha_{Zn(NH_3)} + \alpha_{Zn(OH)} - 1$

$= 10^{5.10} + 10^{5.4} - 1$

$= 10^{5.6}$

三、配合物的条件稳定常数

由于酸效应和配位效应等副反应的存在，影响了主反应进行的程度，当达到平衡时，没有结合成 MY 配合物的 M 及 Y 的浓度，比不存在副反应时增加了。因此，在配位滴定的复杂条件下，不能用 $K_稳$（K_{MY}）来考虑或指导某配位滴定的准确程度，必须用副反应系数将 $K_稳$ 校正到某些条件下的实际稳定常数，此常数称为条件稳定常数，通常也称为表观稳定常数，可用下式表示：

$$K'_{MY} = \frac{[(MY)']}{[M'][Y']} \tag{5-7}$$

由副反应系数定义式知

$[M'] = \alpha_M[M]; [Y'] = \alpha_Y[Y]; [(MY)'] = \alpha_{MY}[MY]$

所以　　　　　　　$K'_{MY} = \frac{\alpha_{MY}[MY]}{\alpha_{M(L)}[M] \cdot \alpha_{Y(H)}[Y]}$

$$= K_{MY} \cdot \frac{\alpha_{MY}}{\alpha_{M(L)} \cdot \alpha_{Y(H)}}$$

即　　$\lg K'_{MY} = \lg K_{MY} - \lg\alpha_{M(L)} - \lg\alpha_{Y(H)} + \lg\alpha_{MY}$ （5-8a）

K'_{MY} 值的大小说明了配合物的实际稳定程度，因此，$\lg K'_{MY}$ 是判断配合物 MY 稳定性的最重要的数据之一。

在一定条件下，（如溶液 pH 和试剂浓度一定时），α_M、α_Y 和 α_{MY} 均为定值，因此，K'_{MY} 在一定条件下是个常数。为强调它是随条件而变的，称之为条件稳定常数。在一般情况下，$K'_{MY} < K_{MY}$，只有当 pH > 12（$\alpha_{Y(H)} = 1$），溶液中无其他副反应时，$K'_{MY} = K_{MY}$。

当溶液中没有与 M 配位的其他配位剂时，$\lg\alpha_{M(L)} = 0$，而生成物 MY 的 $\lg\alpha_{MY}$ 一般又较小，可以忽略，此时

$$\lg K'_{MY} = \lg K_{MY} - \lg\alpha_{Y(H)} \tag{5-8b}$$

例3　计算 pH = 2.0 和 pH = 10.0 时的 K'_{ZnY} 值。

解：查表 5-1 得　$\lg K_{ZnY} = 16.5$

查表 5-2 得　pH = 2.0 时　　$\lg\alpha_{Y(H)} = 13.8$

pH = 10.0 时　$\lg\alpha_{Y(H)} = 0.45$

从附录查得　pH = 2.0 时　　$\lg\alpha_{Zn(OH)} = 0.0$

pH = 10.0 时　$\lg\alpha_{Zn(OH)} = 2.4$

所以　pH = 2.0 时

$$\lg K'_{ZnY} = \lg K_{ZnY} - \lg \alpha_{Y(H)} - \lg \alpha_{Zn(OH)}$$
$$= 16.5 - 13.8 - 0.0 = 2.7$$

pH = 10.0 时

$$\lg K'_{ZnY} = \lg K_{ZnY} - \lg \alpha_{Y(H)} - \lg \alpha_{Zn(OH)}$$
$$= 16.5 - 0.45 - 2.4 = 13.65$$

显然，ZnY^{2-} 在 pH = 10.0 的溶液中，比在 pH = 2.0 的溶液中稳定得多。

第三节 配位滴定的基本原理

一、滴定曲线

在酸碱滴定中，是用 H^+ 浓度随滴定剂的加入而发生的变化来描述滴定过程的，即 pH - V 曲线。同样，也可以用 pM - V 曲线来说明滴定过程中金属离子随 EDTA 的加入而发生的变化，在化学计量点附近，pM′值（$-\lg[M']$）也发生突变，产生突跃。这种表示配位滴定过程中金属离子浓度变化的曲线，称为配位滴定曲线。

（一）滴定曲线的描绘

设待测金属离子为 M，其浓度为 c_M，体积为 V_M，在一定的条件下，用等浓度的 EDTA（c_Y）滴定，当加入 EDTA 的体积为 V_Y 时，滴定液中 M′和 Y′的浓度可以用①和②式来表示，可与条件稳定常数表达式③组成三式联立方程组：

$$\begin{cases} [M'] + [(MY)'] = \dfrac{V_M c_M}{V_M + V_Y} & ① \\[3mm] [Y'] + [(MY)'] = \dfrac{V_Y c_Y}{V_M + V_Y} & ② \\[3mm] K'_{MY} = \dfrac{[(MY)']}{[M'][Y']} & ③ \end{cases}$$

解此联立方程，将③代入②消去 $[Y']$，得：

$$\frac{[(MY)']}{[M']K'_{MY}} + [(MY)'] = \frac{V_Y c_Y}{V_M + V_Y} \qquad ④$$

①代入④，消去$[(MY)']$，得：

$$K'_{MY}[M']^2 + \left(\frac{V_Y c_Y - V_M c_M}{V_M + V_Y}K'_{MY} + 1\right)[M'] - \frac{V_M c_M}{V_M + V_Y} = 0 \quad (5-9)$$

在式（5-9）中，实验条件下的K'_{MY}可依已知条件求出，c_M、V_M、c_Y、V_Y 等均为已知，代入式（5-9）中，即可采用一元二次方程的求解公式算出滴定过程任一阶段的 $[M']$ 值，从而求得 pM′。

配位滴定与酸碱滴定一样，滴定过程分为滴定开始前、滴定开始至化学计量点前、化学计量点和化学计量点之后四个阶段，找出一些具有代表性的点进行计算，就会得到一系列特征性的数值，然后，以 EDTA 的加入量为横坐标，pM′为纵坐标绘出滴定曲线。表（5-3）是在以 $NH_3 \cdot H_2O - NH_4Cl$ 为缓冲溶液（pH = 11.0），$[NH_3] = 0.1 mol/L$ 的滴定条件下，用 $2 \times 10^{-2} mol/L$ 的 EDTA 滴定等浓度的锌溶液，按式（5-9）算出的滴定过程中的特征性 pZn′值，图 5 - 3 为绘出的滴定曲线。

表 5 - 3　用 2×10^{-2}mol/LEDTA 滴定 2×10^{-2}mol/L Zn^{2+} 溶液 20.00ml 的 pZn′值

(pH = 11.0；[NH$_3$] = 0.1mol/L)

加入的 EDTA		剩余的 Zn		[Zn′]（mol/L）	pZn′
%	ml	%	ml		
0	0	100.0	20.00	2.00×10^{-2}	1.70
90	18.00	10	2.00	1.05×10^{-3}	2.98
99.0	19.80	1	0.20	1.00×10^{-4}	4.00
99.9	19.98	0.1	0.02	1.00×10^{-5}	5.00
100.0	20.00	0	0	3.84×10^{-7}	6.42
过量的 EDTA					
100.1	20.02	0.1	0.02	1.48×10^{-8}	7.83
101.0	20.20	1	0.20	1.49×10^{-9}	8.83

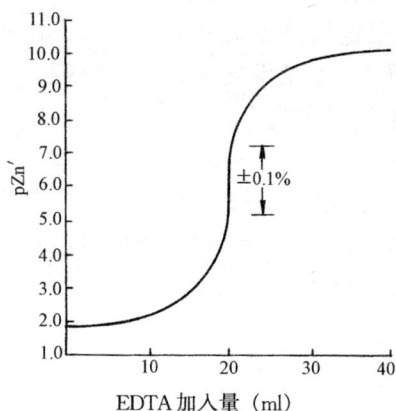

图 5 - 3　EDTA 滴定 Zn^{2+} 的滴定曲线
(pH = 9.0　[NH$_3$] = 0.10mol/L)

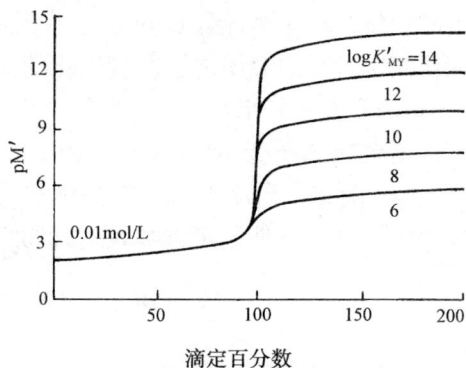

图 5 - 4　不同 lgK'_{MY} 时的滴定曲线
(c_M = 0.010mol/L)

从图 5 - 3 中可看出，曲线在计量点附近产生明显的 pZn′突跃，突跃范围为 pZn′ = 5.00～7.83。

（二）影响滴定突跃大小的因素

1. 条件稳定常数的影响

当被滴定的金属离子 M 和配位剂 EDTA 的浓度一定时，配合物的条件稳定常数 K'_{MY} 越大，滴定的 pM′突跃范围越大。如图 5 - 4。

因为 lgK'_{MY} = lgK_{MY} - lg$\alpha_{Y(H)}$ - lg$\alpha_{M(L)}$，即 K'_{MY} 的大小是受配合物的稳定常数、溶液的酸度以及存在的其他配位剂等的影响，故决定 K'_{MY} 大小的三种因素也都对配位滴定的 pM′突跃产生影响。

（1）在滴定条件相同情况下，配合物的稳定常数 K_{MY} 值越大，配位滴定的 pM′突跃范围也越大。

（2）溶液的 pH 越大，lg$\alpha_{Y(H)}$ 越小，lgK'_{MY} 值越大，配位滴定的 pM′突跃范围越大。见图 5 - 5。

（3）若有其他配位剂存在，则对金属离子产生配位效应。配位效应影响越大，

$\lg\alpha_{M(L)}$值越大，$\lg K'_{MY}$值就越小，配位滴定的 pM'突跃范围也越小。

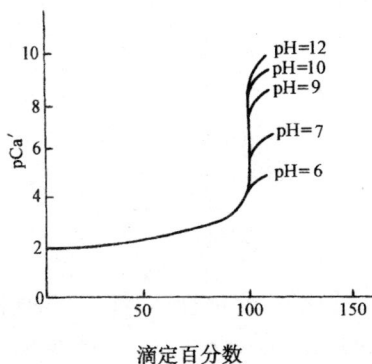

图 5-5 不同 pH 时的滴定曲线　　图 5-6 EDTA 滴定不同浓度金属离子的滴定曲线

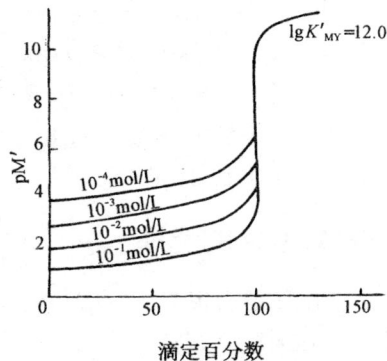

2. 金属离子浓度的影响

若条件稳定常数 K'_{MY}值一定，则被滴定金属离子的浓度越大，pM'值就越小，滴定曲线的起点就越低，滴定突跃范围越大。见图 5-6。

（三）化学计量点时 PM'$_{SP}$值的计算

在配位滴定中，化学计量点时 PM'$_{SP}$值的计算应注意，因为它是我们选择指示剂的依据。表 5-3 给出的化学计量点是依式（5-9）计算得出的，较复杂，下面给出一个较简单的计算方法。

设生成物 MY 很稳定，故其逆反应可以忽略，则有：

$$K'_{MY} = \frac{[(MY)']}{[M'][Y']} \approx \frac{[MY]}{[M'][Y']}$$

因配合物稳定，故化学计量点时 $[MY] \approx c_{M(SP)}$。$c_{M(SP)}$表示化学计量点时金属离子 M 的总（分析）浓度。另外，化学计量点时：

$$[M'] = [Y']$$

所以

$$K'_{MY} = \frac{c_{M(SP)}}{[M'][Y']} = \frac{c_{M(SP)}}{[M']^2}$$

$$[M'] = \sqrt{\frac{c_{M(SP)}}{K'_{MY}}}$$

$$PM' = \frac{1}{2}(pc_{M(SP)} + \lg K'_{MY})$$

例 4 用 EDTA 溶液（2.0×10^{-2}mol/L）滴定相同浓度 Cu^{2+}，若溶液 pH = 10，游离氨浓度为 0.20mol/L，计算化学计量点时的 pCu'。

解：化学计量点时，$c_{Cu(SP)} = 1/2 \times 2.0 \times 10^{-2}$mol/L

$$= 1.0 \times 10^{-2}\text{mol/L} \qquad Pc_{Cu(SP)} = 2.00$$

$$[NH_3] = 1/2 \times 0.20\text{mol/L}$$

$$= 0.10\text{mol/L}$$

$$\alpha_{Cu(NH_3)} = 1 + \beta_1[NH_3] + \beta_2[NH_3]^2 + \beta_3[NH_3]^3 + \beta_4[NH_3]^4$$

$$= 1 + 10^{4.13} \times 0.10 + 10^{7.61} \times (0.10)^2 + 10^{10.48} \times (0.10)^3 + 10^{12.59} \times (0.10)^4$$

$$\approx 10^{9.26}$$

pH = 10 时　　$\alpha_{Cu(OH)} = 10^{1.7} \leqslant 10^{9.26}$

所以　　　　　　$\alpha_{Cu(OH)}$可忽略，$\alpha_{Cu(NH_3)} \approx 10^{9.26}$

pH＝10 时　　　$\lg\alpha_{Y(H)} = 0.45$

所以　$\lg K'_{CuY} = \lg K_{CuY} - \lg\alpha_{Y(H)} - \lg\alpha_{Cu(NH_3)}$

$$= 18.80 - 0.45 - 9.26 = 9.09$$

$$pCu' = 1/2[pc_{Cu(SP)} + \lg K'_{MY}]$$

$$= 1/2(2.00 + 9.09) = 5.54$$

二、滴定条件的选择

EDTA 的配位能力很强，它能与大多数金属离子生成稳定的配合物。所以它能直接、间接地测定几乎所有的金属离子，这对于分析工作是有利的。但另一方面是，EDTA 的选择能力很差，当多种金属离子共存于样品溶液中时，对某种单一离子的定量就是个相当复杂的问题，要求控制的条件很苛刻，计算也较繁琐，在此不多做介绍，仅讨论以下两个方面。

（一）酸度的选择

对于任何一种金属离子含量的测定，因为K'_{MY}是$[H^+]$的函数，欲求得一个准确的结果，必须保证在某一 pH 之上；但是，过高的 pH 又会引起金属离子的水解，生成多羟基配合物，降低金属离子的配位能力，故又必须控制在某一 pH 之下。为此，必须有：

1. 滴定允许的最高酸度

根据滴定分析的一般要求，滴定误差约为 0.1%。假设金属离子和 EDTA 的原始浓度均为 0.020mol/L，滴至计量点时，溶液的体积增加了一倍，金属离子基本上都被配位成 MY，即 $[MY] \approx 0.010$mol/L，而此时游离的金属离子浓度$[M] = [Y] \leqslant 0.1\% \times 0.010$mol/L $= 10^{-5}$mol/L，因而

$$K'_{MY} = \frac{[MY]}{[M][Y]} = \frac{0.010}{10^{-5} \times 10^{-5}} = 10^8 \qquad (5-10)$$

即$\lg K'_{MY} \geqslant 8$。

这就是说，K'_{MY}必须大于或等于10^8才能获得准确滴定结果。假设除酸效应外，不存在其他副反应，则

$$\lg K'_{MY} = \lg K_{MY} - \lg\alpha_{Y(H)} \geqslant 8$$

$$\lg\alpha_{Y(H)} \leqslant \lg K_{MY} - 8 \qquad (5-11)$$

由表 5-1 查得 $\lg K_{MY}$值，代入上式即可求得 $\lg\alpha_{Y(H)}$值，并由表 5-2 查得所对应的 pH，就是滴定这种金属离子时所允许的最高酸度。

例5　用浓度为 0.01mol/L EDTA 滴定同浓度的 Zn^{2+}，试计算其滴定允许的最高酸度。

解：由表 5-1 查得 $\lg K_{ZnY} = 16.5$

所以　$\lg\alpha_{Y(H)} = 16.5 - 8 = 8.5$

由表 5-2 查得，对应$\lg\alpha_{Y(H)} = 8.5$的 pH 为 4，故最高酸度为 pH＝4。

该例说明，若 pH＜4，则$\lg K'_{ZnY} < 8$，误差就会大于 0.1%。

由于不同金属-EDTA 配合物的 $\lg K_{MY}$不同，其$\lg K'_{MY} \geqslant 8$时的最高酸度也不同。将各种金属离子的 $\lg K_{MY}$代入式 5-11，即可求出对应的 $\lg\alpha_{Y(H)}$，再由表 5-2，即可查得与它对应的最高酸度。若以 $\lg K_{MY}$值和对应的 pH 作图，即可得 EDTA 的酸效应曲线，也称为林邦（Ringbom）曲线，见图 5-7。图中金属离子位置所对应的 pH，就是滴定该金属离子允许的

最高酸度。

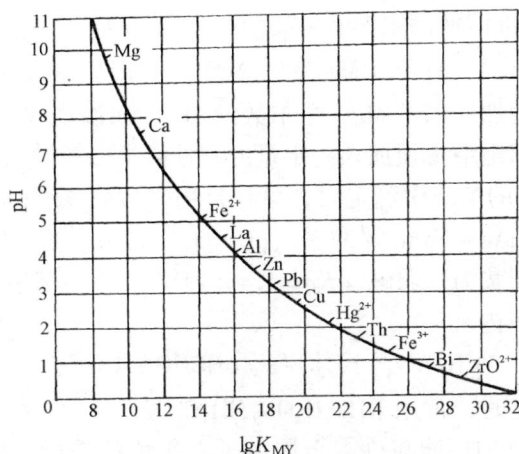

图 5-7　EDTA 的酸效应曲线

林邦曲线清楚地表明了滴定各种金属离子应控制的最高酸度。如 Bi^+、Fe^{3+} 等可在强酸性溶液中滴定，Pb^{2+}、Al^{3+}、Fe^{2+} 等离子可在弱酸性溶液中进行滴定，而 Ca^{2+}、Mg^{2+} 等离子必须在弱碱性溶液中滴定。

注意：林邦曲线只适用于 [M] = 0.020mol/L，滴定误差 TE≤0.10% 和金属离子没有副反应等条件时，若条件改变，则不能用此曲线，但可作为参考，故对解决实际问题具有一定的意义。

2. 滴定允许的最低酸度

例题 5 中，pH=4 时，Zn^{2+} 的水解可忽略，但如果 pH 升高，虽然酸效应减小，但金属离子生成的氢氧化物沉淀会影响滴定进行，为此，滴定必须在某一 pH 下进行，称为滴定允许的最低酸度。

最低酸度可以从 $M(OH)_n$ 的溶度积求得，如$M(OH)_n$ 的溶度积为 K_{sp}，为防止沉淀的生成，必须使 $[OH^-] \leqslant \sqrt[n]{\dfrac{K_{sp}}{c_M}}$，再从 pOH+pH=14 即可求出滴定的最低酸度。

例 6　用 2.00×10^{-2}mol/L EDTA 溶液滴定 2.00×10^{-2}mol/L Fe^{3+} 溶液时，允许的最低酸度是多少？

解：已知$K_{sp}(Fe(OH)_3) = [Fe^{3+}][OH^-]^3 = 4.0 \times 10^{-38}$

$\qquad\qquad [Fe^{3+}] = 2.00 \times 10^{-2}$mol/L

所以　　　$[OH^-] = \sqrt[3]{\dfrac{4.0 \times 10^{-38}}{2.00 \times 10^{-2}}} = 1.3 \times 10^{-12}$mol/L

$\qquad\qquad pOH = -\lg[OH^-] = -\lg 1.3 \times 10^{-12} = 11.89$

$\qquad\qquad pH = 14.00 - pOH = 14.00 - 11.89 = 2.11$

故滴定允许的最低酸度为 pH=2.11。

滴定某一金属离子的允许最高酸度与允许最低酸度的这一 pH 范围，就是滴定该金属离子的适宜酸度范围。

在配位滴定中不仅要在滴定前调节好溶液的酸度，而且在整个滴定过程中都必须控制在一定的酸度范围内进行，因为在 EDTA 滴定过程中不断有 H^+ 释放出来，使溶液的酸度升高。

例如用 Na_2H_2Y 的标准溶液滴定 Mg^{2+}，会发生下式反应。

$$H_2Y^{2-} + Mg^{2+} \rightleftharpoons MgY^{2-} + 2H^+$$

在反应完成时，将增加二倍于 Mg^{2+} 摩尔数的 H^+。而滴定 Mg^{2+} 要在 pH > 9.7 的溶液中进行。因此，在配位滴定中常须加入一定量的缓冲溶液以控制溶液的酸度。

在 pH < 2 或 pH > 12 的溶液中滴定时，可直接用强酸或强碱控制溶液的酸度。在弱酸性溶液中滴定时，可用 HAc – NaAc 缓冲系（pH = 3.4 ~ 5.5）或六次甲基四胺缓冲系控制溶液的酸度。六次甲基四胺为一弱碱（$K_b = 1.4 \times 10^{-9}$），它在溶液中解释出氨，常用于控制溶液的 pH 在 5 ~ 6 范围内。

$$(CH_2)_6N_4 + 6H_2O \rightleftharpoons 6HCHO + 4NH_3 \uparrow$$

在弱碱性溶液中滴定时，常用 $NH_3 \cdot H_2O – NH_4Cl$ 缓冲系（pH = 8 ~ 11）控制溶液的酸度。但须注意的是，由于 NH_3 能与许多金属离子发生配位作用，故对配位滴定有一定的影响。

（二）掩蔽剂的使用

当样品溶液中有其他金属离子 N 时，由于 N 与 Y 发生副反应，降低了条件稳定常数 K'_{MY}，给 M 离子的滴定带来了误差，有时 N 离子还对指示剂有封闭作用。

在这种情况下，通常加入掩蔽剂，可以在干扰离子 N 存在下选择滴定 M 离子。常见的掩蔽方法有配位掩蔽法、沉淀掩蔽法和氧化还原掩蔽法。

1. 配位掩蔽法

是使用配位掩蔽剂使干扰离子 N 形成稳定的配合物以降低溶液中游离 N 的浓度，从而使 M 的滴定不受 N 的干扰。是一种实际应用最为广泛的掩蔽法。

例如，在滴定 Mg^{2+} 时，用铬黑 T 作指示剂，若溶液中同时存在 Fe^{3+}，因其对铬黑 T 的封闭作用而干扰了 Mg^{2+} 的滴定，故可在滴定前先加入少量的三乙醇胺以掩蔽 Fe^{3+}。

常见的配位掩蔽剂见表 5 – 4。

表 5 – 4　常见的配位掩蔽剂

名称	pH 范围	被掩蔽的离子	备　注
KCN	pH > 8	Co^{2+}，Ni^{2+}，Cu^{2+}，Zn^{2+}，Hg^{2+}，Cd^{2+}，Ag^+，Ti^{4+} 及铂族元素	
NH_3F	pH = 4 ~ 6	Al^{3+}，Ti^{4+}，Sn^{4+}，Zr^{4+}，W^{6+} 等	用 NH_4F 比 NaF 好，优点是加入后溶液 pH 变化不大
	pH = 10	Al^{3+}，Mg^{2+}，Ca^{2+}，Sr^{2+}，Ba^{2+} 及稀土元素	
三乙醇胺（TEA）	pH = 10	Al^{3+}，Sn^{4+}，Ti^{4+}，Fe^{2+}	与 KCN 并用，可提高掩蔽效果
	pH = 11 ~ 12	Fe^{3+}，Al^{3+} 及少量 Mn^{2+}	
二巯基丙醇（BAL）	pH = 10	Hg^{2+}，Cd^{2+}，Zn^{2+}，Bi^{3+}，Pb^{2+}，Ag^+，As^{3+}，Sn^{4+} 及少量 Cu^{2+}，Co^{2+}，Ni^{2+}，Fe^{3+}	
铜试剂（DDTC）	pH = 10	能与 Cu^{2+}，Hg^{2+}，Pb^{2+}，Cd^{2+}，Bi^{3+} 生成沉淀，其中 Cu – DDTC 为褐色，Bi – DDTC 为黄色，故其存在量应分别小于 2mg 和 10mg	

名称	pH范围	被掩蔽的离子	备　注
酒石酸	pH＝1.2	Sb^{3+}，Sn^{4+}，Fe^{3+}及 5mg 以下的 Cu^{2+}	维生素 C 存在下
	pH＝2	Fe^{3+}，Sn^{4+}，Mn^{2+}	
	pH＝5.5	Fe^{3+}，Al^{3+}，Sn^{4+}，Ca^{2+}	
	pH＝6～7.5	Mg^{2+}，Cu^{2+}，Fe^{3+}，Al^{3+}，Mo^{4+}，Sb^{3+}，W^{6+}	
	pH＝10	Al^{3+}，Sn^{4+}	

2. 沉淀掩蔽法

加入沉淀剂，使干扰离子 N 生成沉淀，从而降低其浓度，在不分离沉淀的情况下，直接进行滴定。

例如，在有 Ca^{2+}、Mg^{2+} 的样品中滴定 Ca^{2+}，这时，Mg^{2+} 会产生干扰，若选择强碱溶液（pH＝12～13）进行滴定，Mg^{2+} 就会生成 $Mg(OH)_2$ 沉淀，这样 Mg^{2+} 就不会干扰 Ca^{2+} 的滴定；当 Ba^{2+} 与 Sr^{2+} 共存时，可用 K_2CrO_4 掩蔽 Ba^{2+}；当 Pb^{2+} 与其他离子共存时，可用 H_2SO_4 掩蔽 Pb^{2+} 等。沉淀反应往往进行得不够完全，且有共沉淀及吸附等现象，所以沉淀掩蔽法不是一种理想的方法。

3. 氧化还原掩蔽法

加入一种氧化剂或还原剂与干扰离子 N 发生氧化还原反应，改变干扰离子的价态，从而达到消除干扰的目的。

例如，在滴定 Bi^{3+} 时，若同时存在 Fe^{3+} 就会产生干扰，若加入维生素 C 等还原剂使 Fe^{3+} 变成 Fe^{2+}，就不会再对 Bi^{3+} 的滴定产生干扰。

三、金属指示剂

在配位滴定中，通常利用一种能与金属离子生成有色配合物的有机染料显色剂来指示滴定过程中金属离子浓度的变化，这种显色剂称为金属离子指示剂，简称金属指示剂（metallochrome indicator）。

（一）金属指示剂作用原理

金属指示剂是一种有机染料，它与被滴定金属离子反应，生成一种与染料本身颜色不同的配合物。

滴定前　　　　　　　　　　　M ＋ In $\rightleftharpoons$ MIn
　　　　　　　　　　　　　　　　　（色1）　　（色2）

由于 MIn 远不及 M－EDTA 稳定，故

终点时　　　　　　　　　　　MIn ＋ Y $\rightleftharpoons$ MY ＋ In
　　　　　　　　　　　　　　　（色2）　　　　　　（色1）

当溶液变为指示剂本身的颜色时，显示终点到达。例如，常用的指示剂铬黑 T 与铬黑 T－镁的结构如下：

HIn²⁻（蓝）　　　　　　　　　　　　　　MgIn⁻（红）

若用铬黑 T 为指示剂，以 EDTA 滴定 Mg^{2+} 为例，金属指示剂的变色过程为：

$$Mg^{2+} \xrightarrow{\;HIn^{2-}\;} Mg^{2+} \xrightarrow{\;H_2Y^{2-}\;} MgY^{2-} \xrightarrow{\;H_2Y^{2-}\;} MgY^{2-}$$

$$\text{（无色）}\qquad\quad \underset{\text{（酒红色）}}{MgIn^-}\qquad\quad \underset{\text{（酒红色）}}{MgIn^-}\quad \text{终点}\quad \underset{\text{（纯蓝色）}}{HIn^{2-}}$$

滴定开始时，溶液中有大量的 Mg^{2+}，部分 Mg^{2+} 与铬黑 T 配位，呈现 $MgIn^-$ 的酒红色。随着 EDTA 的加入，EDTA 逐渐与 Mg^{2+} 配位，在化学计量点附近，Mg^{2+} 浓度降得很低，加入的 EDTA 进而夺取 $MgIn^-$ 配合物中的 Mg^{2+}，使铬黑 T 游离出来，呈现 HIn^{2-} 的蓝色，表示滴定终点到达。

从以上的原理可以看出，金属指示剂必须具备以下条件：

（1）金属指示剂与金属离子生成的配合物颜色应与指示剂本身颜色有明显区别，终点颜色变化才明显。金属指示剂大多是有机弱酸，颜色随 pH 而变化，因此必须控制适当 pH 范围。以铬黑 T 为例，它在溶液中有以下平衡：

$$-H_2In \xrightleftharpoons[\quad]{pK_a=6.3} HIn^{2-} \xrightleftharpoons[\quad]{pK_a=11.6} In^{3-}$$

$$\text{（紫红色）}\qquad\qquad\text{（蓝色）}\qquad\qquad\text{（橙色）}$$

当 pH<6.3 时，呈紫红色，pH>11.6 时呈橙色，均与铬黑 T 金属配合物的红色相近。为使终点变化明显，使用铬黑 T 的最佳酸度应在 pH=6.3~11.6 范围之间。

（2）显色配合物（MIn）要有足够的稳定性（$K_{MIn}>10^{-4}$），金属指示剂与金属离子生成的配合物（MIn）的稳定性应比金属－EDTA 配合物（MY）的稳定性低。这样 EDTA 才能夺取 MIn 中的 M，使 In 游离而变色。一般要求 $K'_{MY}/K'_{MIn}>10^2$，以防止临近计量点时由于它的离解，游离出 In，而使终点提前到达，并使终点变色不敏锐；并防止临近计量点时，Y 将难以从 MIn 中夺取 M，而使终点推迟，甚至不发生颜色改变。

（3）指示剂与被滴定离子的显色反应必须灵敏、迅速并且有良好的变色可逆性。

（二）金属指示剂使用中存在的问题

（1）指示剂的封闭现象　在滴定中，到达计量点后，过量的 EDTA 不能夺取显色配合物 MIn 中的金属离子，而释放出指示剂，看不到终点颜色的变化，这种现象称为指示剂的封闭现象。

产生指示剂封闭现象的原因，可能是溶液中共存的金属离子 N 与指示剂形成的显色配合物的稳定性高于相应的配合物 NY。如在 pH=10，以铬黑 T 作指示剂滴定 Mg^{2+} 时，溶液中共存的 Al^{3+}、Fe^{3+}、Cu^{2+}、Co^{2+} 和 Ni^{2+} 对铬黑 T 有封闭作用，此时加入三乙醇胺（掩蔽 Al^{3+} 和 Fe^{3+}）和 KCN（掩蔽 Cu^{2+}、Co^{2+} 和 Ni^{2+}）以消除干扰。

有时指示剂的封闭现象是由于显色配合物的颜色变化为不可逆反应引起的，如 Al^{3+} 对二甲酚橙的封闭。如果被滴定的金属离子封闭指示剂，可采用返滴定法，即先加入过量的

EDTA，然后用别的金属指示剂进行返滴定予以消除。

(2) 指示剂的僵化现象　有时金属离子与指示剂生成难溶性显色配合物，在终点时，MIn 与 EDTA 的置换反应缓慢，使终点延长，这种现象称为指示剂的僵化现象。可加入有机溶剂或加热，以增大其溶解度和加快置换速度，使指示剂变色较明显。例如用 PAN 作指示剂时，可加入少量乙醇，并加热。

(3) 指示剂的氧化变质现象　金属指示剂大多是含有许多双键的有机化合物，易被日光、空气、氧化剂所氧化；有些在水溶液中不稳定，日久会聚合变质。如铬黑 T 的水溶液易氧化和聚合，可用含有还原剂盐酸羟胺的乙醇溶液配制，或用阻聚剂三乙醇胺配制。固体铬黑 T 比较稳定，但不易控制用量，常以固体氯化钠作稀释剂按质量比 1∶100 配成固体混合物。

(三) 常用的金属指示剂及其配制方法

配位滴定中常用金属指示剂的应用范围、封闭离子和掩蔽剂选择情况见表 5-5。

表 5-5　常用金属指示剂

指示剂	pH 使用范围	颜色变化 In	颜色变化 MIn	直接滴定离子	封闭离子	掩蔽剂
铬黑 T (EBT)	7～10	蓝	红	Mg^{2+}，Zn^{2+}，Cd^{2+} Pb^{2+}，Mn^{2+}，稀土	Al^{3+}，Fe^{3+}，Cu^{2+} Co^{2+}，Ni^{2+}，Fe^{3+}	三乙醇胺 NH_3F
二甲酚橙 (XO)	<6	亮黄	红紫	pH<1 ZrO^{2+} pH 1～3 Bi^{3+}，Th^{4+} pH 5～6 Zn^{2+}，Pb^{2+} Cd^{2+}，Hg^{2+} 稀土	Fe^{3+} Al^{3+} Cu^{2+}，Co^{2+}，Ni^{2+}	NH_3F 返滴法 邻二氮菲
PAN	2～12	黄	红	pH 2～3 Bi^{3+}，Th^{4+} pH 4～5 Cu^{2+}，Ni^{2+}		
钙指示剂	10～13	纯蓝	酒红	Ca^{2+}		与铬黑 T 相似

常用金属指示剂的配制方法：

(1) 铬黑 T(eriochrome black T,EBT)的配制　铬黑 T 又名埃罗黑 T,化学名称是 1-(1-羟基-2-萘偶氮基)-6-硝基-2-萘酚-4-磺酸钠。铬黑 T 固体相当稳定,但其水溶液只能保持几天,这是因为铬黑 T 分子在溶液中易发生聚合反应,聚合物不能与金属离子显色。在 pH<6.5 的溶液中聚合更严重,加入三乙醇胺可以防止聚合,常用的配法有：

①取铬黑 T 0.1g 与研细的干燥 NaCl 10g 研匀配成固体合剂,存于干燥器内,用时挑取少许即可。

②取铬黑 T 0.2g 溶于 15ml 三乙醇胺,待完全溶解后,加入 5ml 无水乙醇即得,此溶液可用数月。

(2) 二甲酚橙（xylenol orange，XO）的配制　二甲酚橙属于三苯甲烷类显色剂,化学名称是3-3′-双(二羧甲基氨甲基)-邻甲酚磺酞简称 XO。二甲酚橙是紫红色粉末,易溶于水,常配成 0.2% 或 0.5% 的水溶液,可稳定 2～3 周。

(3) 吡啶偶氮萘酚（PAN）的配制　PAN 化学名称是1-(2-吡啶偶氮)-2-萘酚。纯 PAN 是橙红色的针状结晶,难溶于水,可溶于碱、液氨及甲醇、乙醇等溶剂。通常配成 0.1% 乙醇溶液。

（4）钙指示剂（calcon carboxylic acid）　钙指示剂简称 NN，化学名称为 2－羟基－1－（2－羟基－4－磺酸－1－萘偶氮基）－3－萘甲酸。纯的钙指示剂为紫黑色粉末，水溶液或乙醇溶液均不稳定，一般与铬黑 T 一样，与干燥的 NaCl 固体研匀配成 1∶100 固体混合物使用。

第四节　标　准　溶　液

一、EDTA 标准溶液（0.05mol/L）的配制与标定

（一）配制

由于乙二胺四乙酸在水中溶解度小，所以常用其二钠盐（$Na_2H_2Y \cdot 2H_2O$）制备 ED-TA 标准溶液。$Na_2H_2Y \cdot 2H_2O$ 相对分子质量为 372.26，室温下每 100ml 水中溶解 11.1g。配制 0.05mol/L 的溶液，取 $Na_2H_2Y \cdot 2H_2O$ 19g，溶于约 300ml 温蒸馏水中，冷却后稀释至 1L，混匀并贮于硬质玻璃瓶或聚乙烯塑料瓶中。

（二）标定

标定 EDTA 溶液的基准物质有金属 Zn、ZnO、$CaCO_3$、$MgSO_4 \cdot 7H_2O$、$ZnSO_4 \cdot 7H_2O$ 等。一般多采用金属 Zn 或 ZnO 为基准物质，用铬黑 T 或二甲酚橙为指示剂。

精密称取在 800℃ 灼烧至恒重的基准级 ZnO 约 0.12g，加稀 HCl 3ml 使溶解，加蒸馏水 25ml，甲基红指示剂一滴，滴加氨试液至溶液呈微黄色，再加蒸馏水 25ml，$NH_3 \cdot H_2O - NH_4Cl$ 缓冲溶液 10ml，铬黑 T 指示剂数滴，用 EDTA 溶液滴定至由紫红色转为纯蓝色即为终点。

若用二甲酚橙为指示剂，当 ZnO 用 HCl 溶解后，加蒸馏水 50ml，0.5% 二甲酚橙指示剂 2～3 滴，然后滴加六次甲基四胺溶液至紫红色，再多加 3ml，用 EDTA 溶液滴定至溶液由紫红色变为亮黄色，即为终点。

二、锌标准溶液（0.05mol/L）的配制与标定

回滴法中常用锌标准溶液。锌标准溶液既可准确称取新制备的纯锌粒直接制备，也可称取一定量的分析纯 $ZnSO_4 \cdot 7H_2O$ 来配制。配制时，取分析纯 $ZnSO_4$ 约 15g，加稀盐酸 10ml 与适量蒸馏水溶解，稀释至 1L，混匀即得 0.05mol/L 锌溶液。用此法配制的锌标准溶液，需用已标定的 EDTA 标准溶液来标定，方法是：精密量取待标定的锌溶液 25.00ml，加甲基红指示剂 1 滴，加氨试液至溶液呈微黄色，再加蒸馏水 25ml，$NH_3 \cdot H_2O - NH_4Cl$ 缓冲溶液 10ml 与铬黑 T 指示剂 3 滴，然后用标准 EDTA 溶液滴定至溶液由紫红色变为纯蓝色即为终点。

第五节　应　用　与　示　例

一、滴定方式

（一）直接滴定法

这种方法是将试液调至所需之 pH，加入其他必要的试剂和指示剂，直接用 EDTA 标

准溶液滴定。直接滴定法简便、快速，一般情况下引入误差较少，故在可能范围内尽量采用直接滴定法，但必须符合下列条件：

(1) 被测离子 M 的浓度 c_M 及其 EDTA 配合物的条件稳定常数 K'_{MY} 应满足 $\lg c_M K'_{MY} \geqslant 6$。

(2) 配位反应速度快。

(3) 有变色敏锐的指示剂且无封闭现象。

(4) 在选用的滴定条件下，被测离子不发生水解和沉淀反应。

不符合以上条件的应选用其他滴定法。

(二) 返滴定法 (回滴法)

返滴定法是在试液中先加入定量而又过量的 EDTA 标准溶液，使待测离子完全配位，然后用另一金属离子标准溶液回滴过量的 EDTA，依据两种标准溶液的浓度和用量即可求得被测物质含量。

返滴定剂 (如锌标准溶液) 与 EDTA 生成的配合物应有足够的稳定性，但不宜超过被测离子的 EDTA 配合物的稳定性。否则，在滴定过程中返滴定剂会置换出被测离子而引起误差，且终点不敏锐。

返滴定法主要应用于下列情况：

(1) 采用直接滴定法时，缺乏符合要求的指示剂，或被测离子对指示剂有封闭作用。

(2) 被测离子与 EDTA 的反应速度慢。

(3) 被测离子发生水解等副反应而影响滴定。

例如，Al^{3+} 的滴定，由于 Al^{3+} 对二甲酚橙有封闭作用；Al^{3+} 与 EDTA 的反应速度慢；当酸度不高时，Al^{3+} 水解生成一系列羟基配合物。这种多核配合物不但与 EDTA 配位速度慢而且配合比也不稳定。故在对 Al^{3+} 进行滴定时，应采用返滴定法。即先在 Al^{3+} 的样品溶液中定量加入过量的 EDTA，调 pH = 3.5，煮沸，此时溶液酸度较大 (pH < 4.1)，不会形成羟基配合物，又因 EDTA 过量，故能使 EDTA 与 Al^{3+} 的配位反应进行完全。然后调 pH 至 5~6 (此时 AlY 稳定，不会重新水解)，加入二甲酚橙，即可顺利地用锌标准溶液进行返滴定。

(三) 置换滴定法

利用置换反应，置换出等摩尔数的另一种金属离子，或置换出 EDTA，然后滴定。

(1) 置换出金属离子　若被测离子 M 与 EDTA 反应不完全或形成的配合物不稳定，可令 M 置换出另一配合物 (NL) 中等摩尔数的 N，用 EDTA 滴定 N 即可求得 M 的含量。

$$M + NL \rightleftharpoons ML + N$$

例如，Ag^+ 与 EDTA 的配合物不稳定，不能用 EDTA 直接滴定，但可将 Ag^+ 加入到 $[Ni(CN)_4]^{2-}$ 的溶液中，则

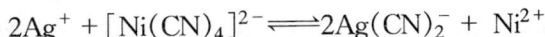

$$2Ag^+ + [Ni(CN)_4]^{2-} \rightleftharpoons 2Ag(CN)_2^- + Ni^{2+}$$

在 pH = 10 的氨性缓冲溶液中，以紫脲酸铵作指示剂，通过 EDTA 滴定置换出来的 Ni^{2+} 即可求得 Ag^+ 的含量。

(2) 置换出 EDTA　将被测定离子 M 与干扰离子全部用 EDTA 配位，然后加入选择性高的配位剂 L 以夺取 M，并释放出等物质的量的 EDTA。

$$MY + L \rightleftharpoons ML + Y$$

再用金属盐类标准溶液滴定释放出来的 EDTA，即可求得 M 的含量。

例如，测定合金中的 Sn 时，可于试液中加入过量的 EDTA，将可能存在的 Pb^{2+}、Zn^{2+}、Cd^{2+}、Bi^{3+} 等与 Sn^{4+} 一起配位。用 Zn^{2+} 标准溶液滴定，除去过量的 EDTA，加入 NH_3F，选择性地将 SnY 中的 EDTA 释放出来，再用 Zn^{2+} 标准溶液滴定释放出来的 ED-TA，即可求得 Sn^{4+} 的含量。

此外，利用置换滴定的原理，可以改善指示剂指示滴定终点的敏锐性。例如，铬黑 T 与 Mg^{2+} 显色很灵敏，但与 Ca^{2+} 显色的灵敏度较差。为此，在 pH = 10 的溶液中用 EDTA 滴定 Ca^{2+} 时于溶液中先加入少量 MgY，则发生如下置换反应：

$$Ca^{2+} + MgY \rightleftharpoons CaY + Mg^{2+}·$$

置换出的 Mg^{2+} 与铬黑 T 显深红色。滴定时，EDTA 先与 Ca^{2+} 配位，当到达滴定终点时，再夺取 Mg - 铬黑 T 配合物中的 Mg^{2+}，游离出指示剂铬黑 T 显蓝色终点。在此，加入的 MgY 与生成的 Mg^{2+} 是等化学计量的，故加入的 MgY 不影响滴定结果，铬黑 T 通过 Mg^{2+} 而使终点变得敏锐。

（四）间接滴定法

此法适用于不与 EDTA 配位或生成的配合物不稳定的金属或非金属离子。

例如，钠的测定，可先将 Na^+ 沉淀为醋酸铀酰锌钠 $NaAc·Zn(Ac)_2·3UO_2(Ac)_6·9H_2O$，分出沉淀，洗净并将它溶解后，用 EDTA 滴定其中的 Zn^{2+}，从而求得试样中 Na^+ 的含量。

注意，由于间接滴定手续繁杂，可能引入误差的机会也较多，故不是一种理想的方法。

二、应用示例

（一）水的硬度及钙镁含量测定

硬水是指含钙镁盐较多的水。硬度是水质的重要指标，测定水的硬度，实际上就是测定水中钙镁离子总量，然后把测得的钙镁离子折算成 $CaCO_3$ 的毫克数以计算硬度。或折算成每 10mg/L CaO 为一度。

操作步骤：取水样 100ml，加 $NH_3·H_2O - NH_4Cl$ 缓冲溶液 10ml，铬黑 T 指示剂 3 滴，用 EDTA 标准溶液（0.01000mol/L）滴定至溶液由酒红色变为纯蓝色即为终点。

$$硬度（CaCO_3 mg/L） = (cV)_{EDTA} \times 100.1 \times 10$$

钙镁盐经常共存，有时需分别测其含量，最简单的方法便是配位滴定。方法是先在 pH = 10 的氨性缓冲溶液中，以铬黑 T 为指示剂，用 EDTA 滴定。由于 CaY 比 MgY 稳定，故先滴定的是 Ca。但它们的铬黑 T 配合物的稳定性则相反（$\lg K_{CaIn} = 5.4$，$\lg K_{MgIn} = 7.0$），因此溶液由紫红色变为蓝色，表示 Mg^{2+} 已定量滴定，而此时 Ca^{2+} 早已定量反应，故测得的是 Ca^{2+}、Mg^{2+} 总量。另取同样试液，加入 NaOH 至 pH > 12，此时镁以 $Mg(OH)_2$ 沉淀形式掩蔽，选用钙指示剂为指示剂，用 EDTA 滴定 Ca^{2+}，前后两次测定之差即为镁含量。

（二）钙盐的测定

钙盐中钙的含量测定，常以钙指示剂为指示剂，在 pH = 12～13 的碱性溶液中进行滴定。现以葡萄糖酸钙（$C_{12}H_{22}O_{14}Ca \cdot H_2O = 448.4$）含量的测定为例。

操作步骤：取本品约 0.5g，精密称定，置锥形瓶中，加蒸馏水 10ml，微热使溶解，放冷至室温。另取蒸馏水 10ml，加 $NH_3 \cdot H_2O - NH_4Cl$ 缓冲溶液 10ml，稀硫酸镁试液 1 滴与铬黑 T 指示剂 3 滴，用 EDTA 标准溶液（0.05mol/L）滴定至溶液显纯蓝色。然后将此混合液倒入上述锥形瓶中，用 EDTA 标准溶液（0.05mol/L）滴定至溶液由酒红色转为纯蓝色为终点。

$$\text{葡萄糖酸钙}\% = \frac{(cV)_{EDTA} \times \frac{448.4}{1000}}{m_s} \times 100\%$$

铬黑 T 虽然在 pH = 10 时也会与 Ca^{2+} 形成酒红色的配合物（$CaIn^-$），但不够稳定。单独使用铬黑 T 会使终点过早到达而使结果偏低，倘若使用可加一滴硫酸镁并使其与 EDTA 定量反应，实则是在测定中加入了 MgY^{2-} 这样终点就不会超前。

（三）铝盐的测定

铝盐含量的测定是配位滴定的重要内容之一。但由于铝盐不能用 EDTA 直接滴定，通常在铝盐试液中先定量的加入过量的 EDTA，加热煮沸几分钟，待配位反应完全后，再用 Zn^{2+} 标准溶液回滴剩余量的 EDTA。例如，氢氧化铝凝胶的含量测定，滴定过程的反应为：

终点前：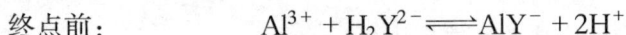 $\qquad Al^{3+} + H_2Y^{2-} \rightleftharpoons AlY^- + 2H^+$

（过量而定量）

 $H_2Y^{2-} + Zn^{2+} \rightleftharpoons ZnY^{2-} + 2H^+$

（过量部分）

终点时： $\qquad\qquad In + Zn^{2+} \rightleftharpoons ZnIn$

（黄）　　　　（紫红）

操作步骤：取氢氧化铝凝胶 8g，精密称定，加 HCl 10ml 与蒸馏水 10ml，煮沸 10min 使溶解，放冷至室温，过滤，滤液置 250ml 容量瓶中，滤器用蒸馏水洗涤，洗液并入容量瓶中，用蒸馏水稀释至刻度。精密量取 25ml，加氨试液至恰好析出白色沉淀，再滴加稀 HCl 到沉淀恰好溶解为止。加 HAc - NH_4Ac 缓冲液（取 NH_4Ac 100g 加水 300ml 使溶解，再加 HAc 6ml 混匀即得）10ml，再精密加 EDTA 标准溶液（0.05mol/L）25ml，煮沸 3～5min，放冷至室温，补充蒸发的水分，加 0.2% 二甲酚橙指示剂 1ml，用锌标准溶液（0.05mol/L）滴定至溶液由黄色变为淡紫红色即得。

$$Al_2O_3\% = \frac{[(cV)_{EDTA} - (cV)_{Zn}] \times \frac{101.96}{2000}}{m_S \times \frac{25}{250}} \times 100\%$$

（四）硫酸盐的测定

硫酸盐中的 SO_4^{2-} 是不能直接通过配位滴定测其含量的，通常是通过与 Ba^{2+} 发生沉淀反应后，用 EDTA 法间接测定其含量。滴定过程的反应是：

终点前： $\qquad\qquad SO_4^{2-} + Ba^{2+} \rightleftharpoons BaSO_4 \downarrow$

（过量而定量）

 $Ba^{2+} + H_2Y^{2-} \rightleftharpoons BaY^{2-} + 2H^+$

（过量部分）

第一终点　　　　　　　$BaIn^- + H_2Y^{2-} \rightleftharpoons BaY^{2-} + HIn^{2-} + H^+$

　　　　　　　　（酒红色）　　　　　　　　　（纯蓝色）

加 Mg^{2+}　　　　　　$Mg^{2+} + HIn^{2-} \rightleftharpoons MgIn^- + H^+$

　　　　　　　　（纯蓝色）　　（酒红色）

第二终点　　　　　　　$MgIn^- + H_2Y^2 \rightleftharpoons MgY^2 + HIn^{2-} + H^+$

　　　　　　　　（酒红色）　　　　　　　（纯蓝色）

操作步骤：准确称取适量的硫酸盐试样，溶解后加热近沸，加入准确过量的 $BaCl_2$ 标准溶液，以铬黑 T 为指示剂，用 EDTA 标准溶液滴定剩余的 Ba^{2+} 至终点。再准确加入少量 Mg^{2+} 标准溶液，继续用 EDTA 标准溶液滴至第二终点（由于 Ba^{2+} 与铬黑 T 形成的配合物不稳定，所以第一次的滴定终点不明显，因此要加少量 Mg^{2+} 标准溶液，再用 EDTA 滴定至第二终点，才能获得较好的结果）。

注意，所测 SO_4^{2-} 的量在 5～70mg 以内，可用此法测得准确的结果。少于 5mg 时，沉淀比较困难；多于 70mg 时，沉淀后必须过滤或吸取澄清液来滴定。

思 考 题 与 习 题

1. 何谓配位滴定法？配位滴定法的条件是什么？

2. 配位滴定法中的滴定液为什么常选用乙二胺四乙酸的二钠盐，而不用乙二胺四乙酸？

3. EDTA 与金属离子配位的特点是什么？

4. 为什么配位滴定中要维持一定的酸度？怎样维持溶液的酸度？

5. 金属指示剂的变色原理是什么？金属指示剂有哪些特点？金属指示剂应具备什么样的条件？

6. 何谓金属指示剂的封闭现象及掩蔽作用？掩蔽干扰离子滴定的方法有几种？

7. 说明配合物的稳定常数、条件稳定常数与副反应系数的关系？

8. 在做钙盐的测定时，所用指示剂为什么是铬黑 T 加 MgY？

9. 计算 pH = 2 时 EDTA 的酸效应系数及其对数值。

$$(\alpha_{Y(H)} = 10^{13.51}, \ \lg\alpha_{Y(H)} = 13.51)$$

10. 若被滴定的 $[Fe^{3+}] = 2 \times 10^{-2}$mol/L，试计算用同浓度 EDTA 滴定时最高酸度值（F^{3+} 没有副反应）。

$$(pH \approx 1.1)$$

11. 试计算 pH = 10，$[NH_3] = 0.1$mol/L 时的 ZnY 配合物的条件稳定常数 $\lg K'_{ZnY}$?

$$(\lg K'_{ZnY} = 10.95)$$

12. 称取干燥 $Al(OH)_3$ 凝胶 0.3896g 于 250ml 容量瓶中，溶解后吸取 25.00ml，精密加入 0.05000mol/L 的 EDTA 液 25.00ml，过量的 EDTA 液用 0.05000mol/L 标准锌溶液返滴，用去 15.02ml，求样品中 Al_2O_3 含量（$M_{Al_2O_3} = 101.94$）。　　　　　　（65.28%）

13. 准确称取 Na_2SO_4 试样 1.200g，溶解后加 25.00ml 0.05000mol/L $BaCl_2$ 标准溶液，再用 0.05000mol/L EDTA 溶液滴定剩余 Ba^{2+}，用去 6.45ml，求试样中 Na_2SO_4 的含量。

$$(10.98\%)$$

14. 取水样 100.0ml，用氨性缓冲溶液调节 pH=10，以铬黑 T 为指示剂，用浓度为 0.008826mol/L 的 EDTA 标准溶液滴定至终点，消耗 12.58ml，计算水的总硬度；另取水样 100.0ml 用 NaOH 调节 pH=12.5，加入钙指示剂，用上述 EDTA 滴定至终点，消耗 10.11ml，试分别求出水样中 Ca^{2+}、Mg^{2+} 的量。

(111.1×10^{-6}，35.76mg/L，5.299mg/L)

15. 溶液中若有 Fe^{3+}、Zn^{2+} 和 Ca^{2+} 各约 0.010mol/L，可否用控制酸度的方法进行分步连续滴定？并指出滴定时各离子的 pH 的上、下限。

(1.2~2.2，4.0~6.5，7.7~12.4)

(孟宪伟)

第六章 氧化还原滴定法

第一节 概　　述

氧化还原滴定法（oxidation – reduction titration）是以氧化还原反应为基础的滴定分析法。

氧化还原反应与酸碱、沉淀及配位反应不同，它不是离子或分子之间的相互结合，而是一种电子由还原剂向氧化剂转移的反应，这种电子的转移往往是分步进行的，反应机理比较复杂。有许多氧化还原反应虽然有可能进行得相当完全，但反应速度慢，常有副反应发生，不能用于滴定分析。因此，在进行氧化还原滴定时，除了应从平衡的观点判断反应进行的可能性外，还应创造适宜的条件，加快反应速度，防止副反应发生，以保证滴定反应按照既定的方向定量完成。

氧化还原滴定法是滴定分析中应用最广泛的方法之一。它不仅可以直接测定具有氧化还原性质的物质，而且还可以间接测定一些本身不具有氧化还原性质但能与氧化剂或还原剂定量反应的物质；不仅可以测定无机物，也能用于有机物的测定。

在氧化还原滴定法中，习惯上常按滴定剂（氧化剂）的名称不同进行命名和分类，如碘量法、高锰酸钾法、重铬酸钾法和硫酸铈法等。

第二节 氧化还原反应

一、条件电位

氧化剂和还原剂的强弱，可以用有关电对的电极电位（简称电位）来衡量。电对的电位越高，其氧化态的氧化能力越强；电对的电位越低，其还原态的还原能力越强。根据有关电对的电位可以判断氧化还原反应进行的方向、次序和反应进行的程度。

氧化还原电对的电位可用能斯特方程式（Nernst equation）表示。例如，对下列电极反应

$$Ox + ne \rightleftharpoons Red$$

能斯特方程可写作

$$\varphi_{Ox/Red} = \varphi_{Ox/Red}^{\ominus} + \frac{RT}{nF}\ln\frac{\alpha_{Ox}}{\alpha_{Red}} = \varphi_{Ox/Red}^{\ominus} + \frac{2.303RT}{nF}\lg\frac{\alpha_{Ox}}{\alpha_{Red}} \qquad (6-1)$$

式中　$\varphi_{Ox/Red}$为Ox/Red电对的电位；$\varphi_{Ox/Red}^{\ominus}$为$Ox/Red$电对的标准电位；$R$为气体常数，8.314J/(K·mol)；$n$为电极反应中的电子转移数；$T$为热力学温度，273.15 + t℃；F为法拉第常数，96484C/mol；α_{Ox}为氧化态Ox的活度；α_{Red}为还原态Red的活度。

将以上各常数代入式（6-1）中，在25℃时得

$$\varphi_{\mathrm{Ox/Red}} = \varphi^{\ominus}_{\mathrm{Ox/Red}} + \frac{0.0592}{n}\lg\frac{\alpha_{\mathrm{Ox}}}{\alpha_{\mathrm{Red}}} \qquad (6-2)$$

当 $\alpha_{\mathrm{Ox}} = \alpha_{\mathrm{Red}} = 1\mathrm{mol/L}$ 时，$\varphi_{\mathrm{Ox/Red}} = \varphi^{\ominus}_{\mathrm{Ox/Red}}$，即这时电对的电位就是标准电位。常见电对的标准电位值，可以直接查到（见附录）。因此，只要准确知道氧化态和还原态的活度，代入能斯特方程，就可以计算出有关电对的电位。

然而，在实际工作中，由于溶液中离子强度往往比较大，氧化态和还原态在溶液中常发生水解、配位或沉淀等副反应，我们通常只知道氧化态和还原态的分析浓度（也称为总浓度），而活度是很难准确知道的。当用分析浓度代替活度进行计算时，为使计算结果尽量符合实际情况，以减小误差，必须对上述各种因素加以校正，引入相应的活度系数和副反应系数。此时

$$\alpha_{\mathrm{Ox}} = \gamma_{\mathrm{Ox}}[\mathrm{Ox}] = \frac{\gamma_{\mathrm{Ox}}c_{\mathrm{Ox}}}{\alpha_{\mathrm{Ox}}} \qquad (6-3)$$

$$\alpha_{\mathrm{Red}} = \gamma_{\mathrm{Red}}[\mathrm{Red}] = \frac{\gamma_{\mathrm{Red}}c_{\mathrm{Red}}}{\alpha_{\mathrm{Red}}} \qquad (6-4)$$

式中　γ 为氧化态或还原态的活度系数；［　］为氧化态或还原态的游离浓度；c 为氧化态或还原态的分析浓度；α 为氧化态或还原态的副反应系数。

将式（6-3）和式（6-4）代入式（6-2），得

$$\varphi_{\mathrm{Ox/Red}} = \varphi^{\ominus}_{\mathrm{Ox/Red}} + \frac{0.0592}{n}\lg\frac{\gamma_{\mathrm{Ox}}\alpha_{\mathrm{Red}}c_{\mathrm{Ox}}}{\gamma_{\mathrm{Red}}\alpha_{\mathrm{Ox}}c_{\mathrm{Red}}} \qquad (6-5)$$

当溶液的离子强度较大时，活度系数不易求得，当副反应很多时，求副反应系数也很麻烦，但在一定的条件下，活度系数和副反应系数是固定不变的。我们可将式（6-5）改写成

$$\varphi_{\mathrm{Ox/Red}} = \varphi^{\ominus}_{\mathrm{Ox/Red}} + \frac{0.0592}{n}\lg\frac{\gamma_{\mathrm{Ox}}\alpha_{\mathrm{Red}}}{\gamma_{\mathrm{Red}}\alpha_{\mathrm{Ox}}} + \frac{0.0592}{n}\lg\frac{c_{\mathrm{Ox}}}{c_{\mathrm{Red}}}$$

设

$$\varphi'_{\mathrm{Ox/Red}} = \varphi^{\ominus}_{\mathrm{Ox/Red}} + \frac{0.0592}{n}\lg\frac{\gamma_{\mathrm{Ox}}\alpha_{\mathrm{Red}}}{\gamma_{\mathrm{Red}}\alpha_{\mathrm{Ox}}}$$

则

$$\varphi_{\mathrm{Ox/Red}} = \varphi'_{\mathrm{Ox/Red}} + \frac{0.0592}{n}\lg\frac{c_{\mathrm{Ox}}}{c_{\mathrm{Red}}} \qquad (6-6)$$

式中　$\varphi'_{\mathrm{Ox/Red}}$ 称为条件电位。它是在特定的条件下，氧化态和还原态的分析浓度均为 $1\mathrm{mol/L}$ 或它们的分析浓度比为 1 时，校正了各种外界因素影响后的实际电位。

条件电位与标准电位不同，它不是一种热力学常数，它只有在溶液的离子强度和副反应等条件不变的情况下才是一个常数。对某一个氧化还原电对而言，标准电位只有一个，但在不同的介质条件下却有不同的条件电位。例如，$\mathrm{Cr_2O_7^{2-}/Cr^{3+}}$ 电对的标准电位 $\varphi^{\ominus}_{\mathrm{Cr_2O_7^{2-}/Cr^{3+}}} = 1.33\mathrm{V}$，而条件电位 $\varphi'_{\mathrm{Cr_2O_7^{2-}/Cr^{3+}}}$ 却有不同的数值，见表6-1。

表6-1　$\mathrm{Cr_2O_7^{2-}/Cr^{3+}}$ 电对的条件电位

介　　质	$\varphi'_{\mathrm{Cr_2O_7^{2-}/Cr^{3+}}}$（V）
0.1mol/L HCl	0.93
1.0mol/L HCl	1.00
0.1mol/L $\mathrm{H_2SO_4}$	0.92
4.0mol/L $\mathrm{H_2SO_4}$	1.15
0.1mol/L $\mathrm{HClO_4}$	0.84
1.0mol/L $\mathrm{HClO_4}$	1.025

在引入条件电位后，我们可以直接将分析浓度代入能斯特方程式（6-6）计算，这样

处理比较简单，也更符合实际情况，因此，条件电位更具有实际意义。由于实验条件千差万别，目前已经测出的并在有关附录或手册上可以查到的条件电位还为数不多。当缺少相同条件下的条件电位时，可采用相近条件下的条件电位进行计算。例如，在未查到在 $3.5\text{mol/L}\ H_2SO_4$ 介质中 $Cr_2O_7^{2-}/Cr^{3+}$ 电对的条件电位时，可采用 $4\text{mol/L}\ H_2SO_4$ 介质中的条件电位值（1.15V）代替，若采用标准电位（1.33V）计算，结果的误差会更大。如果相近的条件电位也查不到就只能采用标准电位，按下式近似计算溶液的电位。

$$\varphi_{Ox/Red} = \varphi_{Ox/Red}^{\ominus} + \frac{0.0592}{n}\lg\frac{c_{Ox}}{c_{Red}}$$

例 1　在 1mol/L 的 HCl 溶液中，$c_{Ce^{4+}} = 1.00 \times 10^{-2}\text{mol/L}$，$c_{Ce^{3+}} = 1.00 \times 10^{-3}\text{mol/L}$，计算 Ce^{4+}/Ce^{3+} 电对的电位。

解：查附录表可得在 1mol/L HCl 中，$\varphi'_{Ce^{4+}/Ce^{3+}} = 1.28\text{V}$

$$\begin{aligned}
\varphi_{Ce^{4+}/Ce^{3+}} &= \varphi'_{Ce^{4+}/Ce^{3+}} + 0.0592\lg\frac{c_{Ce^{4+}}}{c_{Ce^{3+}}} \\
&= 1.28 + 0.0592\lg\frac{1.00 \times 10^{-2}}{1.00 \times 10^{-3}} \\
&= 1.34\text{V}
\end{aligned}$$

若采用标准电位作近似计算

$$\begin{aligned}
\varphi_{Ce^{4+}/Ce^{3+}} &= \varphi_{Ce^{4+}/Ce^{3+}}^{\ominus} + 0.0592\lg\frac{c_{Ce^{4+}}}{c_{Ce^{3+}}} \\
&= 1.67 + 0.0592\lg\frac{1.00 \times 10^{-2}}{1.00 \times 10^{-3}} \\
&= 1.73\text{V}
\end{aligned}$$

两个计算结果的差异是明显的。因此，在处理氧化还原反应的电位计算时，应尽量采用条件电位。

二、氧化还原反应进行的方向

根据氧化还原反应电对的电位，可以判断氧化还原反应进行的方向。作为一种氧化剂，它可以氧化电位比它低的还原剂；作为一种还原剂，它可以还原电位比它高的氧化剂。

电对的电位大小不仅取决于物质的本性，而且还与反应条件密切相关。浓度、酸度的变化，沉淀、配合物的生成，都会使氧化还原电对的电位发生变化，从而有可能改变氧化还原反应进行的方向。例如

$$H_3AsO_4 + 2I^- + 2H^+ \rightleftharpoons H_3AsO_3 + I_2 + H_2O$$

两电对的电位分别是

$$\begin{aligned}
\varphi_{I_2/2I^-} &= \varphi_{I_2/2I^-}^{\ominus} + \frac{0.0592}{2}\lg\frac{[I_2]}{[I^-]^2} \\
&= 0.536 + \frac{0.0592}{2}\lg\frac{[I_2]}{[I^-]^2}
\end{aligned}$$

$$\varphi_{H_3AsO_4/H_3AsO_3} = \varphi_{H_3AsO_4/H_3AsO_3}^{\ominus} + \frac{0.0592}{2}\lg\frac{[H_3AsO_4][H^+]^2}{[H_3AsO_3]}$$

$$= 0.560 + \frac{0.059}{2} \lg \frac{[H_3AsO_4][H^+]^2}{[H_3AsO_3]}$$

电对 $I_2/2I^-$ 的电位值与溶液的酸度几乎无关，而电对 H_3AsO_4/H_3AsO_3 的电位值随溶液酸度的升高而增大，随溶液酸度的降低而减小。据此，若将溶液调至强酸性，$\varphi_{H_3AsO_4/H_3AsO_3} > \varphi_{I_2/I^-}$，反应向右进行，可用间接碘量法测 As^{5+}；若将溶液调至弱碱性（$pH \approx 8$），$\varphi_{I_2/I^-} > \varphi_{H_3AsO_4/H_3AsO_3}$，反应向左进行，可用直接碘量法测 As^{3+}。

三、氧化还原反应进行的程度

氧化还原反应要满足滴定分析的要求，首先要求反应能定量完成，反应进行得越完全越好。反应实际进行的完全程度可用条件平衡常数 K' 的大小来衡量。

（一）条件平衡常数的计算

对于下列氧化还原反应

$$n_2 Ox_1 + n_1 Red_2 \rightleftharpoons n_2 Red_1 + n_1 Ox_2$$

两个电对的电极反应和电位分别为

$$Ox_1 + n_1 e = Red_1 \qquad \varphi_1 = \varphi'_1 + \frac{0.0592}{n_1} \lg \frac{c_{Ox_1}}{c_{Red_1}}$$

$$Ox_2 + n_2 e = Red_2 \qquad \varphi_2 = \varphi'_2 + \frac{0.0592}{n_2} \lg \frac{c_{Ox_2}}{c_{Red_2}}$$

当反应达到平衡时，两电对的电位相等，即 $\varphi_1 = \varphi_2$，则

$$\varphi'_1 + \frac{0.0592}{n_1} \lg \frac{c_{Ox_1}}{c_{Red_1}} = \varphi'_2 + \frac{0.0592}{n_2} \lg \frac{c_{Ox_2}}{c_{Red_2}}$$

整理，得

$$\lg \frac{c^{n_2}_{Red_1} c^{n_1}_{Ox_2}}{c^{n_2}_{Ox_1} c^{n_1}_{Red_2}} = \frac{n_1 n_2 (\varphi'_1 - \varphi'_2)}{0.0592}$$

反应的条件平衡常数

$$K' = \frac{c^{n_2}_{Red_1} c^{n_1}_{Ox_2}}{c^{n_2}_{Ox_1} c^{n_1}_{Red_2}}$$

代入上式，得

$$\lg K' = \frac{n_1 n_2 (\varphi'_1 - \varphi'_2)}{0.0592} = \frac{n_1 n_2 \Delta\varphi'}{0.0592}$$

当 $n_1 \neq n_2$ 且没有公约数时，$n_1 \times n_2$ 就是氧化还原反应中的电子转移数。

实际上，对于任意一个氧化还原反应

$$a Ox_1 + b Red_2 \rightleftharpoons c Red_1 + d Ox_2$$

可以证明

$$\lg K' = \lg \frac{c^c_{Red_1} c^d_{Ox_2}}{c^a_{Ox_1} c^b_{Red_2}} = \frac{n (\varphi'_1 - \varphi'_2)}{0.0592} = \frac{n \Delta\varphi'}{0.0592} \qquad (6-7)$$

式中 n 就是氧化还原反应中的电子转移数。显然，两电对的条件电位之差越大，反应过程中电子转移数越多，条件平衡常数就越大，反应向右进行得越完全。

（二）判断滴定反应完全程度的依据

从滴定分析的要求来看，反应的完全程度应在 99.9% 以上，这就意味着在化学计量点时，反应物至少有 99.9% 变成了生成物，而未作用的反应物不大于 0.1%。下面按几种不同的反应类型进行讨论。

（1）$n_1 = n_2 = 1$ 型氧化还原反应　　反应式为

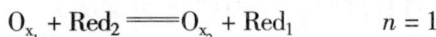

$$O_{x_1} + Red_2 =\!=\!= O_{x_2} + Red_1 \qquad n = 1$$

根据式（6-7），得

$$\lg K' = \lg \frac{c_{Red_1} c_{Ox_2}}{c_{Ox_1} c_{Red_2}} = \lg \frac{(99.9\%)\;(99.9\%)}{(0.1\%)\;(0.1\%)} \approx 6$$

此时两电对的条件电位差

$$\Delta\varphi' = \frac{0.0592 \lg K'}{n} = \frac{0.0592 \times 6}{1} = 0.36V$$

即当 $\lg K' \geqslant 6$ 或 $\Delta\varphi' \geqslant 0.36V$ 时，该类反应才符合定量分析的要求。

（2）$n_1 = 1$、$n_2 = 2$ 型氧化还原反应　　反应式为

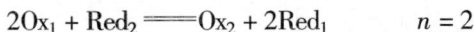

$$2O_{x_1} + Red_2 =\!=\!= O_{x_2} + 2Red_1 \qquad n = 2$$

$$\lg K' = \lg \frac{c_{Red_1}^2 c_{Ox_2}}{c_{Ox_1}^2 c_{Red_2}} = \lg \frac{(99.9\%)^2\;(99.9\%)}{(0.1\%)^2\;(0.1\%)} \approx 9$$

此时两电对的条件电位差

$$\Delta\varphi' = \frac{0.0592 \lg K'}{n} = \frac{0.0592 \times 9}{2} = 0.27V$$

即当 $\lg K' \geqslant 9$ 或 $\Delta\varphi' \geqslant 0.27V$ 时，该类反应才符合定量分析的要求。

（3）$n_1 = n_2 = 2$ 型氧化还原反应　　反应式为

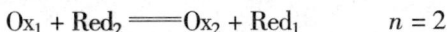

$$O_{x_1} + Red_2 =\!=\!= O_{x_2} + Red_1 \qquad n = 2$$

$$\lg K' = \lg \frac{c_{Red_1} c_{Ox_2}}{c_{Ox_1} c_{Red_2}} = \lg \frac{(99.9\%)\;(99.9\%)}{(0.1\%)\;(0.1\%)} \approx 6$$

此时两电对的条件电位差

$$\Delta\varphi' = \frac{0.0592 \lg K'}{n} = \frac{0.0592 \times 6}{2} = 0.18V$$

即当 $\lg K' \geqslant 6$ 或 $\Delta\varphi' \geqslant 0.18V$ 时，该类反应才符合定量分析的要求。

对其他类型的氧化还原反应，可以按同样的方法计算 $\lg K'$ 和 $\Delta\varphi'$，其中 $\Delta\varphi'$ 均小于 0.36V。

由此可见，我们应根据不同的反应类型，用 $\lg K'$ 或 $\Delta\varphi'$ 来判断一个氧化还原反应是否能定量进行。但在一般情况下，当 $\Delta\varphi' \geqslant 0.36V$ 时，即可认为该反应能定量地完成，这样可免去较麻烦的计算。

例 2　计算在 1mol/L 的 $HClO_4$ 溶液中，用 $KMnO_4$ 标准溶液滴定 $FeSO_4$ 的条件平衡常数，并说明该反应是否符合定量分析的要求。

解：滴定反应式如下

$$MnO_4^- + 5Fe^{2+} + 8H^+ =\!=\!= Mn^{2+} + 5Fe^{3+} + 4H_2O$$

因为　　　　$\varphi'_{MnO_4^-/Mn^{2+}} = 1.45V,\quad \varphi'_{Fe^{3+}/Fe^{2+}} = 0.735V \qquad\qquad n = 5$

所以

$$\lg K' = \frac{n\left(\varphi'_{MnO_4^-/Mn^{2+}} - \varphi'_{Fe^{3+}/Fe^{2+}}\right)}{0.0592}$$

$$= \frac{5 \times (1.45 - 0.735)}{0.0592} = 60$$

对于该反应，定量进行的要求是

$$\lg K' \geqslant \lg \frac{(99.9\%)^5 \ (99.9\%)}{(0.1\%)^5 \ (0.1\%)} \approx 18$$

$$\Delta\varphi' \geqslant \frac{0.0592 \times 18}{5} = 0.213V$$

由于实际反应的 $\lg K' = 60 > 18$，或 $\Delta\varphi' = 1.45 - 0.735 = 0.715 > 0.213V$，所以该反应完全符合定量分析的要求。

必须指出，某些氧化还原反应，虽然 $\Delta\varphi'$ 足够大，符合上述要求，但由于有其他副反应的发生，氧化剂与还原剂之间没有一定的计量关系，仍不能用于滴定分析。如 $K_2Cr_2O_7$ 与 $Na_2S_2O_3$ 的反应，它们的条件电位之差超过了 $0.36V$，但 $K_2Cr_2O_7$ 除了使 $Na_2S_2O_3$ 氧化为 $S_4O_6^{2-}$ 外，还能部分氧化为 SO_4^{2-}，因此不能用于滴定分析。

四、氧化还原反应的速度

有许多氧化还原反应，尽管从理论上讲是可以定量进行的，但实际上由于反应速度太慢而不能用于滴定分析。因此，在氧化还原滴定中，不仅要从平衡的观点来考虑反应的可能性，还应从其反应速度来考虑反应的现实性。影响氧化还原反应速度的因素，除了参加反应的氧化剂和还原剂本身的性质外，还与反应条件有关，如浓度、温度、催化剂等。

（一）浓度对反应速度的影响

根据质量作用定律，反应速度与反应物的浓度乘积成正比，但许多氧化还原反应是分步进行的，整个反应的速度由最慢的一步所决定，而总的氧化还原反应式仅仅反映了初态与终态之间的关系，不涉及到两态间所发生的历程。因此，不能按总的氧化还原反应式中各反应物的系数来判断其浓度对速度的影响程度。但一般说来，反应物浓度越大，反应速度越快，对于有 H^+ 参加的反应，提高酸高也能加速反应。例如，在酸性溶液中，一定量的 $K_2Cr_2O_7$ 与 KI 的反应

$$Cr_2O_7^{2-} + 6I^- + 14H^+ = 2Cr^{3+} + 3I_2 + 7H_2O$$

此反应速度较慢，通常采用增大 I^- 的浓度（KI 过量约 5 倍）和提高溶液的酸度（约 $0.4mol/L$）来加快反应，只需 $3\sim5min$，反应就能进行完全。

（二）温度对反应速度的影响

对大多数反应来说，升高溶液的温度可提高反应速度，通常每升高 $10℃$，反应速度约增大 $2\sim3$ 倍。这是由于升高溶液温度，不仅增加了反应物之间的碰撞几率，更重要的是增加了活化分子或活化离子的数目，因而提高了反应速度。例如，在酸性溶液中 MnO_4^- 与 $C_2O_4^{2-}$ 的反应

$$2MnO_4^- + 5C_2O_4^{2-} + 16H^+ = 2Mn^{2+} + 10CO_2 \uparrow + 8H_2O$$

在室温下，该反应速度缓慢，如果将溶液加热，则反应速度显著提高。故用 $KMnO_4$ 滴定 $H_2C_2O_4$ 时，通常将溶液加热至 $70\sim80℃$。

必须注意，用提高温度的方法来加快反应速度并非在所有情况下都是有利的。如草酸溶液加热的温度过高，时间过长，由于草酸分解引起的误差也会增大。又如 $K_2Cr_2O_7$ 与 KI 的反应，如果用加热的方法来加快反应速度，则生成的 I_2 就会挥发而造成损失。有些还原性物质如 Fe^{2+}、Sn^{2+} 等，也会因为加热而更容易被空气中的氧所氧化，从而产生误差。因此，必须根据具体情况确定反应的适宜温度。

（三）催化剂对反应速度的影响

催化剂是一种能改变反应速度而不影响反应平衡的物质，虽然它以循环的方式进入反应历程，但在反应前后，其形态和数量不变。催化剂有正催化剂和负催化剂之分，正催化剂能加快反应速度，负催化剂能减慢反应速度。

在滴定分析中，经常使用正催化剂。例如，Ce^{4+} 氧化 As_2O_3 的反应很慢，若加入少量 I^- 作催化剂，反应便迅速进行。又如 MnO_4^- 与 $C_2O_4^{2-}$ 的反应速度较慢，若加入 Mn^{2+} 便能加快反应进行。对此反应，也可不外加催化剂，一旦反应开始，产生的 Mn^{2+} 对以后的反应也可起到加速的作用。这种由反应产物起催化作用的现象称为自动催化。除了正催化剂外，有时也利用负催化剂。例如，测定 $SnCl_2$ 时，可加入多元醇，以减慢 $SnCl_2$ 与空气中氧的反应速度。

第三节　氧化还原滴定曲线

在氧化还原滴定中，随着滴定剂的加入，氧化剂和还原剂的浓度不断变化，有关电对的电位也随之不断改变，这种电位的变化可以用滴定曲线来描述。对于由可逆电对构成的氧化还原体系的滴定曲线，可根据能斯特方程计算的数据绘出。

现以 25℃ 时，在 1mol/L H_2SO_4 溶液中，用 0.1000mol/L $Ce(SO_4)_2$ 溶液滴定 20.00ml 0.1000mol/L $FeSO_4$ 溶液为例，说明滴定过程中电位的变化情况。

滴定反应　　　　　　　　$Ce^{4+} + Fe^{2+} = Ce^{3+} + Fe^{3+}$

$$\varphi'_{Ce^{4+}/Ce^{3+}} = 1.44V \qquad \varphi'_{Fe^{3+}/Fe^{2+}} = 0.68V$$

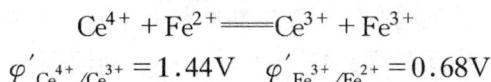

由于 $\Delta\varphi' = 1.44 - 0.68 = 0.76V > 0.36V$，故该氧化还原反应能进行完全。

滴定开始前，由于空气中氧的氧化作用，Fe^{2+} 溶液中必有极少量的 Fe^{3+} 存在，从而组成 Fe^{3+}/Fe^{2+} 电对，但由于 $C_{Fe^{3+}}$ 不能准确知道，故此时的电位无法计算。

滴定开始后，溶液中就同时存在着 Fe^{3+}/Fe^{2+} 和 Ce^{4+}/Ce^{3+} 两个电对，在滴定过程中任何一点达到平衡时，两电对的电位相等。因此，在滴定的不同阶段，可选用便于计算的电对计算溶液的电位。

1. 滴定开始至化学计量点前

在这个阶段，滴入的 Ce^{4+} 几乎全部被还原为 Ce^{3+}，Ce^{4+} 的浓度极小，不易直接求得，故常采用 Fe^{3+}/Fe^{2+} 电对来计算溶液的电位 φ。

$$\varphi = \varphi'_{Fe^{3+}/Fe^{2+}} + 0.0592 \lg \frac{c_{Fe^{3+}}}{c_{Fe^{2+}}}$$

例如，滴入 Ce^{4+} 溶液 19.98ml 时

$$c_{Fe^{3+}} = \frac{0.1000 \times 19.98}{20.00 + 19.98} = 5.00 \times 10^{-2} mol/L$$

$$c_{Fe^{2+}} = \frac{0.1000\,(20.00-19.98)}{20.00+19.98} = 5.00 \times 10^{-5}\,mol/L$$

$$\varphi = 0.68 + 0.0592\,lg\,\frac{5.00\times10^{-2}}{5.00\times10^{-5}} = 0.86V$$

2. 化学计量点

当滴入的 Ce^{4+} 溶液为 20.00ml 时，即达到了化学计量点。令化学计量点的电位为 φ_{sp}，则

$$\varphi_{sp} = \varphi'_{Ce^{4+}/Ce^{3+}} + 0.0592\,lg\,\frac{c_{Ce^{4+}}}{c_{Ce^{3+}}}$$

$$\varphi_{sp} = \varphi'_{Fe^{3+}/Fe^{2+}} + 0.0592\,lg\,\frac{c_{Fe^{3+}}}{c_{Fe^{2+}}}$$

将以上两式相加，得

$$2\varphi_{sp} = \varphi'_{Ce^{4+}/Ce^{3+}} + \varphi'_{Fe^{3+}/Fe^{2+}} + 0.0592\,lg\,\frac{c_{Ce^{4+}}c_{Fe^{3+}}}{c_{Ce^{3+}}c_{Fe^{2+}}}$$

化学计量点时，$c_{Ce^{4+}} = c_{Fe^{2+}}$　　　$c_{Ce^{3+}} = c_{Fe^{3+}}$

代入上式，整理，得　$\varphi_{sp} = \dfrac{\varphi'_{Ce^{4+}/Ce^{3+}} + \varphi'_{Fe^{3+}/Fe^{2+}}}{2} = \dfrac{1.44+0.68}{2} = 1.06V$

对于只含有对称电对的氧化还原滴定反应

$$n_2Ox_1 + n_1Red_2 \Longrightarrow n_2Red_1 + n_1Ox_2$$

其化学计量点的电位可按下式计算

$$\varphi_{sp} = \frac{n_1\varphi'_1 + n_2\varphi'_2}{n_1+n_2}$$

对于不对称电对（如 $I_2/2I^-$、$Cr_2O_7^{2-}/2Cr^{3+}$）参加的氧化还原反应，化学计量点的电位不能按上式计算。

3. 化学计量点后

在这个阶段，Fe^{2+} 几乎全部被氧化为 Fe^{3+}，$c_{Fe^{2+}}$ 不易直接求得，故常采用 Ce^{4+}/Ce^{3+} 电对来计算溶液的电位 φ。

$$\varphi = \varphi'_{Ce^{4+}/Ce^{3+}} + 0.0592\,lg\,\frac{c_{Ce^{4+}}}{c_{Ce^{3+}}}$$

例如：当滴入 Ce^{4+} 溶液 20.02ml 时

$$c_{Ce^{4+}} = \frac{0.1000\times\,(20.02-20.00)}{20.00+20.02} = 5.00\times10^{-5}\,mol/L$$

$$c_{Ce^{3+}} = \frac{0.1000\times20.00}{20.00+20.02} = 5.00\times10^{-2}\,mol/L$$

$$\varphi = 1.44 + 0.0592\,lg\,\frac{5.00\times10^{-5}}{5.00\times10^{-2}} = 1.26V$$

不同滴定点所计算的 φ 值列在表 6-2 中。以电位值为纵坐标，以滴入硫酸铈液的体积（或滴定百分率）为横坐标作图，其滴定曲线见图 6-1。

表 6 - 2　在 1mol/L H_2SO_4 溶液中，用 0.1000mol/L Ce（SO_4）$_2$ 滴定

20.00ml 0.1000mol/L Fe^{2+} 溶液时电位值的变化情况

滴入 Ce^{4+} 溶液（ml）	滴定百分数（%）	电位（V）
2.00	10.0	0.62
8.00	40.0	0.67
12.00	60.0	0.69
18.00	90.0	0.74
19.98	99.9	0.86
20.00	100.0	1.06 } 突跃范围
20.02	100.1	1.26
22.00	110.0	1.38
30.00	150.0	1.42
40.00	200.0	1.44

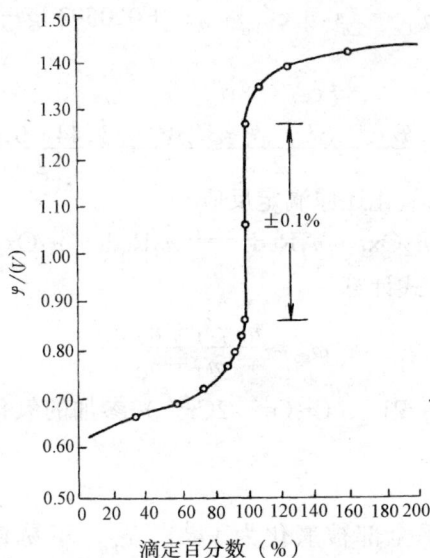

图 6 - 1　用 0.1000mol/L Ce^{4+} 滴定 20.00ml

0.1000mol/L Fe^{2+} 的滴定曲线

从图 6 - 1 和表 6 - 2 可以看出，在化学计量点附近，溶液的电位有一个突变，滴定突跃范围是 0.86V～1.26V，化学计量点的电位（1.06V）正好处于突跃范围的中点。

对于对称电对参加的氧化还原反应，其滴定突跃范围是

$$\varphi'_2 + \frac{0.0592 \times 3}{n_2} \sim \varphi'_1 - \frac{0.0592 \times 3}{n_1} \text{ V}$$

当 $n_1 = n_2$ 时，化学计量点与滴定突跃中点一致；当 $n_1 \neq n_2$ 时，化学计量点与滴定突跃中点不一致，而是向 n 值较大（电子得失数较多）的电对一方。例如，在 1mol/L 的 HCl 介质中，以 Fe^{3+} 滴定 Sn^{2+}

$$2Fe^{3+} + Sn^{2+} = 2Fe^{2+} + Sn^{4+}$$

$$Fe^{3+} + e = Fe^{2+}, \quad n_1 = 1 \quad \varphi'_{Fe^{3+}/Fe^{2+}} = 0.68V$$

$$Sn^{4+} + 2e = Sn^{2+}, \quad n_2 = 2 \quad \varphi'_{Sn^{4+}/Sn^{2+}} = 0.14V$$

滴定突跃范围两端的电位值分别是

$$0.14 + \frac{0.0592 \times 3}{2} = 0.23\text{V} \text{ 和 } 0.68 - \frac{0.0592 \times 3}{1} = 0.50\text{V}$$

滴定突跃中点的电位是

$$\frac{0.23 + 0.50}{2} = 0.365\text{V}$$

化学计量点的电位是

$$\varphi_{sp} = \frac{1 \times 0.68 + 2 \times 0.14}{1 + 2} = 0.32\text{V}$$

即化学计量点的电位偏向电子转移数多的 Sn^{4+}/Sn^{2+} 电对一方。

对于对称电对参加的氧化还原反应，其滴定突跃范围的大小主要与两电对的条件电位差 $\Delta\varphi$ 有关，$\Delta\varphi$ 越大，则滴定突跃范围也越大。

当氧化还原体系中涉及到有不可逆氧化还原电对参加反应时，由于不可逆电对的电位不遵从能斯特方程，因此，理论计算所得到的滴定曲线与实测的滴定曲线将会产生较大的差异。不可逆氧化还原体系的滴定曲线都是由实验测定的。

第四节 指 示 剂

在氧化还原滴定法中，常用的指示剂有以下几种类型。

一、自身指示剂

有些标准溶液或被滴定物质本身有颜色，在发生氧化还原反应后变成无色或浅色物质，则滴定时就不必另加指示剂，可用其自身颜色的变化来指示滴定终点，这类溶液称为自身指示剂，例如，MnO_4^- 本身显紫红色，还原产物 Mn^{2+} 则几乎无色，所以，在用 $KMnO_4$ 滴定无色或浅色还原剂溶液时，当滴定达到化学计量点后，微过量的 MnO_4^- 就可使溶液显粉红色。实验证明，MnO_4^- 浓度为 2×10^{-6} mol/L 就能观察到溶液呈粉红色，这一浓度相当于将 0.01ml 0.02mol/L $KMnO_4$ 滴入 100ml 溶液中。

二、特殊指示剂

有些物质本身不具有氧化还原性，但能与氧化剂或还原剂作用并产生特殊的颜色，因而可指示滴定终点，这样的物质称为特殊指示剂。例如，可溶性淀粉与 I_3^- 生成深蓝色吸附化合物，反应特效而灵敏，即使在 10^{-5} mol/L I_3^- 溶液中也能看到明显的蓝色。因此，碘量法中常用淀粉溶液作指示剂，以蓝色的出现或消失指示滴定终点。

三、氧化还原指示剂

有些物质本身具有氧化还原性，其氧化态和还原态具有不同的颜色，在滴定过程中因被氧化或还原而发生结构改变，从而引起颜色的变化以指示滴定终点，这类物质称为氧化还原指示剂。例如，用 $K_2Cr_2O_7$ 溶液滴定 Fe^{2+}，常用二苯胺磺酸钠为指示剂。该指示剂在酸性溶液中遇到强氧化剂时，先不可逆地氧化为无色的二苯联苯胺磺酸，再可逆地氧化为紫色的二苯联苯胺磺酸紫。反应过程如下：

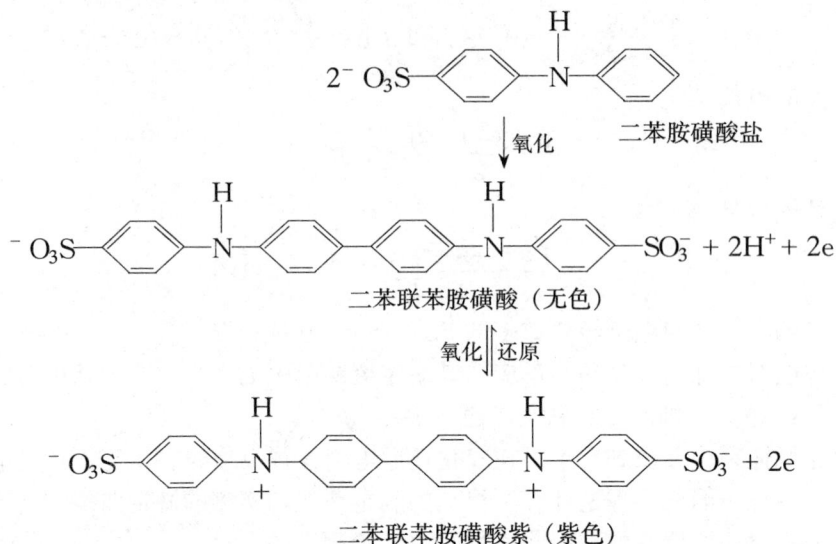

$$2^- O_3S \underset{}{}—\underset{}{\overset{\text{H}}{\text{N}}}—$$

二苯胺磺酸盐

$\downarrow$ 氧化

$$^- O_3S —\overset{\text{H}}{\text{N}}——\overset{\text{H}}{\text{N}}— SO_3^- + 2H^+ + 2e$$

二苯联苯胺磺酸（无色）

$\Updownarrow$ 氧化$\|$还原

$$^- O_3S —\underset{+}{\overset{\text{H}}{\text{N}}}——\underset{+}{\overset{\text{H}}{\text{N}}}— SO_3^- + 2e$$

二苯联苯胺磺酸紫（紫色）

当用 $K_2Cr_2O_7$ 标准溶液滴定 Fe^{2+} 至化学计量点后，稍过量的 $K_2Cr_2O_7$ 就使二苯胺磺酸钠由还原态转变为氧化态，使溶液显紫色，指示滴定终点的到达。

若以 In_{Ox} 和 In_{Red} 分别表示指示剂的氧化态和还原态，则其氧化还原半反应和相应的能斯特公式是

$$In_{Ox} + n e \rightleftharpoons In_{Red}$$

$$\varphi_{In} = \varphi_{In} + \frac{0.0592}{n} \lg \frac{c_{In_{Ox}}}{c_{In_{Red}}}$$

随着溶液体系电位的改变，指示剂的氧化态和还原态的浓度也会发生改变，导致溶液的颜色发生改变。当 $c_{In_{Ox}}/c_{In_{Red}} \geqslant 10$ 时，溶液呈现指示剂氧化态的颜色，此时

$$\varphi_{In} \geqslant \varphi'_{In} + \frac{0.0592}{n} \lg 10 = \varphi'_{In} + \frac{0.0592}{n}$$

当 $c_{In_{Ox}}/c_{In_{Red}} \leqslant \frac{1}{10}$ 时，溶液呈现指示剂还原态的颜色，此时

$$\varphi_{In} \leqslant \varphi'_{In} + \frac{0.0592}{n} \lg \frac{1}{10} = \varphi'_{In} - \frac{0.0592}{n}$$

当 $c_{In_{Ox}}/c_{In_{Red}}$ 从 $\frac{1}{10}$ 变到 10 时，溶液由指示剂还原态的颜色变到氧化态的颜色。因此，指示剂变色的电位范围是

$$\varphi_{In} = \varphi'_{In} \pm \frac{0.0592}{n}$$

当 $c_{In_{Ox}}/c_{In_{Red}} = 1$ 时，$\varphi_{In} = \varphi'_{In}$，溶液呈现指示剂的中间色，称为指示剂的变色点。

氧化还原指示剂不只是对某种离子特效，而是对氧化还原反应普遍适用的，因而是一种通用的指示剂，其应用范围比前两类广泛。表 6－3 列出了一些常用氧化还原指示剂的条件电位及颜色变化。

表 6 - 3 常用氧化还原指示剂的条件电位及颜色变化

指 示 剂	φ_{In} (V) pH=0	颜 色	
		氧化态	还原态
亚甲基蓝	0.53	蓝色	无色
二苯胺	0.76	紫色	无色
二苯胺磺酸钠	0.84	紫红色	无色
邻苯氨基苯甲酸	0.89	紫红色	无色
邻二氮菲亚铁	1.06	浅蓝色	红色
硝基邻二氮菲亚铁	1.25	浅蓝色	紫红色

在选择这类指示剂时，应使指示剂的条件电位在滴定突跃范围之内，并尽量与化学计量点一致。例如，在 $1mol/L\ H_2SO_4$ 介质中，用 Ce^{4+} 滴定 Fe^{2+} 时，其计量点的电位为 1.06V，突跃范围是 $0.86\sim1.26V$，故最好选邻二氮菲亚铁（$\varphi'=1.06V$）作指示剂。选用二苯胺磺酸钠（$\varphi'=0.84V$），终点通常会过早出现，但若向溶液中加入 $0.5mol/L$ H_3PO_4，它与 Fe^{3+} 生成稳定的 $[Fe(HPO_4)_2]^-$，可以降低 Fe^{3+}/Fe^{2+} 电对的条件电位，滴定突跃范围变至 $0.79\sim1.26V$，此时选用二苯胺磺酸钠作指示剂就适宜了。

必须指出的是，氧化还原指示剂本身的氧化还原作用也要消耗一定量的标准溶液。当标准溶液的浓度较大时，对分析结果的影响可忽略不计，但在较精确的测定或用较稀的标准溶液（$<0.01mol/L$）进行测定时，需做空白试验，以校正指示剂误差。除以上三种类型的指示剂外，还有外指示剂和不可逆指示剂等，将分别在亚硝酸钠法和溴酸钾法中介绍。

第五节 碘 量 法

一、基本原理

碘量法（iodimetry）是利用 I_2 的氧化性或 I^- 的还原性来进行氧化还原滴定的方法，其半反应式为

$$I_2 + 2e \Longrightarrow 2I^- \qquad \varphi^{\ominus}_{I_2/2I^-} = 0.535V$$

I_2 在水中的溶解度很小（25℃为 $0.0018mol/L$），且易于挥发，通常将 I_2 溶解于 KI 溶液中，此时 I_2 在溶液中以 I_3^- 配离子形式存在，其反应为

$$I_3^- + 2e \Longrightarrow 3I^- \qquad \varphi^{\ominus}_{I_2/3I^-} = 0.536V$$

由于二者的标准电位相差很小，为了简便，习惯上仍以前者表示。从 $I_2/2I^-$ 电对的电位大小看，可知 I_2 是一个较弱的氧化剂，只能与较强的还原剂作用；而 I^- 是中等强度的还原剂，能与许多氧化剂作用。因此，碘量法可用直接和间接两种滴定方式进行。

(一) 直接碘量法

凡电位比 $\varphi^{\ominus}_{I_2/2I^-}$ 低的强还原性物质，可用碘标准溶液直接滴定，这种滴定方式称为直接碘量法。例如，用 I_2 标准溶液滴定 SO_3^{2-}，反应如下：

$$SO_3^{2-} + I_2 + H_2O \Longrightarrow SO_4^{2-} + 2HI$$

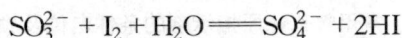

直接碘量法应在酸性、中性或弱碱性溶液中进行。如果溶液 pH＞9，将会发生如下歧化反应

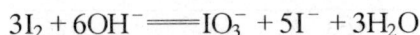

$$3I_2 + 6OH^- \Longrightarrow IO_3^- + 5I^- + 3H_2O$$

（二）间接碘量法

凡电位比 $\varphi_{I_2/2I^-}^{\ominus}$ 高的氧化性物质，可用 I^- 还原，然后用硫代硫酸钠标准溶液滴定置换出来的 I_2（置换滴定）；凡电位比 $\varphi_{I_2/2I^-}^{\ominus}$ 低的还原性物质，可与过量的碘液反应，待反应完全后，再用硫代硫酸钠标准溶液滴定剩余的 I_2（剩余滴定）。这两种滴定方式习惯上统称为间接碘量法。例如，在酸性溶液中测定 $KMnO_4$，先将过量的 KI 与 $KMnO_4$ 作用

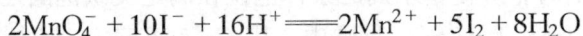

$$2MnO_4^- + 10I^- + 16H^+ \Longrightarrow 2Mn^{2+} + 5I_2 + 8H_2O$$

再用 $Na_2S_2O_3$ 标准溶液滴定析出的 I_2

$$I_2 + 2S_2O_3^{2-} \Longrightarrow 2I^- + S_4O_6^{2-}$$

间接碘量法应在中性或弱酸性溶液中进行。如果在碱性溶液中，除发生上述歧化反应外，还可发生下列副反应

$$S_2O_3^{2-} + 4I_2 + 10OH^- \Longrightarrow 2SO_4^{2-} + 8I^- + 5H_2O$$

若在强酸性溶液中，$S_2O_3^{2-}$ 易分解，I^- 易被空气中的 O_2 缓慢氧化。

$$S_2O_3^{2-} + 2H^+ \Longrightarrow S\downarrow + SO_2\uparrow + H_2O$$

$$4I^- + O_2 + 4H^+ \Longrightarrow 2I_2 + 2H_2O$$

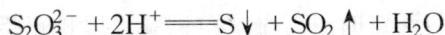

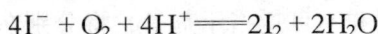

间接碘量法误差的主要来源是 I_2 的挥发和 I^- 被空气中的 O_2 氧化。为减小误差，必须采取适当的措施。

防止 I_2 挥发的方法：

（1）加入过量的 KI　一般为理论值的 2～3 倍，使之与 I_2 形成 I_3^- 配离子，增大 I_2 的溶解度，减少 I_2 的挥发。

（2）在室温下进行　温度升高会使 I_2 的挥发加块。

（3）在碘瓶中进行　在用 $Na_2S_2O_3$ 滴定之前，如果过量的 KI 与被测物的反应较慢，应使用碘瓶，密封放置一段时间。

（4）快滴慢摇　剧烈摇动会加速 I_2 的挥发。

防止 I^- 被 O_2 氧化的方法：

（1）溶液的酸度不宜过高　酸度增大会增加 O_2 氧化 I^- 的速度。

（2）避免阳光照射　阳光照射会使 I^- 与 O_2 的反应速度加快。

（3）除去 Cu^{2+}、NO_2^- 等杂质　Cu^{2+}、NO_2^- 对 I^- 的氧化起催化作用。

（4）快滴慢摇　析出 I_2 的反应完全后立即滴定，滴定时不要剧烈摇动溶液，以减少 I^- 与空气中 O_2 的接触。

二、指示剂

在 100ml 水中加一滴 0.05mol/L 的 I_2 溶液，即可观察到溶液由无色变成浅黄色，所以 I_2 可作为自身指示剂。碘在氯仿或四氯化碳等有机溶剂中的溶解度比在水中大得多，

并且呈鲜明的紫红色。因此，为了使终点明显，可将氯仿或四氯化碳等加入到被测水溶液中，然后随滴定振摇，待有机层中紫红色出现或消失，即可指示滴定终点的到达。

碘量法中用得最多的还是淀粉指示剂。淀粉指示剂能吸附 I_2 显深蓝色，即使在 10^{-5} mol/L 的 I_2 溶液中也能看到明显的蓝色。该吸附反应在有 I^- 存在下的弱酸性溶液中最灵敏。若溶液 pH<2，则淀粉易水解成糊精，再遇 I_2 显红色；若 pH>9，则 I_2 生成 IO_3^- 而与淀粉不显蓝色。另外，溶液的温度过高、大量的电解质或醇类化合物存在时，灵敏度会降低。

淀粉指示剂应取直链淀粉配制。配制时，加热时间不宜过长并应迅速冷却，以免其灵敏度降低。淀粉溶液易腐败，最好于临用前配制，加入少量的 HgI_2、$ZnCl_2$ 或甘油等作为防腐剂，可延长使用时间。

使用淀粉指示剂时应注意加入的时机。在直接碘量法中，可于滴定前加入，滴定至溶液呈蓝色即为滴定终点。在用于间接碘量法时，淀粉指示剂应在近终点时加入，滴定至溶液的蓝色消色即为终点。若指示剂过早加入，则溶液中大量的 I_2 被淀粉表面牢固地吸附，使蓝色退去迟钝而产生误差。

三、标准溶液

（一）碘液的配制及其标定

纯碘虽然可用升华法制得，但碘具有挥发性和腐蚀性，不宜在分析天平上称量，通常仍采用间接法配制碘标准溶液。

配制 I_2 溶液时，先用托盘天平称取碘，置于研钵中，加入固体 KI，再加入少量水研磨至 I_2 全部溶解，然后稀释至一定体积。为了减小 I_2 中微量 KIO_3 杂质的影响，防止 I_2 的分解，中和 $Na_2S_2O_3$ 标准溶液中作为稳定剂的 Na_2CO_3，配制 I_2 溶液时常加入少许盐酸。I_2 溶液有腐蚀性，应避免与橡皮等有机物接触；I_2 溶液见光、受热时浓度易发生改变，故应置入棕色瓶中，暗处保存。另外，为了防止少量未溶解的碘影响浓度，需用垂熔玻璃滤器将碘液过滤后再标定。

碘溶液的准确浓度常用基准物 As_2O_3 来标定，也可用已知浓度的 $Na_2S_2O_3$ 标准溶液来标定。As_2O_3 难溶于水，但可用 NaOH 溶液溶解。

$$As_2O_3 + 6OH^- \Longrightarrow 2AsO_3^{3-} + 3H_2O$$

标定时先酸化溶液，再加 $NaHCO_3$ 调节 pH 约为 8，用 I_2 溶液滴定 As_2O_3，反应定量而迅速。

$$I_2 + AsO_3^{3-} + H_2O \Longrightarrow AsO_4^{3-} + 2I^- + 2H^+$$

（二）硫代硫酸钠液的配制及其标定

市售的 $Na_2S_2O_3 \cdot 5H_2O$ 一般都含有少量 S、S^{2-}、SO_3^{2-}、CO_3^{2-} 和 Cl^- 等杂质，且容易风化。此外，$Na_2S_2O_3$ 溶液不稳定易分解，其原因是

（1）嗜硫菌等微生物的作用

$$Na_2S_2O_3 \Longrightarrow Na_2SO_3 + S\downarrow$$

（2）溶解于水中的 CO_2 的作用

$$S_2O_3^{2-} + CO_2 + H_2O \Longrightarrow HSO_3^- + HCO_3^- + S\downarrow$$

（3）空气中 O_2 的作用

$$2Na_2S_2O_3 + O_2 \!=\!= 2Na_2SO_4 + 2S\downarrow$$

由于以上原因，$Na_2S_2O_3$ 标准溶液不能用直接法配制，只能先配成近似浓度的溶液，然后再标定。

配制 $Na_2S_2O_3$ 溶液时，必须注意以下几点：

（1）使用新煮沸放冷的蒸馏水　以除去水中的 O_2、CO_2 并杀死嗜硫菌等微生物。

（2）加入少量的 Na_2CO_3 使溶液呈弱碱性（pH≈9），既可抑制细菌生长，又可防止 $Na_2S_2O_3$ 的分解。

（3）溶液贮于棕色瓶中暗处放置一段时间　刚配好的溶液需 1～2 周才能达到稳定，若发现 $Na_2S_2O_3$ 溶液变浑（有 S 析出），应滤出 S 后再进行标定或重新配制。

标定硫代硫酸钠溶液的基准物质很多，如重铬酸钾、碘酸钾、溴酸钾、亚铁氰化钾及铜盐等，其中以重铬酸钾最常用。先准确称取一定量的 $K_2Cr_2O_7$，再加入过量的 KI，置换出来的 I_2 用 $Na_2S_2O_3$ 溶液滴定，有关反应式如下

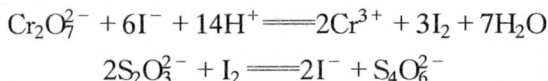

$$Cr_2O_7^{2-} + 6I^- + 14H^+ \!=\!= 2Cr^{3+} + 3I_2 + 7H_2O$$
$$2S_2O_3^{2-} + I_2 \!=\!= 2I^- + S_4O_6^{2-}$$

标定时应注意以下几个问题：

（1）控制溶液的酸度　提高溶液的酸度可使 $Cr_2O_7^{2-}$ 与 I^- 的反应加快，然而，酸度过高又会加速 O_2 氧化 I^-。因此，$K_2Cr_2O_7$ 与 KI 反应时，酸度一般控制在 0.8～1mol/L。

（2）加入过量的 KI 并置于碘瓶中放置一段时间　加入过量的 KI 可提高 $Cr_2O_7^{2-}$ 与 I^- 的反应速度，但反应仍不够快，应将其置于碘瓶中，水封，暗处放置 10min，使置换反应完全。

（3）滴定前须将溶液稀释　这样既可降低溶液酸度，减慢 I^- 被 O_2 氧化的速度，减少硫代硫酸钠的分解，还可降低 Cr^{3+} 的浓度，使其亮绿色变浅，便于终点的观察。

（4）近终点时加入指示剂　滴定至溶液呈浅黄绿色时才能加入淀粉指示剂，不能过早加入。

（5）正确判断滴定终点　加入淀粉指示剂后，继续用 $Na_2S_2O_3$ 滴定至溶液由蓝色消失而呈现亮绿色，即为终点。若溶液迅速回蓝，表明 $Cr_2O_7^{2-}$ 与 I^- 的反应不完全，应重新标定。大约 5min 后溶液慢慢回蓝则是空气中的 O_2 氧化 I^- 所引起的，不影响标定结果。

四、应用与示例

碘量法在氧化还原滴定法中占有极重要的地位。许多强还原剂如硫化物、亚硫酸盐、亚砷酸盐、亚锡酸盐、亚锑酸盐和维生素 C 等，都能被碘直接氧化且反应速度快，可用直接碘量法测定。焦亚硫酸钠、甘汞、甲醛、咖啡因和葡萄糖等还原性物质与 I_2 的反应速度较慢，可采用间接碘量法剩余滴定方式进行测定。许多氧化剂如重铬酸钾、枸橼酸铁铵、漂白粉和铜盐等都能定量地将碘离子氧化成碘，可采用间接碘量法置换滴定方式进行测定。

碘量法的应用示例如下：

例 3　维生素 C 的含量测定

维生素 C（$C_6H_8O_6$）又称抗坏血酸，分子中的烯二醇基具有还原性，能被 I_2 定量地氧化成二酮基。

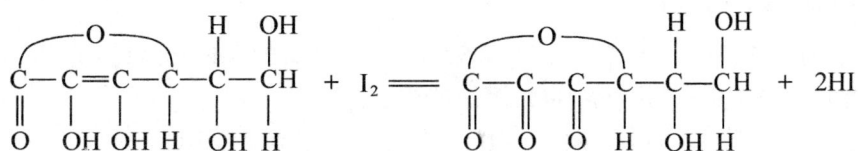

$$\text{(烯二醇结构)} + I_2 = \text{(二酮结构)} + 2HI$$

从上式看，在碱性条件下有利于反应向右进行，可是维生素 C 的还原性很强，在空气中极易被氧化，特别是在碱性溶液中更甚。所以，我们在滴定时反而加入一些 HAc，使溶液保持一定的酸度，I_2 与维生素 C 的反应速度并未受到明显的影响，但却减少了维生素 C 与 I_2 以外其他氧化剂的作用。

例 4　葡萄糖的含量测定

向葡萄糖试液中加入 NaOH 使溶液呈碱性，加入一定量过量的 I_2 标准溶液，使葡萄糖的醛基氧化为羧基。反应过程如下：

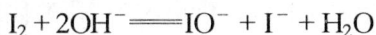

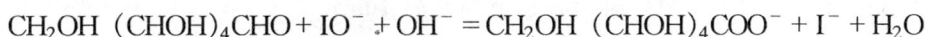

$$I_2 + 2OH^- = IO^- + I^- + H_2O$$

$$CH_2OH\,(CHOH)_4CHO + IO^- + OH^- = CH_2OH\,(CHOH)_4COO^- + I^- + H_2O$$

剩余的 IO^- 在碱性溶液中歧化为 IO_3^- 和 I^-

$$3IO^- = IO_3^- + 2I^-$$

溶液酸化后又析出 I_2

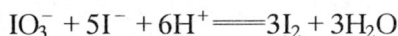

$$IO_3^- + 5I^- + 6H^+ = 3I_2 + 3H_2O$$

最后用 $Na_2S_2O_3$ 标准溶液滴定析出的 I_2

$$I_2 + 2S_2O_3^{2-} = 2I^- + S_4O_6^{2-}$$

例 5　硫酸铜的测定

向硫酸铜溶液中加入过量的 KI，再用 $Na_2S_2O_3$ 标准溶液滴定置换出来的 I_2

$$2Cu^{2+} + 4I^- = 2CuI \downarrow + I_2$$

$$I_2 + 2S_2O_3^{2-} = 2I^- + S_4O_6^{2-}$$

CuI 沉淀表面会吸附一部分 I_2，使沉淀颜色变深，并使终点提前且不敏锐，导致结果偏低。为此，可加入 KSCN，使 CuI 沉淀转化为溶解度更小的 CuSCN

$$CuI + SCN^- = CuSCN + I^-$$

CuSCN 沉淀吸附 I_2 的倾向较小，这就提高了测定的准确度。SCN^- 对 Cu^{2+} 和 I_2 有还原作用，故应在接近终点时加入，否则会使测定结果偏低。

例 6　漂白粉中有效氯的测定

漂白粉的主要成份是 Ca（OCl）Cl，它遇酸产生 Cl_2，而 Cl_2 可以起漂白和杀菌消毒的作用，所谓有效氯就是指漂白粉在酸化时放出的氯。有效氯的测定步骤是：在漂白粉的溶液中加入过量的 KI，随后酸化溶液，析出的 I_2 用 $Na_2S_2O_3$ 标准溶液滴定。有关反应式如下：

$$Ca(OCl)Cl + 2H^+ = Ca^{2+} + Cl_2 + H_2O$$

$$Cl_2 + 2I^- = I_2 + 2Cl^-$$

$$I_2 + 2S_2O_3^{2-} = 2I^- + S_4O_6^{2-}$$

为避免酸化时引起 Cl_2 的损失，KI 应在酸化前加入。

碘量法的计算示例如下：

例 7 在含 0.1275g 纯 $K_2Cr_2O_7$ 的溶液中，加入过量的 KI，析出的 I_2 用 $Na_2S_2O_3$ 溶液滴定，用去 22.85ml，计算 $Na_2S_2O_3$ 溶液的浓度。

解：
$$Cr_2O_7^{2-} + 6I^- + 14H^+ = 2Cr^{3+} + 3I_2 + 7H_2O$$
$$I_2 + 2S_2O_3^{2-} = 2I^- + S_4O_6^{2-}$$
$$Cr_2O_7^{2-} \backsim 3I_2 \backsim 6S_2O_3^{2-}$$
$$n_{Na_2S_2O_3} = 6 n_{K_2Cr_2O_7}$$

$$c_{Na_2S_2O_3} = \frac{6 \times m_{K_2Cr_2O_7} \times 1000}{M_{K_2Cr_2O_7} V_{Na_2S_2O_3}} = \frac{6 \times 0.1275 \times 1000}{294.18 \times 22.85} = 0.1138 \text{mol/L}$$

例 8 称取漂白粉 5.000g，加水研磨后，转入 500ml 容量瓶中，用水稀释至刻度，摇匀。准确吸取 50.00ml，加入 KI 及 HCl，析出的 I_2 用 0.1010mol/L $Na_2S_2O_3$ 标准溶液滴定，用去 40.20ml，试计算漂白粉中有效氯的百分含量。

解：
$$Ca(OCl)Cl + 2H^+ = Ca^{2+} + Cl_2 + H_2O$$
$$2I^- + Cl_2 = I_2 + 2Cl^-$$
$$I_2 + 2S_2O_3^{2-} = 2I^- + S_4O_6^{2-}$$

则
$$Ca(OCl)Cl \backsim Cl_2 \backsim I_2 \backsim 2S_2O_3^{2-}$$

$$Cl_2\% = \frac{c_{Na_2S_2O_3} V_{Na_2S_2O_3} M_{Cl_2} \times 500.0}{2 \times 1000 \times m_S \times 50.00} = 100\%$$
$$= \frac{0.1010 \times 40.20 \times 70.90 \times 500.0}{2 \times 1000 \times 5.000 \times 50.00}$$
$$= 28.79\%$$

第六节　高锰酸钾法

一、基本原理

高锰酸钾法（permanganometric method）是以高锰酸钾为标准溶液的氧化还原滴定法。

高锰酸钾是一种强氧化剂，它的氧化能力和还原产物均与溶液的酸度有关。在强酸性溶液中，MnO_4^- 被还原为 Mn^{2+}。

$$MnO_4^- + 8H^+ + 5e \rightleftharpoons Mn^{2+} + 4H_2O \qquad\qquad \varphi^{\ominus} = 1.51V$$

在弱酸性、中性或弱碱性溶液中，MnO_4^- 被还原为 MnO_2。

$$MnO_4^- + 2H_2O + 3e \rightleftharpoons MnO_2 + 4OH^- \qquad\qquad \varphi^{\ominus} = 0.57V$$

在强碱性溶液中，MnO_4^- 被还原为 MnO_4^{2-}。

$$MnO_4^- + e \rightleftharpoons MnO_4^{2-} \qquad\qquad \varphi^{\ominus} = 0.54V$$

由于 $KMnO_4$ 在强酸性溶液中的氧化能力最强，且还原产物几乎是无色的 Mn^{2+}，不影响终点颜色的观察，因此，高锰酸钾法通常都在强酸性溶液中进行。酸度一般控制在 1mol/L 左右，酸度过高会导致 $KMnO_4$ 分解，酸度过低会产生 MnO_2 沉淀。因 HCl 中的 Cl^- 具有还原性会被 MnO_4^- 氧化，HNO_3 本身具有氧化性，它可能氧化某些被滴定的物质，所以，调节溶液酸度常用 H_2SO_4 而不用 HCl 和 HNO_3。

应当指出，在碱性条件下，$KMnO_4$ 氧化有机物的反应速度比在酸性条件下更快，故用 $KMnO_4$ 法测定有机物多在强碱性溶液中进行。

高锰酸钾法通常以 $KMnO_4$ 作为自身指示剂。如果标准溶液的浓度较低（<0.002mol/L），为使终点容易观察起见，可选用二苯胺磺酸钠等氧化还原指示剂指示滴定终点。

二、标准溶液

（一）配制

市售的高锰酸钾中常含有少量的 MnO_2 和其他杂质，配制用的水中也常含有少量的还原性杂质，而热、光、酸或碱能促使 $KMnO_4$ 分解，且还原产物 MnO_2 有催化作用，又进一步加速 $KMnO_4$ 的分解。因此，不能直接用 $KMnO_4$ 试剂配制标准溶液，通常先配制一近似浓度的溶液，然后再进行标定。

为了配制较稳定的 $KMnO_4$ 溶液，可以采用下列措施：

（1）称取稍多于理论量的 $KMnO_4$，溶解于一定体积的蒸馏水中。

（2）将上述溶液加热至沸，保持微沸 1h，然后放置 7~10d，使溶液中可能存在的还原性物质完全氧化。

（3）用微孔玻璃漏斗过滤，除去析出的沉淀。

（4）将过滤后的 $KMnO_4$ 溶液贮存于棕色瓶中，置于暗处，以避免光对 $KMnO_4$ 的催化分解。

（二）标定

标定 $KMnO_4$ 的基准物质相当多，如草酸钠、草酸、硫酸亚铁铵、三氧化二砷和纯铁等。其中最常用的是草酸钠，它易于提纯，性质稳定，不含结晶水，在 105~110℃烘 2h 后即可使用。

在 H_2SO_4 介质中，MnO_4^- 与 $C_2O_4^{2-}$ 的反应如下：

$$2MnO_4^- + 5C_2O_4^{2-} + 16H^+ =\!=\!= 2Mn^{2+} + 10CO_2\uparrow + 8H_2O$$

标定时应注意以下几个问题：

（1）须预先把溶液加热至 70~80℃，并在滴定过程中保持溶液的温度不低于 60℃。如果在室温下进行，则反应缓慢；若温度高于 90℃，会使 $H_2C_2O_4$ 部分分解，导致标定结果偏高。

$$H_2C_2O_4 =\!=\!= CO_2\uparrow + CO\uparrow + H_2O$$

（2）反应一般在硫酸介质中进行，其浓度为 0.5~1mol/L。酸度不足易生成 MnO_2，酸度过高又会促使 $H_2C_2O_4$ 分解。

（3）滴定刚开始时，滴定速度要慢。因为这时 MnO_4^- 与 $C_2O_4^{2-}$ 的反应速度仍然很慢，若滴定速度太快，则滴入的 $KMnO_4$ 来不及与 $C_2O_4^{2-}$ 反应，就在热的酸性溶液中发生分解，导致标定结果偏低。

$$4MnO_4^- + 12H^+ =\!=\!= 4Mn^{2+} + 5O_2\uparrow + 6H_2O$$

等几滴 $KMnO_4$ 溶液作用完后，反应产物 Mn^{2+} 有自身催化作用，滴定速度可适当加快，但也不宜过快。

（4）$KMnO_4$ 自身可作为指示剂，但终点时溶液的粉红色不能持久，这是由于空气中的还原性气体和灰尘都能使 MnO_4^- 缓慢还原，使溶液的粉红色逐渐消失。所以，滴定至溶液显浅粉红色并保持 30s 不褪色即为终点。

标定好的 $KMnO_4$ 溶液在放置一段时间后，若发现有 MnO_2 沉淀析出，应过滤并重新标定。

三、应用与示例

高锰酸钾法在酸性溶液中可直接测定一些还原物质，如 Fe^{2+}、AsO_3^{3-}、NO_2^-、$C_2O_4^{2-}$ 和 H_2O_2 等。以 $Na_2C_2O_4$ 标准溶液或 $FeSO_4$ 标准溶液相配合，采用剩余滴定法，可测定一些强氧化剂，如 MnO_4^-、MnO_2、CrO_4^{2-}、BrO_3^- 等。一些有机物能把 NaOH 溶液中的 MnO_4^- 还原为绿色的 MnO_4^{2-}，利用这种反应可以测定甲酸、甘油、酒石酸、葡萄糖等。某些非氧化还原性物质，如 Ca^{2+}、Ba^{2+} 等，可采用间接法测定。

高锰酸钾法的应用示例如下：

例 9　过氧化氢的测定

在酸性溶液中，H_2O_2 被 MnO_4^- 定量氧化并释放出 O_2，反应式为

$$2MnO_4^- + 5H_2O_2 + 6H^+ =\!=\!= 5O_2\uparrow + 2Mn^{2+} + 8H_2O$$

市售的过氧化氢为 30% 或 3% 的水溶液，它的浓度过大，必须经过适当稀释后方可滴定。滴定开始时反应较慢，待有少量 Mn^{2+} 生成后，反应速度加快，滴定速度方可适当加快。

H_2O_2 不稳定，有时在其商品中加有某些有机物，如乙酰苯胺等作为稳定剂。这些物质有还原性，使测定结果偏高，在这种情况下，可改用碘量法测定。

例 10　血清钙的测定

将 $(NH_4)_2C_2O_4$ 溶液加入血清中，生成 CaC_2O_4 沉淀，过滤后用稀 $NH_3\cdot H_2O$ 洗去多余的 $(NH_4)_2C_2O_4$，再加入 H_2SO_4 使 CaC_2O_4 溶解，然后用 $KMnO_4$ 标准溶液滴定 $H_2C_2O_4$，从而间接求出血清钙的含量。有关反应式如下：

$$Ca^{2+} + C_2O_4^{2-} =\!=\!= CaC_2O_4\downarrow$$
$$CaC_2O_4 + 2H^+ =\!=\!= Ca^{2+} + H_2C_2O_4$$
$$2MnO_4^- + 5H_2C_2O_4 + 6H^+ =\!=\!= 2Mn^{2+} + 10CO_2\uparrow + 8H_2O$$

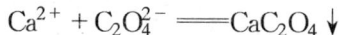

例 11　甲酸的测定

将一定量过量的 $KMnO_4$ 加入到含有甲酸的强碱性试样溶液中，$KMnO_4$ 能定量地氧化甲酸，反应式如下。

$$HCOO^- + 2MnO_4^- + 3OH^- =\!=\!= CO_3^{2-} + 2MnO_4^{2-} + 2H_2O$$

反应后将溶液酸化，MnO_4^{2-} 歧化为 MnO_4^- 和 MnO_2，加入一定量过量的 $FeSO_4$ 标准溶液，

将所有的高价锰还原为 Mn^{2+}，最后再以 $KMnO_4$ 标准溶液滴定剩余的 $FeSO_4$，由两次 $KMnO_4$ 的量和 $FeSO_4$ 的量计算甲酸的含量。

例 12　MnO_2 的测定

在含有 MnO_2 的试样中加入一定量过量的 $Na_2C_2O_4$，再加入 H_2SO_4 并在水浴上加热，有下列反应发生。

$$MnO_2 + C_2O_4^{2-} + 4H^+ = Mn^{2+} + 2CO_2 \uparrow + 2H_2O$$

待反应完全后，再用 $KMnO_4$ 标准溶液返滴定剩余的 $C_2O_4^{2-}$。

$$2MnO_4^- + 5C_2O_4^{2-} + 16H^+ = 2Mn^{2+} + 10CO_2 \uparrow + 8H_2O$$

由 $Na_2C_2O_4$ 的加入量和 $KMnO_4$ 溶液的消耗量之差求得 MnO_2 的含量。

高锰酸钾法的计算示例如下：

例 13　准确量取 H_2O_2 溶液 25.00ml，置入 250ml 容量瓶中并稀释至标线，混匀，再准确吸取稀释液 25.00ml，加 H_2SO_4 酸化，用 0.02692mol/L $KMnO_4$ 标准溶液滴定，用去 35.58ml，试计算试样中 H_2O_2 的百分含量。

解：
$$2MnO_4^- + 5H_2O_2 + 6H^+ = 2Mn^{2+} + 5O_2 \uparrow + 8H_2O$$

$$n_{H_2O_2} = \frac{5}{2} n_{MnO_4^-}$$

$$H_2O_2\% = \frac{5 \times c_{MnO_4^-} \cdot V_{MnO_4^-} \cdot M_{H_2O_2} \times 250.0}{2 \times 1000 \times 25.00 \times V_S} \times 100\%$$

$$= \frac{5 \times 0.02692 \times 35.58 \times 34.02 \times 250.0}{2 \times 1000 \times 25.00 \times 25.00} \times 100\%$$

$$= 3.258\%$$

例 14　将 10.00ml 血清试样中的 Ca^{2+} 转化为 CaC_2O_4 沉淀，分离出的 CaC_2O_4 溶解于酸后，用 0.001010mol/L 的 $KMnO_4$ 滴定，用去的体积为 9.68ml。计算血清试样中钙的质量浓度（mg/L）。

解：
$$Ca^{2+} + C_2O_4^{2-} = CaC_2O_4 \downarrow$$

$$CaC_2O_4 + 2H^+ = Ca^{2+} + H_2C_2O_4$$

$$2MnO_4^- + 5H_2C_2O_4 + 6H^+ = 2Mn^{2+} + 10CO_2 \uparrow + 8H_2O$$

$$Ca \backsim H_2C_2O_4 \backsim \frac{2}{5} MnO_4^-$$

$$n_{Ca^{2+}} = \frac{5}{2} n_{MnO_4^-}$$

$$\rho_{Ca} = \frac{5 \times c_{MnO_4^-} \cdot V_{MnO_4^-} \cdot M_{Ca} \times 1000}{2 \times 10.00}$$

$$= \frac{5 \times 0.001010 \times 9.68 \times 40.08 \times 1000}{2 \times 10.00}$$

$$= 97.96mg/L$$

例 15　称取含 MnO_2 的软锰矿样品 0.5261g，在酸性介质中加入 0.7049g $Na_2C_2O_4$，待反应完全后，过量的 $C_2O_4^{2-}$ 用 0.02160mol/L $KMnO_4$ 标准溶液滴定，用去 30.47ml。求软锰矿中 MnO_2 的质量百分含量。

解：
$$MnO_2 + C_2O_4^{2-} + 4H^+ == Mn^{2+} + 2CO_2\uparrow + 2H_2O$$

$$n_{MnO_2} = n_{C_2O_4^{2-}}$$

$$2MnO_4^- + 5C_2O_4^{2-} + 16H^+ == 2Mn^{2+} + 10CO_2\uparrow + 8H_2O$$

$$n_{C_2O_4^{2-}} = \frac{5}{2} n'_{MnO_4^-}$$

$$MnO_2\% = \frac{\left[\dfrac{m_{Na_2C_2O_4}}{M_{Na_2C_2O_4}} - \dfrac{5 \times c_{MnO_4^-} \cdot V_{MnO_4^-}}{2 \times 1000}\right] \times M_{MnO_2}}{m_S} \times 100\%$$

$$= \frac{\left[\dfrac{0.7049}{134.0} - \dfrac{5 \times 0.02160 \times 30.47}{2 \times 1000}\right] \times 86.94}{0.5261} \times 100\%$$

$$= 59.74\%$$

第七节　其他氧化还原滴定法

一、亚硝酸钠法

亚硝酸钠法（sodium nitrite method）是以亚硝酸钠为标准溶液的氧化还原滴定法。芳伯胺类化合物在盐酸等无机酸介质中，能与亚硝酸钠发生重氮化反应。

$$NaNO_2 + 2HCl + ArNH_2 == [Ar^+N\equiv N]\ Cl^- + NaCl + 2H_2O$$

这种利用重氮化反应进行滴定的亚硝酸钠法称为重氮化滴定法。芳仲胺类化合物在酸性介质中，与亚硝酸钠发生亚硝基化反应。

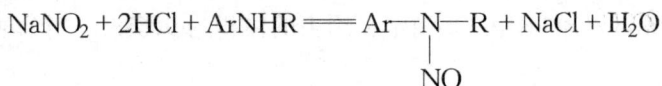

基于亚硝基化反应进行滴定的亚硝酸钠法称为亚硝基化滴定法。

亚硝酸钠标准溶液常用间接法配制。亚硝酸钠水溶液不稳定，放置过程中浓度会逐渐下降，若溶液呈碱性（pH≈10），3 个月内浓度几乎不变，故在配制时须加入少许碳酸钠作稳定剂。标定亚硝酸钠溶液可采用对氨基苯磺酸为基准物，标定反应为

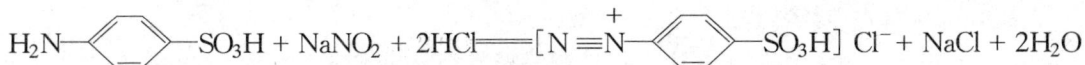

通常利用碘化钾与淀粉制成的 KI－淀粉糊或 KI－淀粉试纸来确定亚硝酸钠法的滴定终点。滴定达到化学计量点后，稍过量的 $NaNO_2$ 可将 KI 氧化。

$$2NO_2^- + 2I^- + 4H^+ == I_2 + 2NO\uparrow + 2H_2O$$

生成的 I_2 遇淀粉显蓝色。这种指示剂不能直接加到被滴定的溶液中，如果那样，滴入的 $NaNO_2$ 将优先与 KI 作用，无法指示滴定终点。因此，只能在化学计量点附近用玻棒蘸取少许溶液，在外面与指示剂接触，根据是否出现蓝色判断滴定终点的到达。以这种方式使用的指示剂称为外指示剂（直接加到试样溶液中的指示剂称为内指示剂）。由于使用外指示剂时需多次蘸取试样溶液确定终点，不仅操作麻烦，而且损耗样品溶液，使终点难以掌

握，其至可能出现较大误差。近年来，有人选用常规的内指示剂确定终点，其中以橙黄Ⅳ、中性红、二苯胺和亮甲酚蓝应用最多。如果采用永停滴定法确定终点，可得到准确的分析结果。

芳伯胺类化合物的重氮化反应快，能定量进行，可用本法测定含量；少数芳仲胺能产生亚硝基化反应，也能用本法测定。此外，某些芳酰胺、芳香族硝基化合物经过化学处理后转变为芳伯胺类的化合物，可用本法间接滴定。

二、重铬酸钾法

重铬酸钾法（potassium dichromate method）是以重铬酸钾为标准溶液的氧化还原滴定法。重铬酸钾是一种较强的氧化剂，在酸性溶液中可被还原为 Cr^{3+}。

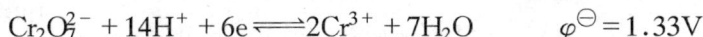

$$Cr_2O_7^{2-} + 14H^+ + 6e \rightleftharpoons 2Cr^{3+} + 7H_2O \qquad \varphi^\ominus = 1.33V$$

重铬酸钾法有以下特点：

（1）$K_2Cr_2O_7$ 易提纯，在 120℃干燥后可作为基准物质直接配制标准溶液。

（2）$K_2Cr_2O_7$ 标准溶液非常稳定，只要保存在密闭容器中，其浓度可长期保持不变。

（3）室温下 $K_2Cr_2O_7$ 不与 Cl^- 作用，故可在盐酸介质中滴定 Fe^{2+}。

（4）滴定反应速度较快，可在常温下进行，也不需要加催化剂。

（5）橙色的 $Cr_2O_7^{2-}$ 被还原为绿色的 Cr^{3+}，颜色变化难以观察，故不能根据 $Cr_2O_7^{2-}$ 本身颜色的变化来确定滴定终点，而须采用氧化还原指示剂如二苯胺磺酸钠等。

（6）$K_2Cr_2O_7$ 的氧化能力不及 $KMnO_4$（$\varphi^\ominus = 1.51V$），只能在酸性条件下进行滴定，应用范围不如高锰酸钾法广泛。

重铬酸钾法最重要的应用是测定铁的含量。将铁转化为 Fe^{2+} 后，以二苯胺磺酸钠作为指示剂，用 $K_2Cr_2O_7$ 标准溶液直接滴定。

$$Cr_2O_7^{2-} + 6Fe^{2+} + 14H^+ = 2Cr^{3+} + 6Fe^{3+} + 7H_2O$$

三、硫酸铈法

硫酸铈法（cerium sulphate method）是以硫酸铈 $Ce(SO_4)_2$ 为标准溶液的氧化还原滴定法。Ce^{4+} 是一种强氧化剂，在酸性溶液中与还原剂作用时被还原为 Ce^{3+}。

$$Ce^{4+} + e \rightleftharpoons Ce^{3+} \qquad \varphi^\ominus = 1.61V$$

硫酸铈法具有以下特点：

（1）$Ce(SO_4)_2$ 易纯制，可用直接法配制标准溶液。

（2）硫酸铈标准溶液的性质稳定，放置很长时间甚至加热煮沸也不分解，可长期保存。

（3）Ce^{4+} 的还原反应是单电子反应，没有中间价态的形成，反应简单，副反应少。

（4）在酸性介质中，Ce^{4+} 的氧化能力介于 $KMnO_4$ 和 $K_2Cr_2O_7$ 之间，一般能用高锰酸钾法测定的物质也能用硫酸铈法测定。

（5）Ce^{4+} 易水解，不适于中性及碱性介质中的滴定。

（6）$Ce(SO_4)_2$ 价格较贵，使其在应用上受到一定的限制。

如果不考虑价格因素，硫酸铈法比高锰酸钾法更为分析工作者所乐用。用它可直接测定一些金属低价化合物、过氧化氢以及某些有机还原性物质；一些还原剂如羟胺等，可采用剩余滴定方式进行测定。

四、溴酸钾法和溴量法

溴酸钾法（potassium bromate method）是以溴酸钾为标准溶液的氧化还原滴定法。溴酸钾是一种强氧化剂，在酸性溶液中被还原剂还原为 Br^-。

$$BrO_3^- + 6H^+ + 6e \Longrightarrow Br^- + 3H_2O \qquad \varphi^\ominus = 1.44V$$

用 $KBrO_3$ 标准溶液直接滴定的还原性物质有 As^{3+}、Sb^{3+}、Fe^{2+}、Sn^{2+}、H_2O_2 等。在酸性介质中滴定时，可选用甲基橙等作指示剂。在化学计量点前指示剂呈红色，化学计量点后，微过量的 BrO_3^- 便与反应成的 Br^- 作用

$$BrO_3^- + 5Br^- + 6H^+ \Longrightarrow 3Br_2 + 3H_2O$$

产生的 Br_2 把甲基橙指示剂氧化，破坏其呈色结构，产生不可逆的褪色反应（红色消失），指示滴定终点到达。这种发生不可逆颜色变化的指示剂称为不可逆指示剂。

有些物质由于副反应等原因，不能用溴酸钾直接氧化，但能与过量的溴定量反应。因此，我们可将过量的 KBr 加到一定量的溴酸钾标准溶液中，配成 $KBrO_3 - KBr$ 标准溶液，即所谓的溴液。以这种溴液为标准溶液的氧化还原滴定法称为溴量法（bromine method）。

以苯酚含量的测定为例。向苯酚试样中加入准确过量的 $KBrO_3 - KBr$ 标准溶液（溴液），酸化后，BrO_3^- 与 Br^- 发生如下反应。

$$BrO_3^- + 5Br^- + 6H^+ \Longrightarrow 3Br_2 + 3H_2O$$

产生的 Br_2 相当于即时加入的 Br_2 标准溶液。$KBrO_3 - KBr$ 标准溶液很稳定，只有在酸化时才发生上述反应，这就解决了溴易挥发、有腐蚀性而不适合配制标准溶液的问题。Br_2 与苯酚发生取代反应。

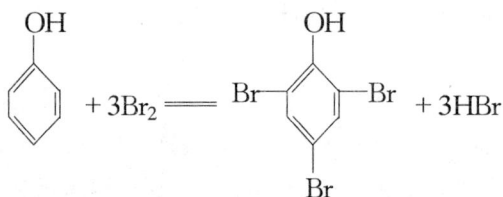

待反应完全后，加入过量的 KI 与剩余的 Br_2 作用，析出的 I_2 用 $Na_2S_2O_3$ 标准溶液滴定，以淀粉为指示剂。

$$Br_2 + 2KI \Longrightarrow I_2 + 2KBr$$
$$I_2 + 2S_2O_3^{2-} \Longrightarrow 2I^- + S_4O_6^{2-}$$

溴量法一般是与碘量法配合使用的，除了苯酚以外，还可用来测定许多能与 Br_2 定量发生取代反应的其他有机物。

思 考 题 与 习 题

1. 条件电位与标准电位有何不同？
2. 影响氧化还原反应速度的主要因素有哪些？

3. 如何判断一个氧化还原反应能否进行完全？

4. 在氧化还原滴定中，电位的突跃范围如何估算？影响其大小的因素是什么？

5. 氧化还原指示剂的作用原理是什么？如何选择？

6. 配制和标定 $KMnO_4$ 及 $Na_2S_2O_3$ 标准溶液时各应注意哪些事项？

7. 间接碘量法的主要误差来源是什么？如何加以减免？

8. 直接碘量法和间接碘量法应分别在何种酸度条件下进行？

9. 在高锰酸钾法中，调节溶液酸度常用 H_2SO_4 而不用 HCl 和 HNO_3，为什么？

10. 在间接碘量法中，为什么在接近终点时才加入淀粉指示剂？如何解释回蓝现象？

11. 计算在 1mol/L HCl 溶液中，用 Fe^{3+} 滴定 Sn^{2+} 时计量点的电位，并说明计量点的电位与突跃中点的电位是否一致。 (0.32V)

12. 用 24.15ml $KMnO_4$ 溶液恰好完全氧化 0.1650g 的 $Na_2C_2O_4$，试计算 $KMnO_4$ 的浓度。 (0.02039mol/L)

13. 精密称取 0.1936g 基准物质 $K_2Cr_2O_7$，用水溶解后，加入过量的 KI，加酸酸化，水封，暗处放置 10min，析出的 I_2 用 $Na_2S_2O_3$ 标准溶液滴定，终点时用去 33.61ml。计算 $Na_2S_2O_3$ 标准溶液的浓度。 (0.1175mol/L)

14. 准确称取漂白粉样品 2.302g，加水调成糊状，定量转入 250ml 容量瓶中，加水稀释至标线，摇匀后，吸取 25.00ml，加过量的 KI，酸化后，析出的 I_2 用 0.1108mol/L $Na_2S_2O_3$ 标准溶液滴定，用去 14.02ml。计算试样中有效氯的百分含量。 (23.92%)

15. 计算在 1mol/L HCl 溶液中，用 Ce^{4+} 滴定 Sn^{2+} 时的 $\lg K'$，并指出此反应能否定量进行。 ($\lg K'=38.5>9$)

16. 精密称取 $CuSO_4 \cdot 5H_2O$ 试样 0.4983g，置碘瓶中，加蒸馏水 50ml 使其溶解，加 HAc 4ml，KI 2g，用 0.1024mol/L $Na_2S_2O_3$ 标准溶液滴定至终点，消耗体积 18.85ml。计算 $CuSO_4 \cdot 5H_2O$ 的百分含量。 (96.72%)

17. 准确量取 H_2O_2 试样 25.00ml，置于 250ml 容量瓶中，加水稀释至标线，混匀，再准确量取 25.00ml，酸化后，用 0.1328mol/L $KMnO_4$ 标准溶液滴定，用去 35.92ml。计算试样中 H_2O_2 的质量浓度 (g/dL)。 (16.22g/dL)

18. 血清钙测定时，准确量取血清试样 2.00ml，加蒸馏水 3ml，4% $(NH_4)_2C_2O_4$ 溶液 1ml，离心沉降，弃去上清液，沉淀用 8% $NH_3 \cdot H_2O$ 分两次洗涤后，用 0.5mol/L H_2SO_4 溶液使 CaC_2O_4 溶解，在水浴上用 0.00220mol/L $KMnO_4$ 标准溶液滴定，用去 1.56ml。求血清钙的含量 (mg/L)。 (172mg/L)

19. 某 $KMnO_4$ 标准溶液的浓度为 0.02484mol/L，计算对 Fe、Fe_2O_3 和 $FeSO_4 \cdot 7H_2O$ 的滴定度。 (0.006936g/ml，0.009917g/ml，0.03453g/ml)

20. 称取含铁试样 0.3071g，经处理为 Fe^{2+} 后，用 0.01938mol/L 的 $K_2Cr_2O_7$ 标准溶液滴定，用去 20.42ml。计算试样中 Fe_2O_3 的百分含量。 (61.73%)

(苗建伟)

第七章　沉　淀　滴　定　法

第一节　概　　述

沉淀滴定法(precipitation titration)又称容量沉淀法(volumetric precipitation method)是以沉淀反应为基础的滴定方法。沉淀反应很多,但能用作沉淀滴定的沉淀方法并不多,应用于沉淀滴定的反应除满足滴定分析反应的一般条件之外,还必须符合下列条件:

(1) 沉淀反应必须迅速、定量地进行;

(2) 沉淀的溶解度必须足够小（约 10^{-6} g/ml）;

(3) 必须有适当的方法指示终点。

用于沉淀滴定法的反应,主要是生成难溶性银盐的反应。如:

$$Ag^+ + Cl^- \rightleftharpoons AgCl \downarrow$$
$$Ag^+ + SCN^- \rightleftharpoons AgSCN \downarrow$$

这种利用生成难溶性银盐反应来进行滴定分析的方法,称为银量法（argentometric method）。本法可用于测定含 Cl^-、Br^-、I^-、SCN^- 及 Ag^+ 等离子的化合物。

本章主要讨论银量法的基本原理及应用。

第二节　银　量　法

一、基本原理

银量法是用硝酸银标准溶液,测定能与 Ag^+ 生成沉淀的物质,它的反应是:

$$Ag^+ + X^- \rightleftharpoons AgX \downarrow$$

其中 X^- 代表 Cl^-、Br^-、I^- 及 SCN^- 等离子。

（一）滴定曲线

沉淀滴定法在滴定过程中溶液中离子浓度的变化情况与酸碱滴定法相似,可用滴定曲线表示。现以 $AgNO_3$ 溶液(0.1000mol/L)滴定 20.00ml NaCl 溶液(0.1000 mol/L)为例。

1. 滴定开始前

溶液中氯离子浓度为溶液的原始浓度。

$$[Cl^-] = 0.1000 \text{mol/L} \qquad pCl = -\lg 1.000 \times 10^{-1} = 1.00$$

2. 滴定至化学计量点前

随着硝酸银溶液的不断滴入,溶液中 $[Cl^-]$ 逐渐减小,此时溶液中氯离子浓度,取决于剩余的氯化钠的浓度。例如加入 $AgNO_3$ 溶液 18.00ml 时,溶液中 Cl^- 浓度为:

$$[Cl^-] = \frac{V_{Cl^-} - V_{Ag^+}}{V_{Cl^-} + V_{Ag^+}} \cdot c_{Cl^-}$$

$$= \frac{20.00 - 18.00}{2.00 + 18.00} \times 0.1000$$

$$= 5.26 \times 10^{-3}$$

$$pCl = 2.279$$

而 Ag^+ 浓度则因为 $[Ag^+][Cl^-] = K_{sp} = 1.56 \times 10^{-10}$

$$pAg + pCl = -\lg K_{sp}(AgCl) = 9.807$$

$$pAg = 9.807 - 2.279 = 7.528$$

同理，当加入 $AgNO_3$ 溶液 19.98ml 时，溶液中剩余的 Cl^- 浓度为（化学计量点前 0.1%）：

$$[Cl^-] = 5.0 \times 10^{-5} \qquad pCl = 4.30 \qquad pAg = 5.51$$

3. 化学计量点时

溶液是 AgCl 的饱和溶液。

$$pAg = pCl = \frac{1}{2}pK_{sp}(AgCl) = 4.91$$

4. 化学计量点后

当滴入 $AgNO_3$ 溶液 20.02ml 时（化学计量点后 0.1%），溶液的 Ag^+ 浓度由过量的 $AgNO_3$ 浓度决定。

$$[Ag^+] = \frac{V_{Ag^+} - V_{Cl^-}}{V_{Ag^+} + V_{Cl^-}} \cdot c_{Ag^+}$$

$$= \frac{20.02 - 20.00}{20.02 + 20.00} \times 0.1000$$

$$= 5.00 \times 10^{-5} \text{mol/L}$$

$$pAg = 4.30$$

$$pCl = 9.81 - 4.30 = 5.51$$

表 7-1 列出不同滴定百分数的 pAg 值，其滴定曲线如图 7-1 所示。图中亦同时作出 0.1000mol/L $AgNO_3$ 滴定同浓度的 NaBr 的滴定曲线。

表 7-1 0.1000mol/L $AgNO_3$ 溶液滴定 20.00ml 0.1000mol/L NaCl 或 KBr 溶液时离子浓度的变化

加入 0.1mol/L $AgNO_3$ 溶液的量		滴定 Cl^-		滴定 Br^-	
ml	%	pCl	pAg	pBr	pAg
0.00	0	1.0		1.0	
18.00	90	2.3	7.5	2.3	10.0
19.60	98	3.0	6.8	3.0	9.3
19.80	99	3.3	6.5	3.3	9.0
19.96	99.8	4.0	5.8	4.0	8.3
19.98	99.9	4.3	5.5	4.3	8.0
20.00	100	4.9	4.9	6.15	6.15
20.02	100.1	5.5	4.3	8.0	4.3
20.04	100.2	5.8	4.0	8.3	4.0
20.20	101	6.5	3.3	9.0	3.3
20.40	102	6.8	3.0	9.3	3.0
22.00	110	7.5	2.3	10.0	2.3

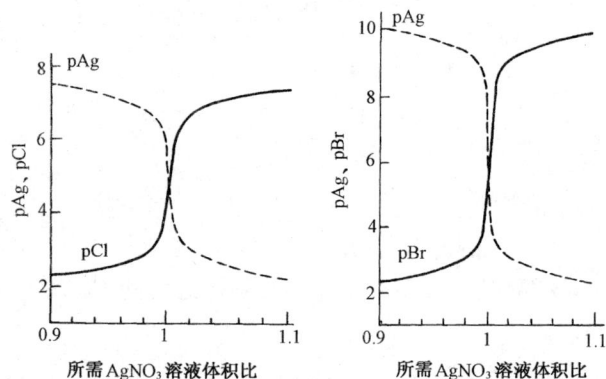

图 7-1　AgNO$_3$ 溶液（0.1000mol/L）滴定 NaCl 溶液（0.1000mol/L）（左）
与 KBr 溶液（0.1000mol/L）（右）的滴定曲线

由图可见，此滴定曲线与强酸、强碱互滴的滴定曲线极相似。若忽略滴定过程中体积的变化，则滴定曲线在化学计量点前后是完全对称的。

滴定突跃的大小与溶液的浓度有关，溶液浓度越大，突跃范围越大（图 7-2）；同时更取决于沉淀的溶解度：若浓度增大（减小）10 倍，滴定突跃的 pAg 范围增加（减小）2 个单位，而在浓度均为 0.1mol/L 时，AgNO$_3$ 滴定 NaCl（K_{sp}（AgCl）= 1.56×10^{-10}）的滴定突跃为 1.2 单位（pAg 5.5→4.3）；AgNO$_3$ 滴定 NaBr（K_{sp}（AgBr）= 5.0×10^{-13}）的滴定突跃则是 3.7 单位（pAg 8.0→4.3）。而 AgNO$_3$ 滴定 NaI（K_{sp}（AgI）= 1.5×10^{-16}）的滴定突跃则是 7.2 单位（pAg = 11.5→4.3），所以相同浓度的 Cl$^-$、Br$^-$ 和 I$^-$ 与 Ag$^+$ 的滴定曲线上，突跃范围是 I$^-$ 的最大 Cl$^-$ 的最小，此表明溶度积常数愈小，突跃范围愈大。（图 7-3）

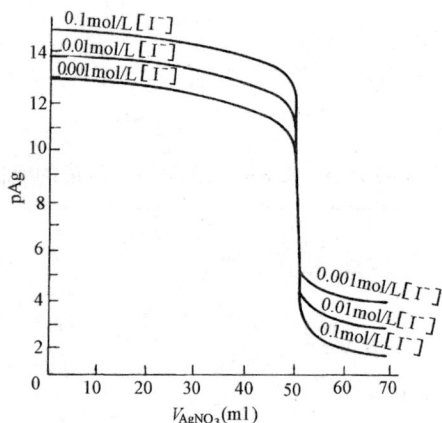

图 7-2　不同 I$^-$ 浓度的滴定曲线

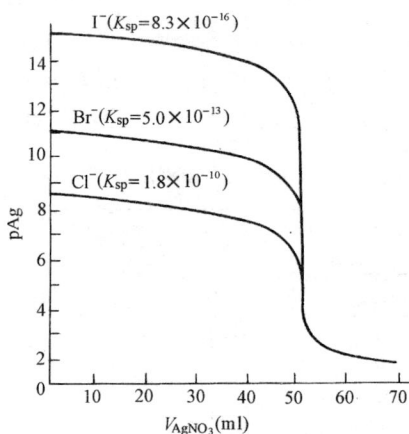

图 7-3　K_{sp} 大小对滴定曲线的影响

（二）分步滴定

溶液中如同时含有 Cl$^-$、Br$^-$ 和 I$^-$ 时，由于 AgI、AgBr 与 AgCl 的溶度积差别较大，当浓度差别不太大时，可利用分步沉淀的原理，用 AgNO$_3$ 溶液连续滴定，测出它们各自的含量。溶度积最小的 AgI 将最先沉淀，AgCl 最后析出。

二、指示终点的方法

沉淀滴定法终点的确定按指示剂作用原理的不同分为三种情况：形成有色沉淀、形成有色配合物、指示剂被吸附而引起沉淀颜色的改变。根据所用指示剂的不同，按创立者的名字命名，银量法分为三种方法，分别介绍于下。

（一）莫尔法——铬酸钾指示剂法

1. 基本原理

莫尔（Mohr）法是用 K_2CrO_4 为指示剂，在中性或弱碱性溶液中，用 $AgNO_3$ 标准溶液直接滴定 Cl^-（或 Br^-）。根据分步沉淀的原理，由于 AgCl 的溶解度（1.8×10^{-3} g/L）小于 Ag_2CrO_4 的溶解度（2.3×10^{-2} g/L）故在滴定过程中 AgCl 首先沉淀出来，而 $[Ag^+]^2[CrO_4^{2-}] < K_{sp}$（$Ag_2CrO_4$），不能形成 Ag_2CrO_4 沉淀。随着 AgCl 析出，溶液中 Cl^- 浓度下降，Ag^+ 浓度上升，当 $[Ag^+]^2[CrO_4^{2-}] > K_{sp}$（$Ag_2CrO_4$）时，析出砖红色的 Ag_2CrO_4 的沉淀。当 AgCl 实际沉淀完全后，稍过量一点硝酸银溶液即与 CrO_4^{2-} 反应生成砖红色的铬酸银沉淀，从而指示滴定终点的到达。其滴定反应为：

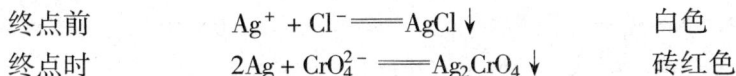

终点前　　　　$Ag^+ + Cl^- \Longrightarrow AgCl \downarrow$　　　　白色

终点时　　　　$2Ag + CrO_4^{2-} \Longrightarrow Ag_2CrO_4 \downarrow$　　　　砖红色

2. 滴定条件

（1）指示剂的用量要适当　理论上，在化学计量点时

$$[Ag^+] = [Cl^-] = \sqrt{K_{sp}(AgCl)} = \sqrt{1.56 \times 10^{-10}} = 1.25 \times 10^{-5} \text{mol/L}$$

此时若恰能生成 Ag_2CrO_4 沉淀，则所需的 CrO_4^{2-} 的浓度为：

$$[CrO_4^{2-}] = \frac{K_{sp}(AgCrO_4)}{[Ag^+]^2} = \frac{1.1 \times 10^{-12}}{(1.25 \times 10^{-5})^2} = 7.1 \times 10^{-3} \text{mol/L}$$

在实际测定时，通常在反应液总体积为 50～100ml 的溶液中，加入 5%（g/ml）铬酸钾指示剂约 1～2ml，此时 $[CrO_4^{2-}]$ 约为 2.6×10^{-3} mol/L ～ 5.2×10^{-3} mol/L。

（2）在中性或弱碱性溶液中进行滴定　若在酸性介质中，CrO_4^{2-} 将与 H^+ 作用生成 $Cr_2O_7^{2-}$（$K = 4.3 \times 10^{14}$），溶液中 $[CrO_4^{2-}]$ 将减小，Ag_2CrO_4 沉淀出现过迟，甚至不会沉淀。

$$2CrO_4^{2-} + 2H^+ \Longrightarrow 2HCrO_4 \Longrightarrow Cr_2O_7^{2-} + H_2O$$

但若碱度过高，又将出现 Ag_2O 沉淀。

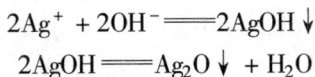

$$2Ag^+ + 2OH^- \Longrightarrow 2AgOH \downarrow$$
$$2AgOH \Longrightarrow Ag_2O \downarrow + H_2O$$

莫尔法测定的最适宜 pH 范围是 6.5～10.5。若溶液碱性太强，可先用稀 HNO_3 中和至甲基红变橙，再滴加稀 NaOH 至橙色变黄；若酸性太强，则用 $NaHCO_3$、$CaCO_3$ 或硼砂中和。

（3）滴定溶液中不应含有氨　若溶液中有 NH_3 存在，可使 AgCl 和 Ag_2CrO_4 形成 $[Ag(NH_3)_2]^+$ 配离子而溶解。在有 NH_3 存在时应当先用 HNO_3 中和，当有铵盐存在时，滴定的 pH 范围应控制在 6.5～7.2 之间。

（4）莫尔法能测 Cl^-、Br^- 但不能测定 I^- 和 SCN^-　因为 AgI 或 AgSCN 沉淀强烈吸附

I⁻ 或 SCN⁻，使终点过早出现，且终点变化不明显。

（5）莫尔法的选择性较差　凡能与 CrO_4^{2-} 或 Ag^+ 生成沉淀的阳、阴离子均干扰滴定，前者如 Ba^{2+}、Pb^{2+}、Hg^{2+}、Bi^{3+} 等；后者如 SO_3^{2-}、PO_4^{3-}、AsO_4^{3-}、S^{2-}、$C_2O_4^{2-}$、CO_3^{2-} 等。大量的有色离子 Cu^{2+}、Co^{2+}、Ni^{2+} 等，以及在中性或碱性溶液中易发生水解的离子，如 Fe^{3+}、Al^{3+} 等干扰测定，应预先分离。

一般氯化物、溴化物的纯度测定以及天然水中氯含量的测定都可采用莫尔法，方法简便、准确。

（二）佛尔哈德法——铁铵矾指示剂法

1. 基本原理

用铁铵矾[$NH_3Fe(SO_4)_2$]作指示剂的银量法称佛尔哈德（Volhad）法，此法包括直接滴定和回滴法两种方法。

（1）直接滴定法　在 HNO_3 介质中，以铁铵矾为指示剂，用 NH_4SCN 标准溶液滴定 Ag^+。当 AgSCN 定量沉淀后，稍过量的 SCN⁻ 与 Fe^{3+} 生成的红色配合物可指示终点的到达。其反应是

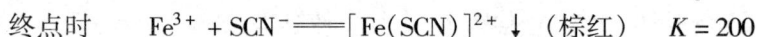

终点前　　$Ag^+ + SCN^- \Longrightarrow AgSCN\downarrow$（白色）　　$K_{sp} = 2.0\times10^{-12}$

终点时　　$Fe^{3+} + SCN^- \Longrightarrow [Fe(SCN)]^{2+}\downarrow$（棕红）　　$K = 200$

（2）回滴法　在含有卤素离子的 HNO_3 溶液中，加入一定量过量的 $AgNO_3$ 标准溶液，然后以铁铵矾为指示剂，用 NH_4SCN 标准溶液回滴过量的 $AgNO_3$。滴定反应为：

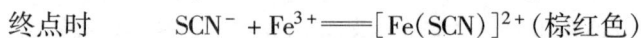

终点前　　Ag^+（过量、定量）$+ X^- \Longrightarrow AgX\downarrow$

　　　　　　Ag^+（剩余量）$+ SCN^- \Longrightarrow AgSCN\downarrow$

终点时　　$SCN^- + Fe^{3+} \Longrightarrow [Fe(SCN)]^{2+}$（棕红色）

2. 滴定条件

（1）应当在酸性介质中进行，一般酸度（HNO_3）大于 0.3mol/L，若酸度过低，Fe^{3+} 将水解形成 $[FeOH]^{2+}$……等深色配合物，影响终点观察。碱度再大还会析出 $Fe(OH)_3$ 沉淀。由于滴定是在 HNO_3 介质中进行，许多弱酸盐如 PO_4^{3-}、AsO_4^{3-}、S^{2-}、CO_3^{2-} 等都不干扰卤素离子的测定。因此，此法选择性较高。

（2）用直接滴定法滴定 Ag^+ 时，要充分振荡，使被沉淀吸附的 Ag^+ 解吸，防止终点提前。

（3）用回滴法测定氯化物时，需先将已生成的 AgCl 沉淀滤去，再用 NH_4SCN 标准溶液滴定滤液；或者在回滴前向待测试液中加入 1～3ml 硝基苯或异戊醇，并用力振摇，使有机溶剂将 AgCl 沉淀包住，使它与溶液隔开，这就阻止了 SCN⁻ 与 AgCl 发生沉淀转化反应。

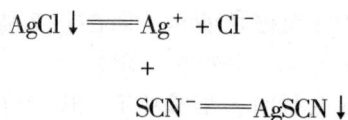

$$AgCl\downarrow \Longrightarrow Ag^+ + Cl^-$$
$$+$$
$$SCN^- \Longrightarrow AgSCN\downarrow$$

由于转化反应使溶液中 SCN⁻ 浓度降低，促使已生成的 $[Fe(SCN)]^{2+}$ 又分解，使红色褪去。要想得到持久的红色，就必须继续滴加 NH_4SCN 直至达到平衡。这样在化学计量点后又多消耗一部分标准溶液，因而造成较大的滴定误差。

（4）用回滴法测定碘化物时，必须先加 $AgNO_3$ 后加指示剂，否则会发生如下反应影响结果的准确度。

$$2Fe^{3+} + 2I^- \Longrightarrow 2Fe^{2+} + I_2$$

（三）法扬斯法——吸附指示剂法

1．基本原理

用吸附指示剂指示终点的银量法称为法扬斯（Fajans）法。吸附指示剂是一些有机染料，它们的阴离子在溶液中容易被带正电荷的胶状沉淀所吸附，吸附后结构变形而引起颜色变化，从而指示滴定终点。

例如，用 $AgNO_3$ 标准溶液滴定 Cl^- 时，用荧光黄作指示剂。后者是一种有机弱酸（用 HFl 表示），在溶液中离解为黄绿色的阴离子 Fl^-。在化学计量点前，溶液中 Cl^- 过量，这时 AgCl 沉淀胶粒吸附 Cl^- 而带负电荷，Fl^- 受排斥而不被吸附，溶液呈黄绿色；而在化学计量点后，加入稍过量的 $AgNO_3$，使得 AgCl 沉淀胶粒吸附 Ag^+ 而带正电荷。这时，溶液中 Fl^- 被吸附，溶液由黄绿变为粉红色，指示终点到达。此过程可示意如下：

终点前，Cl^- 过量时

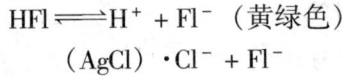

$$HFl \Longrightarrow H^+ + Fl^- \text{（黄绿色）}$$

$$(AgCl) \cdot Cl^- + Fl^-$$

终点时，Ag^+ 稍过量时

$$(AgCl) Ag^+ + Fl^- \longrightarrow AgCl \cdot Ag^+ \cdot Fl^- \text{（粉红色）}$$

吸附指示剂种类很多，现将常用的几种列于表 7-2 中。

表 7-2 常用的吸附指示剂

指示剂名称	待测离子	滴定剂	适用的 pH 范围
荧光黄	Cl^-	Ag^+	7 ~ 10
二氯荧光黄	Cl^-	Ag^+	4 ~ 10
曙红	Br^-、I^-、SCN^-	Ag^+	2 ~ 10
甲基紫	SO_4^{2-}	Ba^{2+}	1.5 ~ 3.5
	Ag^+	Cl^-	酸性溶液
橙黄素IV 氨基苯磺酸 溴酚蓝	Cl^-、I^- 混合液 及 生物碱盐类	Ag^+	微酸性
二甲基二碘荧光黄	I^-	Ag^+	中性

2．滴定条件

为了使终点颜色变化明显，应用吸附指示剂时要注意以下几点：

（1）由于颜色的变化发生在沉淀表面，欲使终点变色明显，应尽量使沉淀的比表面大一些。为此，常加入一些保护胶体（如糊精、淀粉等亲水性高分子物质），阻止卤化银凝聚，使其保持胶体状态。溶液太稀时，生成的沉淀少，终点变化不明显，此法不易使用。

（2）溶液的酸度要适当，常使用的吸附指示剂大多是有机弱酸，其 K_a 值各不相同，为使指示剂呈阴离子状态，必须控制适当的酸度。对于 K_a 较小（酸性较弱）的吸附指示剂，滴定溶液的 pH 要高些；而对于 K_a 较大的吸附指示剂，则滴定溶液可允许有较低的

pH 值。例如，荧光黄的 $K_a = 10^{-7}$，可在 pH 7～10 的中性或弱碱性条件下使用；二氯荧光黄的 $K_a = 10^{-4}$，可用于 pH 为 4～10 的溶液；曙红的 K_a 为 10^{-2}，则可用在 pH 2～10 的溶液中。

（3）胶体微粒对指示剂离子的吸附能力应略小于对被测离子的吸附能力。即滴定稍过化学计量点时，胶粒就立即吸附指示剂离子而变色。否则在计量点之前，指示剂离子取代了被测离子的吸附能力，使终点提前出现。如果对指示剂离子吸附的能力太弱，则终点会出现太迟。

卤化银胶体对卤素离子和几种常用吸附指示剂的吸附能力的大小次序如下：

$$I^- > SCN^- > Br^- > 曙红 > Cl^- > 荧光黄$$

显然，用 $AgNO_3$ 滴定 Cl^- 不能选曙红，而应选荧光黄；测定 Br^- 时应选用曙红为指示剂。

（4）滴定中应当避免强光照射。卤化银沉淀对光敏感，易分解析出金属银使沉淀变为灰黑色，影响终点观察。

三、标准溶液与基准物质

1. $AgNO_3$ 标准溶液的配制与标定

$AgNO_3$ 可以得到符合分析要求的基准试剂，可直接配成标准溶液，对纯度不佳的 $AgNO_3$，则先配成近似浓度的溶液，然后用基准物质 NaCl 标定，NaCl 易潮解，使用前要在 500℃～600℃下干燥，除去吸附水。常用的方法是将 NaCl 置于洁净的瓷坩埚中，加热至不再有爆破声为止。

2. 硫氰酸铵标准溶液的配制与标定

NH_4SCN 试剂一般含有杂质，且易潮解，只能配制成近似浓度的溶液，然后用 $AgNO_3$ 基准物质或 $AgNO_3$ 标准溶液进行标定。

第三节　应用与示例

例 1　溴化钾的含量测定

取本品约 0.2g，精密称定，加水 100ml 使溶解后，加稀乙酸 10ml 及曙红指示剂 10 滴，用 0.1mol/L $AgNO_3$ 标准液滴至出现桃红色凝乳状沉淀为终点。

例 2　天然水中氯含量的测定

天然水中 Cl^- 含量范围变化很大，一般多用莫尔法测定。若水中含有 PO_4^{3-}、AsO_4^{3-}、SO_3^{2-}、及 S^{2-} 等离子时，则采用佛尔哈德法进行测定。

例 3　有机卤化物中卤素的测定

有机卤化物中所含卤素多系共价键结合，须经过适当处理使其转化为卤离子后，方能用银量法测定。例如，农药"六六六"，它是六氯环己烷（$C_6H_6Cl_6$）的简称。通常是将试样与 KOH、乙醇溶液一起加热回流煮沸，使有机氯以 Cl^- 形式转入溶液。

$$C_6H_6Cl_6 + 3OH^- =\!=\!= C_6H_3Cl_3 + 3Cl^- + 3H_2O$$

溶液冷却后，加 HNO_3 调至酸性，用佛尔哈德法测定释放出的 Cl^-。

例 4 银合金中银的测定

将银合金溶于 HNO_3 中,制成溶液,反应式如下:

$$Ag + NO_3^- + 2H^+ =\!=\!= Ag^+ + NO_2\uparrow + H_2O$$

在溶解试样时,必须煮沸逐去氮的氧化物,以铁铵矾为指示剂,用标准 NH_4SCN 溶液滴定之。

思 考 题 与 习 题

1. 试比较莫尔法、佛尔哈德法、法扬斯法的基本原理及滴定条件。

2. 写出莫尔法、佛尔哈德法、法扬斯法测定 Cl^- 的重要反应,并指出各种方法选用的指示剂和酸度条件。

3. 银量法测定下列试样时,各选用何种方法确定终点,为什么?

(1)$BaCl_2$ (2)KCl (3)NH_4Cl (4)KSCN (5)$NaCO_3 + BaCl_2$ (6)NaBr

4. 在下列各种滴定情况中,分析结果是准确,还是偏高或偏低,为什么?

(1) 在 pH≈4 时,用莫尔法滴定 Cl^-。

(2) 佛尔哈德法测定 Cl^- 时,既没有将 AgCl 沉淀滤去,又没有加硝基苯。

(3) 用法扬斯法测定 Cl^-,以曙红作指示剂。

(4) 用法扬斯法测定 I^-,以曙红作指示剂。

5. 量取 NaCl 溶液 20.00ml,加入 K_2CrO_4 指示剂,用 0.1023mol/L 的 $AgNO_3$ 标准溶液滴定,用去 27.00ml,求每升溶液中含 NaCl 若干克? (8.071g/L)

6. 纯 KCl 和 KBr 混合物 0.3074g,溶于水后用 0.1007mol/L 的 $AgNO_3$ 标准溶液滴定,用去 30.98ml,计算混合物中 KCl 和 KBr 的百分含量? (34.87%,65.13%)

7. 仅含有纯 NaBr 及纯 NaI 的混合物 0.2500g,用 $AgNO_3$ 标准溶液(0.1000mol/L)滴定,用去 22.01ml,求样品中 NaI 和 NaBr 的百分含量? (30.04%,69.96%)

(王世渝)

第八章 质量分析法

第一节 概 述

质量分析法（gravimetric analysis）是通过称量来确定物质含量的分析方法。在质量分析中，通常先用适当的方法使被测组分从试样中分离出来，然后称量有关物质的质量，根据称量结果计算被测组分的含量。是经典的定量分析方法之一。

质量分析法是直接用分析天平精密称量而获得分析结果，一般不需要与标准试样或基准物质进行对比，有较高的准确度，但操作繁琐，耗时费力，不适于快速分析，也不能用于微量和痕量组分的测定。目前，对常量的 Si、P、S、Ni 元素的测定、样品干燥失重的测定、总脂的测定、灰分的测定等仍采用质量分析法。另外，某些校正分析法的结果，也常以质量分析的结果为准进行对比。因此，作为一种经典的化学定量方法，质量分析仍然是不能忽视的。根据分离方法的不同，质量分析一般可分为挥发法、萃取法和沉淀法等。

第二节 挥 发 法

挥发法（volatilization method）是利用被测组分具有挥发性（或将它转化为挥发性物质），通过加热或其他方法使之与试样分离，然后通过称量确定被测组分的含量。根据称量的对象不同，挥发法可分为直接法和间接法。

一、直接法

直接法通常是利用加热等方法使试样中挥发性组分逸出，用适当的吸收剂将其全部吸收，根据吸收剂吸收前后的质量差（增重）来计算该组分的含量。例如，试样中结晶水的测定：将含一定量结晶水的固体加热至适当的温度，用高氯酸镁吸收逸出的水分，则高氯酸镁增加的质量就是固体样品中结晶水的质量。又如有机物中 C、H 元素的分析：将有机物置入封闭的管道中，高温通氧炽灼后，其中的氢和碳分别生成 H_2O 和 CO_2，先用高氯酸镁选择性地吸收 H_2O，后用碱石棉选择性地吸收 CO_2，最后分别测定二个吸收剂增加的质量，即可换算得出试样中 H 元素和 C 元素的含量。

此外，某些试样的灰分和炽灼残渣的测定，是将试样最后经高温灼烧后残留的不挥发性物质直接进行称量，确定其含量，也属于直接法。

二、间接法

间接法是利用加热等方法使试样中挥发性组分逸出，根据挥发前后试样的质量差（减重）计算该组分的含量。例如，葡萄糖干燥失重的测定：称取葡萄糖试样 1.0800g，在 105℃加热干燥，以除去试样中的水分和其他可挥发性的物质，当干燥达到恒重时试样的

质量为 0.9828g，则该试样的干燥失重是

$$\frac{1.0800 - 0.9828}{1.0800} \times 100\% = 9.0\%$$

恒重在质量分析法中是一个很重要的概念，它是指样品连续两次干燥或灼烧后的质量差不超过某一规定值（如中国药典规定为 0.3mg）。

在间接法中，样品的干燥是关键所在，应根据试样的耐热性不同和被测组分挥发的难易，分别采用以下不同的干燥方法。

（一）常压加热干燥

将试样置于电热干燥箱中，在常压（1 个大气压）条件下加热干燥，加热温度一般在 105～110℃。常压加热干燥适用于性质稳定，受热不易挥发、氧化或分解变质的试样。如硫酸钡、溴化钾、维生素 B_1 干燥失重的测定，可在 105℃ 进行。对某些吸湿性强或水分不易除去的样品，也可适当提高温度或延长干燥时间，如 NaCl 的干燥失重测定可在 130℃ 进行。某些化合物虽受热不易变质，但因结晶水的存在而有较低的熔点，在加热干燥时，未达到干燥温度就成熔融状态，很不利于水分的挥发。测定这类物质的水分时，应先在较低的温度下或用干燥剂除去部分水分，再提高干燥的温度。例如，含两个结晶水的 $NaH_2PO_4 \cdot 2H_2O$，在 60℃ 以下干燥 1h，使之脱去一个结晶水成为 $NaH_2PO_4 \cdot H_2O$，再调到 105℃，干燥至无水的 NaH_2PO_4。

（二）减压加热干燥

将试样置于电热真空干燥箱中，在减压条件下加热干燥，加热温度一般在 60～80℃。减压加热干燥的温度较低，干燥时间缩短，适用于高温中易变质或熔点低水分难挥发的试样。如硫酸新霉素，常压加热干燥时间过长会分解变质，可采用减压加热干燥。

（三）干燥剂干燥

将试样置于放有干燥剂的密闭容器中，在常压或减压的条件下进行干燥。

干燥剂干燥是在室温下进行的，适用于遇热易分解、挥发及升华的样品。例如，具有升华性的升汞、氯化铵，受热易分解氧化的亚硝酸盐，可置于放有浓 H_2SO_4 或 P_2O_5 的干燥器中干燥。有些试样在常压下干燥，水分不易除去，可置于减压干燥器中干燥。

常用的干燥剂有浓 H_2SO_4、无水 $CaCl_2$、P_2O_5、$Mg(ClO_4)_2$、硅胶等，使用时应根据试样的性质正确选择，并检查干燥剂是否失效。

三、应用与示例

在医药卫生领域，挥发法常用于干燥失重、炽灼残渣、灰分等的测定。

例如，氯化钡中结晶水的测定。在一般温度和湿度下，$BaCl_2 \cdot 2H_2O$ 很稳定，既不风化也不潮解，可在 105℃ 加热干燥至恒重。

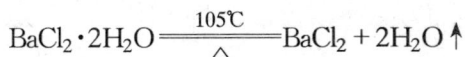

$$BaCl_2 \cdot 2H_2O \xrightarrow[\triangle]{105℃} BaCl_2 + 2H_2O \uparrow$$

由于氯化钡结晶很少有包藏水，表面吸湿水也极少，因此，用这种方法测得减少的质量就是结晶水的质量。

第三节　萃　取　法

萃取法（extraction method）是利用被测组分的溶解特性，以溶剂萃取的方法使之与试样分离，再将萃取液溶剂蒸干，根据干燥物的质量计算被测组分的含量。萃取法有的用溶剂直接从固体粉末样品中萃取，称为液–固萃取；但更多的是将样品制成水溶液，再用不相混溶的有机溶剂进行萃取，称为液–液萃取。

这一节主要讨论液–液萃取法的基本原理。

一、分配系数和分配比

（一）分配系数

现有含溶质 A 的水溶液（水相），向该溶液中加入与水不相溶的有机溶剂，水溶液中的溶质 A 将部分转移到有机溶剂中（有机相），使水相中 A 的浓度减小，有机相中 A 的浓度增大，当溶质 A（假设只有一种存在形体）在两相中的浓度不再发生变化时，即达到了分配平衡。

$$A_{水相} \rightleftharpoons A_{有机相}$$

此时，溶质 A 在有机相中的浓度 $[A]_有$ 与在水相中的浓度 $[A]_水$ 之比，称为分配系数（distribution coefficient）。

$$K = \frac{[A]_有}{[A]_水} \tag{8-1}$$

分配系数与溶质存在的形体、溶剂的性质以及温度有关，在一定条件下是一个常数。显然，溶质某一形体在有机相中的溶解度越大，在水相中的溶解度越小，则该形体的分配系数越大。

（二）分配比

在实际液–液萃取体系中，溶质在两相中并非总是都以单一的形体存在，由于聚合、电离、配位及其他副反应，溶质常常是以多种形体存在的。例如，溶质 A 可能以 A_1、A_2 ……A_n 等 n 种形体存在于两相中，在这样一个萃取体系中，当分配达到平衡时，溶质 A 在有机相中的总浓度 $c_有$ 与在水相中的总浓度 $c_水$ 之比，称为分配比（distribution ratio）。

$$D = \frac{c_有}{c_水} = \frac{[A_1]_有 + [A_2]_有 + \cdots\cdots [A_n]_有}{[A_1]_水 + [A_2]_水 + \cdots\cdots [A_n]_水} \tag{8-2}$$

分配比通常不是一个常数，它与有关试剂的浓度和溶质的副反应等因素有关。与分配系数相比，分配比能充分反映溶质的总量在两相中的分配即萃取的完全程度，而且很容易测得，因而更具有实用价值。

二、萃取效率

萃取效率就是萃取的完全程度，常用萃取百分率 $E\%$ 表示，即

$$E\% = \frac{被萃取物在有机相中的总量}{被萃取物在两相中的总量} \times 100\% \tag{8-3}$$

$$= \frac{c_有 V_有}{c_有 V_有 + c_水 V_水} \times 100\%$$

上式中的 $V_水$ 和 $V_有$ 分别为水相和有机相的体积。将分子和分母同除以 $c_水 V_有$，得

$$E_1\% = \frac{c_有/c_水}{c_有/c_水 + V_水/V_有} \times 100\%$$

$$= \frac{D}{D + V_水/V_有} \times 100\% \qquad\qquad (8-4)$$

由式（8-4）可见，萃取百分率由分配比 D 和两相的体积比 $V_水/V_有$ 决定，D 越大，$V_水/V_有$ 越小，则萃取百分率越高。

在实际工作中，常用等体积的两相进行萃取，即 $V_水 = V_有$，则式（8-4）可简化为

$$E\% = \frac{D}{D+1} \times 100\% \qquad\qquad (8-5)$$

将不同的 D 值代入上式计算，得

D	1	10	100	1000
E（%）	50	91	99	99.9

若一次萃取要求萃取效率达 99.9% 以上，则 D 值必须大于 1000。对于 D 值较低的系统，则采用多次萃取的方法，以提高萃取的总效率，使萃取完全。

例如，有 90ml 含碘 10mg 的水溶液，用 90ml CCl_4 萃取，已知 $D = 85$。若一次性萃取，则萃取百分率

$$E\% = \frac{D}{D + V_水/V_有} \times 100\%$$

$$= \frac{85}{85 + 90/90} \times 100\% = 98.84\%$$

显然，萃取不完全。现将 90ml 的萃取剂分三次萃取，每次 30ml，则一次萃取的效率（30ml CCl_4）

$$E\% = \frac{D}{D + V_水/V_有} \times 100\%$$

$$= \frac{85}{85 + 90/30} \times 100\%$$

$$= 96.59\%$$

二次萃取的总效率（共 60ml CCl_4）

$$E_2 = 1 - (1 - E_1)^2 = 1 - (1 - 96.59)^2 = 99.88\%$$

三次萃取的总效率（共 90ml CCl_4）

$$E_3 = 1 - (1 - E_1)^3 = 1 - (1 - 96.59)^3 = 99.96\%$$

必须指出，当 D 值太小时，依靠增大有机相的体积或不断增加萃取次数使萃取完全这种方法是不可取的。在实际工作中，一般要求 $D > 10$。

三、应用与示例

食品中脂肪的测定，血清中总脂的测定以及某些药物的测定，常采用萃取法。

血清中总脂含量的测定原理如下：总脂可用氯仿 - 甲醇溶液萃取，其中甲醇可以沉淀

蛋白质，使脂蛋白分子破坏，达到萃取完全的目的。萃取液中部分非脂类物质，可加稀硫酸洗涤。洗涤后静置，使溶液分为二层，下层为含脂类的氯仿萃取液，上层为水和甲醇溶液。取下层氯仿萃取液挥发蒸干后，在分析天平上准确称量，便可计算出血清总脂的含量。

第四节　沉　淀　法

沉淀法（precipitation method）是利用沉淀反应，将被测组分转化为难溶物，以沉淀形式从试样溶液中分离出来，然后经过滤、洗涤、干燥或灼烧，得到可供称量的物质，再根据称量的质量计算被测组分的含量。

一、沉淀法对沉淀形式和称量形式的要求

在沉淀法中，被测组分与试样溶液分离而析出的沉淀物质称为沉淀形式；沉淀形式经处理后，供最后称量的物质称为称量形式。例如，用沉淀法测定 SO_4^{2-} 和 Mg^{2+} 时，

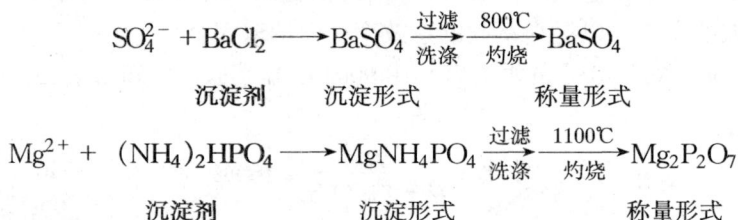

$$SO_4^{2-} + BaCl_2 \longrightarrow BaSO_4 \xrightarrow[\text{洗涤}]{\text{过滤}} \xrightarrow[\text{灼烧}]{800℃} BaSO_4$$

　　　　　沉淀剂　　　　　沉淀形式　　　　　　　　称量形式

$$Mg^{2+} + (NH_4)_2HPO_4 \longrightarrow MgNH_4PO_4 \xrightarrow[\text{洗涤}]{\text{过滤}} \xrightarrow[\text{灼烧}]{1100℃} Mg_2P_2O_7$$

　　　　　沉淀剂　　　　　　　沉淀形式　　　　　　　　　称量形式

由此可见，沉淀形式和称量形式可能相同，也可能不同。

沉淀形式和称量形式在沉淀法中所起的作用是不相同的，因而对它们的要求也不相同。

（一）对沉淀形式的要求

（1）溶解度要小　保证被测组分定量沉淀出来，因溶解而引起的损失应小至可以忽略不计。

（2）纯度要高　应尽量避免其他杂质的沾污。

（3）便于过滤和洗涤　对于晶形沉淀，其颗粒应尽可能大；如果是无定形沉淀，其结构应较为紧密。

（4）易转化为称量形式　沉淀经干燥或灼烧后应能转化为符合要求的称量形式。

（二）对称量形式的要求

（1）有确定的化学组成　这样才能根据化学式计算分析结果。

（2）稳定性好　不受空气中水、二氧化碳等气体的影响，不易氧化分解。

（3）摩尔质量较大　这样可以增加称量形式的质量，减小称量的相对误差，提高分析结果的准确度。

二、沉淀形态及其影响因素

（一）沉淀的形态

沉淀按其颗粒的大小和外表形态，可粗略地分为晶形沉淀和无定形沉淀两类。晶形沉

淀由较大的沉淀颗粒组成，颗粒直径约为 $0.1\sim1\mu m$，内部排列较规则，结构紧密，体积小，容易过滤和洗涤，如 $BaSO_4$ 就是典型的晶形沉淀。无定形沉淀是由许多微小的沉淀颗粒聚集在一起组成的，颗粒直径一般小于 $0.02\mu m$，沉淀颗粒排列杂乱无章，结构疏松，含有大量水分子，体积大，难以过滤和洗涤，如 $Fe_2O_3\cdot nH_2O$ 就是典型的无定形沉淀。

另外，还有一种沉淀形态被称为凝乳状沉淀，其颗粒大小介于晶形沉淀和无定形沉淀之间，直径为 $0.02\sim0.1\mu m$，在性质上也介于二者之间，属于一种过渡形态，如 $AgCl$ 就是典型的凝乳状沉淀。

（二）沉淀的形成

向含有被测离子的试液中加入沉淀剂，当溶液中构晶离子的浓度乘积超过溶度积时，就有可能产生沉淀，其过程可大致表示如下。

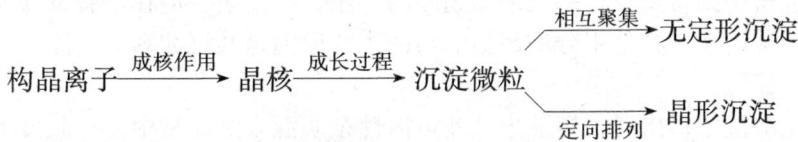

构晶离子 —成核作用→ 晶核 —成长过程→ 沉淀微粒 —相互聚集→ 无定形沉淀 ／ 定向排列→ 晶形沉淀

（1）晶核的形成　晶核的形成有两种情况，一种是均相成核，另一种是异相成核。在过饱和溶液中，构晶离子相互碰撞及靠静电引力作用而缔合起来，自发地形成晶核（通常由 $2\sim4$ 对构晶离子聚集而成），这一过程称为均相成核。一般而言，均相成核的能力是随着过饱和程度的增加而增大的。除此之外，在进行沉淀的溶剂、试剂以及容器中，都存在大量肉眼看不见的固体微粒。这些外来的固体微粒可起到晶种的作用，使周围若干对构晶离子沉积到晶种上而形成晶核，这一过程称为异相成核。异相成核能力的大小只与外来固体微粒（晶种）的多少有关，与溶液的过饱和度无关。

由于沉淀反应的溶液中固体微粒总是存在的，因而异相成核作用是不可避免的，实际上，在过饱和度不是很大的溶液中，异相成核作用通常占主导地位。只有当溶液的过饱和度相当大时，均相成核作用才比较明显。

（2）晶核的成长　晶核形成后，溶液中的构晶离子随即向晶核扩散，定向地沉积到晶核表面，使晶核逐渐长大为沉淀微粒。沉淀微粒虽然很微小，但其内部构晶离子的排列是规则的，具有晶体结构。

（3）相互聚集与定向排列　沉淀微粒形成后，如果构晶离子继续有序地在其表面定向排列，就成长为晶型沉淀，这种定向排列的速度称为定向速度。如果沉淀微粒来不及定向排列长大就相互聚集在一起，从而形成无定形沉淀，沉淀微粒相互聚集的速度称为聚集速度。由此可见，无定形沉淀和晶形沉淀都是通过沉淀微粒转化而来的，它们的内部都具有晶体结构，主要差别在于沉淀颗粒的大小不同。

（三）影响沉淀形态的主要因素

沉淀的形态，即沉淀颗粒的大小，主要是由聚集速度和定向速度的相对大小所决定的。总的来说，在沉淀形成过程中，如果聚集速度大于定向速度，则得到的是小颗粒的无定形沉淀；如果定向速度大于聚集速度，则得到较大颗粒的晶形沉淀。

聚集速度主要是由溶液的相对过饱和度决定的，冯·韦曼（Von Weimarn）根据有关实验现象，总结得出以下经验公式：

$$V = K \frac{Q - S}{S} \qquad (8-6)$$

式中　V 为聚集速度；S 为沉淀的溶解度；Q 为加入沉淀剂瞬间生成沉淀物的浓度；($Q-S$) 为沉淀物的过饱和度；($Q-S$)/S 为相对过饱和度；K 为比例常数，它与沉淀的性质、温度、介质等因素有关。

由式（8-6）可见，在一定条件下，溶液的相对过饱和度越大，聚集速度就越大，得到的沉淀颗粒就越小。定向速度主要与沉淀物质的本性有关。一般来说，强极性的盐类，如 $BaSO_4$、CaC_2O_4 等，定向速度远大于聚集速度，得到的是晶形沉淀；而高价金属氢氧化物如 $Fe(OH)_3$、$Al(OH)_3$ 等，定向速度远小于聚集速度，得到的是无定形沉淀。

三、沉淀的纯净

在质量分析中，希望获得的沉淀是纯净的，不含有杂质，但在实验条件下，沉淀总是会或多或少地被溶液中其他组分沾污。沾污的主要原因是共沉淀和后沉淀。

（一）共沉淀

当沉淀从溶液中析出时，溶液中某些可溶性杂质混入沉淀物中，一起被沉淀下来，这种现象称为共沉淀。产生共沉淀的原因主要是表面吸附、形成混晶和吸留。

（1）表面吸附　在沉淀颗粒里，正负离子按晶格的一定顺序排列，处在内部的离子四周都被异电荷离子所包围，整个沉淀内部处于静电平衡状态，而处于表面的构晶离子至少有一个方向上的静力引力没有平衡，因而具有吸引异电荷离子的能力。

例如，用过量的 K_2SO_4 与 $BaCl_2$ 溶液作用时，生成的 $BaSO_4$ 沉淀表面首先吸附 SO_4^{2-} 离子，形成第一吸附层，使沉淀表面带负电荷，然后再吸附溶液中异电荷离子 K^+，构成第二吸附层，见图 8-1。

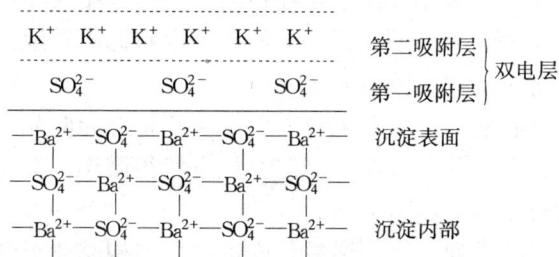

图 8-1　$BaSO_4$ 晶体表面的吸附作用

第一吸附层和第二吸附层电荷相反、电荷数相等，共同构成一个中性的双电层，该双电层能随沉淀一起沉降，从而沾污沉淀。

表面吸附的离子是有选择性的。首先优先吸附过剩的构晶离子以及与构晶离子半径相近、电荷相同的离子，形成第一吸附层；再优先吸附可与第一吸附层离子生成溶解度小的异电荷离子，形成第二吸附层。

表面吸附的杂质量与下列因素有关：①沉淀的总表面积越大，吸附的杂质越多；②杂质的浓度越高，吸附的杂质量越大；③溶液的温度升高，吸附的杂质量减少。

表面吸附的杂质可利用洗涤的方法加以除去。如上述 $BaSO_4$ 沉淀，用稀 NH_4NO_3 洗涤，在第二吸附层中，吸附松散的 K^+ 离子被 NH_4^+ 离子置换下来，使表面吸附的钾盐变成易挥发的铵盐，可在干燥或灼烧过程中挥发除掉。

（2）形成混晶 如果溶液中的杂质离子与沉淀构晶离子的半径相近、晶体结构相似时，则杂质离子可进入晶格形成混晶。例如，Pb^{2+} 与 Ba^{2+} 离子半径相近，$BaSO_4$ 与 $PbSO_4$ 的晶体结构相似，Pb^{2+} 就能取代 $BaSO_4$ 晶体中的 Ba^{2+} 离子，形成混晶而沉淀下来。

洗涤、陈化、重结晶都不能有效消除混晶的生成。因此，若有杂质离子可形成混晶时，应预先将它们分离除去。

（3）吸留 由于沉淀的生成速度过快，沉淀表面吸附的杂质离子来不及离开沉淀表面，就被随后沉积下来的沉淀覆盖，包藏在沉淀内部。这种由于吸附而留在沉淀内部的共沉淀现象称之为吸留（也称包藏），它是由吸附引起的，因此也遵循吸附规律。

吸留的杂质处于沉淀的内部，不能用洗涤的方法除去，可通过陈化或重结晶的方法予以减少。

（二）后沉淀

当沉淀析出之后，在沉淀与母液一起放置的过程中，溶液中本来难以沉淀的杂质会逐渐析出在沉淀表面上，而且放置时间越长，杂质析出越多，这种现象叫做后沉淀。例如，溶液中有 Ca^{2+}、Mg^{2+} 离子共存时，用 $C_2O_4^{2-}$ 沉淀 Ca^{2+} 离子，当 CaC_2O_4 沉淀（$K_{sp}=4\times10^{-9}$）刚生成时，本体溶液中 $C_2O_4^{2-}$ 和 Mg^{2+} 浓度的乘积并未达到 MgC_2O_4 的溶度积（$K_{sp}=8.5\times10^{-5}$），没有 MgC_2O_4 析出。但在 CaC_2O_4 沉淀与母液一起放置时，沉淀表面第一吸附层有较高浓度的 $C_2O_4^{2-}$ 离子，而溶液中的 Mg^{2+} 离子可进入第二吸附层浓集于其周围，由于局部过饱和，MgC_2O_4 沉淀将在 CaC_2O_4 沉淀表面逐渐析出。放置的时间越长，析出的 MgC_2O_4 沉淀越多，直至达到平衡。

在沉淀质量法中，后沉淀现象没有共沉淀普遍。但若溶液中存在可能产生后沉淀的杂质时，应在沉淀完毕后尽快过滤，缩短沉淀与母液一起放置的时间，以减少后沉淀的影响。

四、沉淀的条件

在沉淀质量法中，为了获得准确的分析结果，要求沉淀完全、纯净、易于过滤和洗涤。为此，必须根据不同的沉淀形态，选择适宜的沉淀条件。

（一）晶形沉淀的沉淀条件

对于晶形沉淀，主要考虑是如何获得大颗粒沉淀，使沉淀较纯并易于过滤和洗涤，以及如何减少沉淀的溶解损失。

晶形沉淀的沉淀条件是：

（1）在适当稀的溶液中进行沉淀 在稀溶液中，溶液的相对过饱和度较小，有利于获得大颗粒的晶形沉淀，便于过滤和洗涤；同时，大颗粒结晶比表面积小，吸附杂质减少，可提高沉淀的纯度。但溶液也不能太稀，否则因沉淀溶解而引起的损失可能超过允许范围。

（2）在热溶液中进行沉淀 在热溶液中，沉淀的溶解度增大，使溶液的相对过饱和度降低，同时也减少沉淀对杂质的吸附，有利于生成较纯净的大颗粒结晶。但对于热溶液中溶解度较大的沉淀，应在放冷后再过滤，以减小溶解损失。

（3）在不断搅拌下慢慢滴加沉淀剂　这是为了防止因局部浓度过大导致相对过饱和度增大，有利于获得颗粒较大而纯净的沉淀。

（4）陈化　沉淀析出后，与母液共同放置一段时间，这一过程称为陈化。由于溶液中小颗粒结晶比大颗粒结晶的溶解度大，在陈化过程中，小颗粒结晶会不断溶解，溶解后的构晶离子又会在大颗粒结晶表面沉积，使大颗粒结晶长得更大。在小颗粒结晶的溶解过程中，原来吸附和吸留的杂质可重新进入溶液，减少了沉淀的沾污。由于最后得到的颗粒较大，也使过滤和洗涤变得更容易。

陈化过程在室温下一般需几个小时，加热和搅拌可以缩短陈化时间。

（二）无定形沉淀的沉淀条件

无定形沉淀的溶解度一般很小，溶液中相对过饱和度很大，很难通过减小相对过饱和度来改变沉淀的物理性质。无定形沉淀颗粒小，吸附杂质多，易产生胶溶，而且沉淀的结构疏松，体积庞大，不易过滤和洗涤。所以对于无定形沉淀，主要考虑是如何获得较为紧密的沉淀，减少吸附，防止胶溶。无定形沉淀的沉淀条件是：

（1）在较浓的溶液中进行沉淀　这样可降低沉淀的含水量，使结构较为紧密。但浓度大时吸附的杂质增加，可在沉淀结束后用热水洗涤，使吸附的杂质转入溶液中。

（2）在热溶液中进行沉淀　这有利于得到含水量少、结构紧密的沉淀；可以促进沉淀微粒的凝聚，防止胶溶；还能降低沉淀对杂质的吸附。

（3）加入挥发性电解质　电解质能中和胶体微粒的电荷，促进胶体微粒的凝聚，有效防止胶溶。为避免电解质的共沉淀而造成的沾污，一般选用易挥发性的电解质，如盐酸、硝酸、铵盐等，以便能在灼烧时除去。

（4）不要陈化　沉淀完毕后，趁热马上过滤，不要陈化。无定形沉淀一经放置会逐渐失水变得十分紧密而不透水，使已吸附的杂质难以除去。

（三）均匀沉淀法

在晶形沉淀的沉淀过程中，尽管是在稀溶液中，用不断搅拌溶液、缓慢滴加沉淀剂的方式来获得沉淀，仍不可避免地会在沉淀剂加入的瞬间，出现沉淀剂局部过浓的现象。均匀沉淀法则克服了这一不足，它是利用化学反应由溶液中缓慢而均匀地产生出沉淀剂，这样就不会产生局部过浓现象，可使沉淀在整个溶液中缓慢、均匀地析出。只要控制好沉淀剂的生成速度，便能在相对过饱和度很低的条件下生成沉淀。

例如，用质量法测 Ca^{2+} 时，如果在弱碱性溶液中加入沉淀剂 $(NH_4)_2C_2O_4$，得到的 CaC_2O_4 是细晶形沉淀；而在含有 Ca^{2+} 的酸性溶液中加入 $(NH_4)_2C_2O_4$，由于酸效应的影响，此时无 CaC_2O_4 沉淀析出。若向上述酸性溶液中加入尿素，搅拌均匀后，均匀缓慢地加热至 90℃ 左右时，尿素会发生水解。

$$CO(NH_2)_2 + H_2O = CO_2 \uparrow + 2NH_3 \uparrow$$

随着 NH_3 的产生，溶液中的 H^+ 不断被中和，$C_2O_4^{2-}$ 离子的浓度不断增大，最后均匀而缓慢地析出粗晶形沉淀 CaC_2O_4。用均匀沉淀法得到的沉淀，结晶颗粒大，晶形完整，杂质含量低，很容易过滤和洗涤。

（四）利用有机沉淀剂进行沉淀

一些有机物可作为沉淀剂，在水溶液中与无机离子反应，生成螯合物沉淀和离子缔合物沉淀。与无机沉淀剂相比，有机沉淀剂具有以下优点：

（1）选择性好　在一定条件下，有机沉淀剂一般只与少数离子发生沉淀反应。

（2）沉淀的溶解度小　有机沉淀剂一般都带有较大的疏水基因，因此沉淀物的疏水性强，在水中溶解度小，有利于被测组分沉淀完全。

（3）沉淀吸附杂质少　沉淀物多为大颗粒晶型沉淀，表面一般不带电荷，吸附杂质离子少。

（4）沉淀物的摩尔质量大　有机沉淀物的称量形式式量大，被测组分所占百分比小，有利于减小称量误差，提高分析结果的准确度。

（5）烘干后即可称量　多数沉淀经烘干后组成已恒定，即得称量形式，简化了操作。

近年来，人们对有机沉淀剂进行了广泛而深入的研究，许多无机离子如 Ni^{2+}、Al^{3+}、Zn^{2+}、Mg^{2+}、ZrO^{2+}、ClO_4^-、MnO_4^- 等，均可选用适当的有机沉淀剂进行质量分析。

五、沉淀质量法的结果计算

沉淀析出后，经过滤、洗涤、干燥或灼烧得到称量形式，根据称量形式的质量，按下式计算被测组分（X）的含量。

$$X\% = \frac{m_X}{m_S} \times 100\% = \frac{F_m P}{m_S} \times 100\% \qquad (8-7)$$

式中 m_X 为被测组分的质量；m_P 为称量形式的质量；m_S 为试样的质量；F 为换算因数。如果最后得到的称量形式就是被测组分的形式，则分析结果的计算十分简单。但在很多情况下，称量形式与被测组分的表示形式不一样，这时就需要计算换算因数。

换算因数也叫化学因数，表示每单位质量的称量形式相当于被测组分的质量数，即

$$F = \frac{a \times \text{被测组分的摩尔质量}}{b \times \text{称量形式的摩尔质量}} = \frac{aM_X}{bM_P}$$

a 和 b 是使被测组分与称量形式相当所配的系数。例如下表所示。

被测组分	沉淀形式	称量形式	换算因数
Fe_3O_4	$Fe(OH)_3 \cdot nH_2O$	Fe_2O_3	$2M_{Fe_3O_4}/3M_{Fe_2O_3}$
SO_4^{2-}	$BaSO_4$	$BaSO_4$	$M_{SO_4^{2-}}/M_{BaSO_4}$
Ag^+	$AgCl$	$AgCl$	M_{Ag^+}/M_{AgCl}
Mg^{2+}	$MgNH_4PO_4$	$Mg_2P_2O_7$	$2M_{Mg}/M_{Mg_2P_2O_7}$

应当注意，换算因数与沉淀形式无关。

例1　测定硫酸钠含量时，称得试样 0.3120g，溶解后，加 $BaCl_2$ 沉淀剂使之沉淀。经过滤、洗涤、烘干和灼烧后，得称量形式 $BaSO_4$0.4116g，试计算试样中 Na_2SO_4 的百分含量。

解：
$$Na_2SO_4 \backsim BaSO_4$$

$$F = \frac{M_{.Na_2SO_4}}{M_{BaSO_4}} = \frac{142.04}{233.09} = 0.6086$$

$$Na_2SO_4\% = \frac{F_m{}_{BaSO_4}}{m_s} \times 100\%$$

$$= \frac{0.6086 \times 0.4116}{0.3120} \times 100\% = 80.29\%$$

例 2　测定某含铁试样中铁的含量时，称取试样 0.2500g，沉淀为 Fe (OH)$_3$，然后灼烧为 Fe$_2$O$_3$，称得其质量为 0.2490g，求此试样中 Fe 的含量。若以 Fe$_3$O$_4$ 表示结果，其含量又为多少？

解：以 Fe 表示时　　　　　　　　　2Fe ⇌ Fe$_2$O$_3$

$$F = \frac{2M_{Fe}}{M_{Fe_2O_3}} = \frac{2 \times 55.847}{159.69} = 0.6994$$

$$Fe\% = \frac{Fm_{Fe_2O_3}}{m_S} \times 100\% = \frac{0.6994 \times 0.2490}{0.2500} \times 100\%$$

$$= 69.66\%$$

以 Fe$_3$O$_4$ 表示时　　　　　　　　　2Fe$_3$O$_4$ ⇌ 3Fe$_2$O$_3$

$$F = \frac{2M_{Fe_3O_4}}{3M_{Fe_2O_3}} = \frac{2 \times 231.54}{3 \times 159.69} = 0.9666$$

$$Fe_3O_4\% = \frac{Fm_{Fe_2O_3}}{m_S} \times 100\% = \frac{0.9666 \times 0.2490}{0.2500} \times 100\%$$

$$= 96.27\%$$

六、应用与示例

沉淀法是医药、卫生检验中常用的方法之一，多用于无机物的测定，如可溶性硫酸盐用 BaCl$_2$ 沉淀为 BaSO$_4$，铝盐、铁盐可沉淀为氢氧化物，然后灼烧成氧化物，体液中的 Na$^+$ 可沉淀为醋酸铀酰锌钠。此外也可用于有机物的测定，如用 2,4,6 - 三硝基苯酚（苦味酸）沉淀黄连素，硅钨酸沉淀盐酸硫胺，丙酮沉淀血清蛋白等。

例 3　玄明粉中 Na$_2$SO$_4$ 的含量测定。

玄明粉是含无水 Na$_2$SO$_4$ 的一种药物，测定方法如下：取本品在 105℃ 干燥后，准确称取一定量样品，加水溶解，再加 HCl 煮沸，在不断搅拌下缓缓滴加热的 BaCl$_2$ 溶液，直至沉淀完全。置水浴上加热、静置，经过滤、洗涤至不再显氯化物反应，干燥并灼烧至恒重，根据称量质量即可求得试样中 Na$_2$SO$_4$ 的含量。

例 4　血清中蛋白质总量的测定。

血清中的蛋白质包括白蛋白和球蛋白，测定方法如下：取一定量血清试样，加入丙酮，放置使蛋白质沉淀，离心，除去上清液，重复用丙酮洗涤沉淀，离心，除去上清液。然后加氯化钠溶液，加乙酸使成酸性，在沸水浴上煮沸，离心，除去上清液。再用蒸馏水洗涤沉淀，转入已恒重的玻砂漏斗中过滤、抽干，于 105℃ 干燥后称量，便可计算出每 100ml 血清中所含蛋白质的总量。

思 考 题 与 习 题

1. 在挥发质量法中，常用的干燥方法有哪几种？分别适用于何种样品？
2. 如何判断一个物品是否达到了恒重？
3. 什么是沉淀形式和称量形式？有何要求？

4．影响萃取效率的因素有哪些？当分配比较小时，如何提高萃取效率？

5．分配比和分配系数有什么区别？

6．在沉淀法中，沉淀被沾污的主要原因是什么？

7．沉淀是怎样形成的？影响沉淀形态的主要因素有哪些？

8．什么是均匀沉淀？有何优点？

9．晶形沉淀和无定形沉淀的沉淀条件有何异同？

10．写出下列换算因数的表达式。

被测组分	沉淀形式	称量形式
Al	$Al(C_9H_6NO)_3$	Al_2O_3
$(NH_4)_2Fe(SO_4)_2 \cdot 6H_2O$	$BaSO_4$	$BaSO_4$
As_2O_3	Ag_3AsO_4	Ag_2O
P_2O_5	$(NH_4)_3PO_4.12MoO_3$	$PbMoO_4$

11．某空称量瓶干燥恒重后的质量是19.3812g，加入一定量的葡萄糖后，称得总质量为20.2406g，再经干燥恒重后，称量瓶与试样的总质量为20.1613g，计算该葡萄糖试样的干燥失重。 (9.23%)

12．用8-羟基喹啉氯仿溶液从水溶液中萃取La^{3+}，已知分配比为43。今取含La^{3+}的水溶液20.0ml，计算用10.0ml萃取液一次性萃取的萃取效率。 (95.56%)

13．称取0.1758g纯NaCl与纯KCl的混合物，溶解后将氯沉淀为AgCl，将沉淀过滤、洗涤、干燥至恒重，得0.4104g AgCl。计算样品中KCl和NaCl的含量各是多少？ (22.25%，77.75%)

14．称取二草酸氢钾$KHC_2O_4 \cdot H_2C_2O_4 \cdot 2H_2O$试样0.5172g，将试样溶解后，沉淀出$CaC_2O_4$，灼烧成CaO后称重为0.2265g，计算试样中$KHC_2O_4 \cdot H_2C_2O_4 \cdot 2H_2O$的含量。 (99.24%)

15．某试样含35%的$Al_2(SO_4)_3$和60%的$KAl(SO_4)_2 \cdot 12H_2O$，若用沉淀法使成为$Al(OH)_3$沉淀，灼烧后得0.15g Al_2O_3，应称取该试样多少克？ (0.89g)

16．称取某含磷试样1.0239g，用$MgCl_2$、NH_4Cl、$NH_3 \cdot H_2O$使磷沉淀为$MgNH_4PO_4$。过滤、洗涤后灼烧成$Mg_2P_2O_7$，称得质量为0.2836g，计算试样中P_2O_5的质量百分含量。 (17.66%)

17．称取不纯的$MgSO_4 \cdot 7H_2O$ 0.5000g，溶解后，沉淀为$MgNH_4PO_4$，灼烧成称量形式$Mg_2P_2O_7$，称得质量为0.1980g，计算试样中$MgSO_4 \cdot 7H_2O$的含量。 (87.71%)

(苗建伟)

第九章 定量分析的一般步骤

定量分析全过程大致包括以下几个步骤：取样、试样的溶解、干扰组分的分离、测定方法的选择及含量测定、分析数据的处理及结果的表示等。关于各类测定方法的原理和特点，分析结果的计算和处理等问题，前面各章已分别讨论。本章仅讨论原始试样的采取、处理、干扰物质的分离及分析方法选择等问题。

第一节 取 样

合理的取样方法是能否获得准确结果的关键操作之一。取样，首先要保证它具有代表性，即试样的组成和它的整体的平均组成相一致。否则，无论分析做得怎样认真、准确，所得结果也是毫无意义的，因为该分析结果只能代表所取样品的局部组成。更有害的是错误地提供了无代表性的分析数据，会给实际工作带来难以估计的后果。

实际分析对象多种多样，从其形态来分，不外乎是气体、液体和固体三类。对于性质、形态、均匀度、稳定性不同的试样，应采取不同的取样方法，各行各业根据自身试样来源、分析目的不同都有严格的取样规则。

一、气体试样的采取

虽然气体的组成比较均匀，气体试样的采取仍应根据被测组分在试样中存在的状态（气态、蒸气和气溶胶）、浓度以及所用测定方法的灵敏度，采用不同的采样方法。常用的方法有集气法和富集法。

集气法是用一容器收集气体，以测定被测物质的瞬时浓度或短时间内的平均浓度。根据所用收集器的不同，集气法有真空瓶法、置换法、采气袋法和注射器法等。此法适合气样中被测物质的浓度较高，或测定方法的灵敏度较高，只需采集少量气样，或需要测定气样中被测组分的瞬时浓度。如对于烟道气、工厂废气中某些有毒气体的分析常采用此法采样。

富集法是使大量气样通过各种收集器将被测组分吸收，吸附或阻留下来，从而使原来低浓度的组分得到浓缩，用此法测得的结果是采样时间内的平均浓度。如大气污染物的测定常用此法采样。根据所使用的收集器的不同，富集法可分为流体吸收法、固体吸附法、冷冻浓缩法、静电沉降法等。

在环境监测和劳动卫生检验中经常要对大气、厂房空气进行采样分析，此时通常选择距地面 $50 \sim 180cm$，与人的呼吸位置相同的高度处采样。

二、液体试样的采取

装在大容器中的液体试样，应混匀后取样，或在不同深度取样后混合均匀作为分析试样。对分装在小容器里的液体试样（如药液），应抽选一部分小容器取样，然后混匀作为分析试样。

如采取自来水或具有抽水机设备的井水试样时，**取样前应将水龙头或泵打开，先放水10~15min**，使积留在水管中的杂质冲洗掉，然后用干净瓶子收集。采取池、江、河的水样时，应在不同深度处取几份水样混合后作为分析试样。采取不稳定的液体样品，如工业废水，应每隔一定时间取样一次，然后将在整个生产过程中所取得的水样混合后作为分析试样；又如生物样品中血样的采取，因饮食、活动和药物等的影响使血液的组成发生变化，故在不同时间采取的血样各组分的含量不同。早上空腹时，因不受饮食等影响，各组分较恒定，故通常空腹取样，使分析结果具有代表性。但尿样分析，通常用24h采集的试样混合均匀后，取样分析，因为一昼夜排泄总量的**浓度比随机试样的浓度更有意义**。

三、固体试样的采取

通常情况下固体样品的均匀性比气体、液体样品差，因此更应注意试样的代表性，采样时首先应在不同部位采取试样，使其代表总体组成，此即原始试样。采样量应取多少才合适，决定于二个因素，即测量的准确度和试样的均匀性。测量的准确度要求越高，试样越不均匀，采样数量越多。通常试样的采样量可用下列经验公式计算：

$$Q = Kd^a$$

式中 Q 为采取试样的最低质量（kg）；d 为试样中最大颗粒的直径（mm）；K 和 a 为经验常数，根据试样的均匀程度和易破碎程度等而定，可由实验求得，通常 K 值在 0.02~0.15 之间，a 值在 1.8~2.5 之间。地质部门将 a 值规定为 2，则上式为：

$$Q = Kd^2$$

例如，欲采取赤铁矿的试样，若矿石最大颗粒的直径为 20mm，赤铁矿的 K 值为 0.06，则应取矿样的最少量为

$$Q = 0.06 \times 20^2 = 24kg$$

显然所取的原始试样量太大，而且颗粒大不均匀，不适宜于供分析上直接使用。从采样公式可知，试样的最大颗粒越小取样量越小。将上述试样最大颗粒破碎为 2mm，则

$$Q = 0.06 \times 2^2 = 0.24kg$$

此时试样的最低质量可减至 0.24kg。因此采样后必须通过多次粉碎，混和，减缩试样量而制备成适宜于作分析用的试样。

粉碎时应注意避免混入杂质，由于质轻组分的粉末飞散及设备磨损等原因而引进杂质。为避免在粉碎过程中组成发生变化，最好不要作过分的粉碎，只要能满足有效取样和随后的化学处理的需要就行了。另外，在过筛时，未通过筛的较大颗粒试样，切不可随意弃去，因它与小颗粒试样往往具有不同的化学组成，应再度研磨，直至完全过筛为止。粉碎至一定细度后，然后进行缩分。缩分常用"四分法"，即将试样仔细混匀后，堆成圆锥形，略为压平，通过中心分为四等份，把任意对角的二份弃去，其余对角的两分收集在一起混匀，这样就将试样缩减一半，根据需要将试样再度破碎至更细的颗粒并缩分。如此反复处理，直到留下所需量为止。

第二节　样 品 的 处 理

一、样品的初步处理

一般固体试样往往含用吸湿水。吸湿水是试样表面及孔隙中吸附的空气中的水分，其含量随样品的粉碎程度、放置时间和空气湿度而改变，因而试样各组分的相对含量也随吸湿水的多少而变化。水分还可使食品、人体组织等试样变质。因此在进行分析前，必须先将试样烘干（对于受热易分解的物质要用风干或真空干燥的方法干燥）。分析结果以干试样为基础计算含量；对于水分的测定，需另取干燥前的试样进行测定；有时为了方便，也可取湿样分析，同时另取湿样测定干燥失重，再将湿样含量换算成干样含量。

二、试样的溶解和熔融

除少数分析方法外，大多数情况下必须将试样制成溶液后才能进行测定，制成溶液常用的方法有两种：溶解和熔融。溶解是将试样溶解在水、酸或其他溶剂中。熔融是将试样和固体熔剂混和，在高温下加热，使待测组分转变为可溶于水或酸的化合物。

（一）试样的溶解

溶解比较简单、快速，能溶解的试样尽可能采用此法。试样不能溶解或溶解不完全时，才用熔融法分解。溶解试样时常用的溶剂有如下几种。

1. 水

凡能在水中溶解的样品，应尽量用水作溶剂，因为水易纯制且价廉。

2. 有机溶剂

许多有机样品易溶于有机溶剂中。有机溶剂的选择可依样品的性质根据极性"相似相溶"的原则来进行。另外，有机酸易溶于碱性有机溶剂中；有机碱易溶于酸性有机溶剂中。常用的有机溶剂有：甲醇、乙醇、丙酮、乙醚、氯仿、四氯化碳、苯、甲苯、乙酸乙酯、乙酸、乙酐、吡啶、乙二胺、二甲基甲酰胺等。为增加试样的溶解性，也可以用混合溶剂。

3. 无机酸

利用无机酸的酸性，氧化还原性及配位性等使试样溶解。常用的无机酸有盐酸、硝酸、硫酸、磷酸、高氯酸和氢氟酸等。盐酸具有酸性和配位性，可溶解多数金属氧化物及碳酸盐；硝酸，具有强的氧化性，它是硫化物的良好溶剂；硫酸、热浓硫酸有强氧化性和脱水能力，可溶解高温才溶解的试样及破坏有机物；磷酸，有配位性，能溶解 90% 的矿石和合金；高氯酸为最强酸，浓热时有强氧化性和脱水作用，常代替硫酸使用；氢氟酸为中强酸，有极强的配位能力，主要用于溶解含硅试样。为提高溶解能力和速度，可用混合酸、无机酸与氧化剂或还原剂联用等。如：HNO_3 加 H_2O_2 是溶解毛发和动物组织等有机物的良好溶剂。

（二）试样的熔融

难溶于酸的样品，常可用某种熔剂将其全部或其不溶于酸的部分进行熔融。熔融常用的熔剂有以下几种。

1．酸性熔剂

最常用的是焦硫酸钾 $K_2S_2O_7$ 或硫酸氢钾（$KHSO_4$），硫酸氢钾加热后脱水，即生成焦硫酸钾。

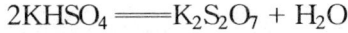

$$2KHSO_4 \Longrightarrow K_2S_2O_7 + H_2O$$

所以两者是同一作用物，在 400℃ 左右，焦硫酸钾逐渐分解放出具有强酸性的 SO_3，它与碱性或中性金属氧化物反应生成硫酸盐。如与金红石（TiO_3）的反应为：

$$TiO_3 + 2K_2S_2O_7 \Longrightarrow Ti(SO_4)_2 + 2K_2SO_4$$

其他如 Al_2O_3、Cr_2O_3、Fe_3O_4、ZnO_2 等皆可转化为硫酸盐。

2．碱性熔剂

常用的碱性熔剂是 Na_2CO_3、K_2CO_3、Na_2O_2、$NaOH$ 等。它们可用来分解酸性试样，如硅酸盐、硫酸盐及天然氧化物等，使它们转化成易溶于酸的氧化物或碳酸盐。

由此可见熔融大都是在高温下进行的复分解反应，使难熔盐转化成为可溶于水或可溶于酸的化合物，以便制成溶液，熔剂量一般过量 6～12 倍于试样量，以保证反应完全。

三、有机试样的消化

动物的细胞组织、生物流体、食品和环境样品中的微量金属元素与大量有机物结合共存，因此测定这些元素时，先要消化有机物质，即在高温或强烈氧化条件下，使样品中的有机物分解并在加热过程中成为气体逸出，而金属则转化为无机离子。根据操作方法不同，常分为干法灰化和湿法煮解两大类。

（一）干法灰化

将试样放在适当的坩埚中，置高温电炉内于 450～500℃ 灰化数小时，使有机物完全分解除去，留下残渣冷却后加少许盐酸或硝酸加热使溶解。注意：液态或湿的细胞组织放入高温电炉前，要通过蒸气浴或用轻度加热的方法干燥，以防止迅速着火或泡沫飞溢损失。

干法灰化方法简单，试剂用量少，引入空白值较小，适用于取量大、含量低的试样处理，但干法灰化时间长，温度较高，易挥发组分硒、砷、汞等损失较大。

（二）湿法煮解

将试样放在凯氏烧瓶中，加入少许混合酸，然后在较低的温度下加热，待剧烈反应停止后，再升温煮解，直至冒出较浓的 SO_2 白烟为止。如新鲜细胞组织或血液，常用硝酸、高氯酸、硫酸（3∶1∶1）的混合酸进行煮解。煮解一直进行到溶液透明为止。此时，有机物完全氧化分解，而待测物呈离子状态保存在溶液中。湿法煮解简便、快速、效果好，适用于易挥发组分的测定，但要求试剂纯度较高，否则空白值明显增高、测定灵敏度降低。

有机试样的消化，还可用氧瓶燃烧法等。另外，有些有机试样如血清、尿等生物流体中某些金属元素的测定可不经消化，直接用原子吸收分光光度法测定。

第三节　干扰物质的分离与测定方法的选择

一、干扰物质的分离

在定量分析中，当试样组成比较简单时，将它处理成溶液后，便可直接进行测定。但在实际工作中，常遇到组成比较复杂的试样，而在测定其中某一组分时，共存的其他组分产生干扰，因此，必须选择适当的方法来消除其干扰。

采用掩蔽剂来消除干扰是一种比较简单、有效的方法。但在很多情况下，单用掩蔽方法还不能解决问题，还必须把被测组分与干扰组分分离以后才能进行测定，定量分离是分析化学的重要内容之一。常用的分离方法有沉淀分离法、萃取分离法、挥发分离法和色谱分离法等。

（一）沉淀分离法

沉淀分离法是一种经典的分离方法，主要是依据溶度积原理利用某种沉淀剂有选择地沉淀一些离子，而另外一些离子因不形成沉淀而留在溶液中，使被测组分沉淀出来，或将干扰组分沉淀除去，从而达到分离的目的。沉淀分离法是一种历史悠久的常用分离方法，一般适用于常量分析，但存在一些缺点，如沉淀完全后需陈化、过滤、洗涤等费时而麻烦的操作手续，某些沉淀伴随着共沉淀现象，使沉淀不能达到完全分离的目的。共沉淀现象对于常量沉淀分离是一种不利因素，但在分离方法中，可利用共沉淀作用分离富集微量组分即共沉淀分离法。在溶液中高含量组分沉淀的同时，将微量组分一起带入沉淀，达到微量组分分离和富集的目的。例如，水中微量的 Pb^{2+}，用 Na_2CO_3 难于使它沉淀完全。若预先加入 Ca^{2+}，再用 Na_2CO_3 作沉淀剂，则利用生成的 $CaCO_3$ 作载体，可将 Pb^{2+} 的碳酸盐吸附而共同沉淀下来。海水中亿万分之几的 Cd^{2+}，就是利用 $SrCO_3$ 作载体，生成 $SrCO_3$ 和 $CdCO_3$ 混晶沉淀，使 Cd^{2+} 得到分离和富集。

沉淀剂有无机沉淀剂和有机沉淀剂。有机沉淀剂可以灼烧除去，不引入杂质，选择性高，生成的沉淀性能较好，近年来应用已较普遍。

（二）萃取分离法

萃取分离法是利用与水不相混溶的有机溶剂同试液一起振荡，这时，一些组分进入有机相中，另一些组分仍留在水相中，从而达到分离的目的。如粪便中脂肪总量的测定及中草药有效成分提取与分离均属于萃取分离法。

萃取分离法既可用于常量组分的分离，又适用于痕量元素的分离与富集，而且设备简单、操作快速、分离效果好，杂质沾污比其他方法少，如果萃取的组分是有色化合物，可取有机相直接进行比色测定，故应用广泛。缺点是采用手工操作时，工作量较大；萃取溶剂常是挥发、易燃和有毒的，所以应用上受到限制。

（三）其他分离方法

其他分离方法有挥发分离法、离子交换分离法、色谱分离法等。

（1）挥发分离法是利用各组分的挥发性的差异来进行分离的方法。该方法可用于使被测组分定量分离出来后加以测定，也可用于消除干扰组分。如尿、血、食品中某些易挥发的待测物的分离测定，即是在加热或常温条件下通空气或氮气，使挥发组分逸出，用溶剂吸收逸出的气体，再用其他方法如分光光度法或气相色谱法进行测定。

（2）离子交换分离法是利用离子交换剂与溶液中的离子之间发生交换反应来进行分离的方法。常用的离子交换剂为离子交换树脂，离子交换树脂是具有网状立体结构的复杂的有机分子聚合物，根据所含活性基团不同，离子交换树脂分为阳离子交换树脂与阴离子交换树脂，分别可与溶液中的阳离子和阴离子发生交换反应，使交换能力不同的离子分离开来。

　　离子交换法不仅可用于离子之间的分离和微量组分的富集，在工业生产和实验室中常用来进行水的净化。在环境保护中，常用离子交换法处理工业废水。

　　（3）色谱法是利用各组分在固定相和流动相中亲合能力的差异来进行分离的方法。这种方法是由一种流动相带着试样流经固定相，物质在两相间进行反复的分配，由于物质在两相之间的分配系数不同，移动速度也不一样，从而达到互相分离的目的。

　　色谱法有取样量少，分离效能高等特点，因而发展迅速，在医学检验、药物分析、食品分析、环境监测等方面得到广泛应用。该方法在仪器分析课程中将作详细介绍。

二、测定方法的选择原则

　　随着工农业和科学技术的发展，对分析化学提出了更多的要求和任务，同时也为分析化学提供了更多更先进的测定方法。一种组分可用多种方法测定，例如铁的测定方法就有氧化还原法、配位滴定法、质量分析法、以及仪器分析法（分光光度法、电位滴定法）等。而仅在氧化还原滴定法中又有高锰酸钾法、重铬酸钾法或铈量法等。因此选用哪种测定方法，必须根据不同情况予以考虑。鉴于试样的种类繁多，测定要求又不尽相同，这里仅讨论测定方法的选择原则。

（一）测定的具体要求

　　测定的具体要求，主要考虑准确度和测定速度的要求，尽可能选用既"准"且"快"的测定方法，如果二者不可兼得时则依分析的任务而定。如相对原子质量的测定，标准试样分析、仲裁分析和原料药分析等，准确度是主要的；如生产过程中的中间控制分析、急性中毒分析速度便成了主要的。

　　例如在无机非金属材料（如水泥、陶瓷、玻璃等）的分析中，二氧化硅是主要的测定项目之一。为了测定二氧化硅的含量，多采用质量分析法。操作时先将试样经碱熔法使二氧化硅转变为硅酸盐，再在盐酸溶液中蒸干脱水两次，使二氧化硅呈硅酸凝胶状沉淀析出，然后过滤、燃烧至恒重。因硅酸有吸附作用易带入杂质，若测定准确度要求高，可将称过质量的有杂质的二氧化硅沉淀用 $HF - H_2SO_4$ 处理，使 SiO_2 转变为 SiF_4 挥发逸去，所得残渣为杂质，经燃烧残渣至恒重，处理前后质量之差，即为 SiO_2 的准确质量。此法具有干扰少、准确度高、滤液可用于其他组分的测定等优点，但操作繁琐，时间冗长。也可以只脱水一次并不再以 HF 处理，这样分析速度快一些，但准确度则差一些。为了更快速地完成测定，可改用氟硅酸钾容量法，但该法难掌握，一般重现性和准确度都较差，然而分析速度却较快，适用于生产中控制分析。

（二）被测组分的含量范围

　　适用于测定常量组分的方法常不适用于测定微量组分，或低浓度的物质；反之，测定微量组分的方法也多不适用于常量组分的测定，因此在选择测定方法时应考虑被测组分的含量范围。当被测组分是含量较高的主组分时，可采用滴定分析法或质量分析法。由于滴定法简便、快速，因此当两者均可应用时，一般选用滴定法。但滴定法需要准备标准溶液，若需要准确测定某一组分，而测定次数不多，又无所需标准溶液时，则选用质量分析法可能更方便一些。

　　对于微量组分的测定，用滴定法和质量法都有困难，此时应选用具有灵敏度较高的仪器分析法，如紫外－可见分光光度法、原子吸收分光光度法、色谱法等。这些方法的相对误差一般是百分之几，因此用这些方法测定常量组分时，其准确度不可能达到滴定法和质量法的那样高；但对微量组分的测定，这些方法的准确度能满足要求了。例如人发中微量元素的含量测定，不能用质量法和滴定法，而应用原子吸收分光光度法。

（三）被测组分的性质

了解被测组分的性质常有助于测定方法选择。例如大部分金属离子均可与 EDTA 形成稳定的螯合物，因此配位滴定法是测定金属离子的重要方法；具有酸性或碱性的组分，可选用酸碱滴定法；具有氧化或还原性的组分，可选用氧化还原滴定法。对于碱金属，特别是钠离子等，由于它们的配合物很不稳定，大部分盐类溶解度大，又不具有氧化还原性质，但能发射或吸收一定波长的特征谱线，因此火焰光度法及原子吸收分光光度法是较好的测定方法。

（四）共存组分的影响

选择测定方法时，必须同时考虑共存组分对测定的影响。一般总是希望采用选择性较好的分析方法，这样对测定的准确度和分析速度都是有益的。但实际工作中，共存组分往往影响测定，因此必须同时考虑采用改变测定条件，加入掩蔽剂或分离干扰组分方法消除共存组分的影响，如中药马钱子中生物碱士的宁的测定，当用有机溶剂提取酸碱滴定时，由于马钱子中含有 10 余种生物碱，故用此法测得的是生物碱的总量，要准确测定士的宁的含量，可先用薄层色谱分离，收集士的宁斑点，氯仿提溶，再用分光光度法测定。有条件可用薄层扫描仪直接测定，省时、准确、精密度更高。

（五）实验室的条件

新的分析方法和分析仪器不断涌现，因此在选择分析方法时，应尽量使用新的技术和新的方法。然而在选择分析方法时，还应根据本实验室的具体条件，因地制宜地进行考虑，如滴定分析所用仪器简单，一般实验室都能满足，若用紫外－可见分光光度法、薄层扫描仪、气相和高效液相色谱法，则需较昂贵的仪器。

综上所述，试样种类繁多，测定方法各异，分析要求又各不相同。所以，一个完整无缺，适合于任何试样、任何组分、任何要求的测定方法是不存在的。因此，我们必须根据试样的组成、被测组分的性质和含量、对测定的要求、存在干扰组分的情况和现有设备及条件，根据实际情况，综合考虑，以期选择一个较为适宜的测定方法。

思　考　题

1. 为了探讨某江河地段底泥中工业污染的聚集情况，某人从该段泥中挖一小铲泥土试样，送化验室测定。试问由此试样所得分析结果有无意义？如何采样才正确？

2. 在制备试样时，将大块矿样锤碎，用细孔径的筛子筛出部分用于分析，这种做法合理吗？为什么？

3. 溶解试样时应注意哪些方面的问题？

4. 有机试样为什么需消化处理？怎样处理？

5. 选择测定方法时应注意哪些问题？

（邱细敏）

分 析 化 学 实 验

实验一 分析天平的性能检查

一、目的要求

1. 了解分析天平的结构和称量原理。
2. 熟悉分析天平性能的检定方法。

二、仪器

TG-328B 型分析天平，20g 砝码（两个），10mg 小砝码，平衡物（根据需要加的小砝码或小纸片）。

三、方法原理

分析天平作为精密的称量仪器，其性能的好坏直接关系到分析结果的准确度。对分析天平的检查，除了外观以外，还应检查灵敏度、示值变动性等重要的计量性能指标。

分析天平的灵敏度是指在天平的一侧加 1mg 砝码时，指针在刻度标尺上偏移的格数（分度）。偏移的格数越多，天平的灵敏度越高。灵敏度的单位是格/mg，它的倒数称分度值或感量，其单位是 mg/格（mg/分度）。电光分析天平是通过在天平的一侧增加 10mg 砝码前后两次平衡点之差，来计算分度值。

分析天平的示值变动性是指在不改变称量条件的情况下，天平平衡位置的重现性。示值变动性越大，称量结果的可靠性越差。通常要求示值变动性不大于读数标尺上的一个分度。

四、操作步骤

1. **外观检查**

检查天平是否水平，横梁、吊耳、称盘是否在正常位置，砝码、圈码是否齐全，指数盘是否均指零位，升降旋钮开关是否正常。天平盘上若有灰尘，应用软毛刷轻刷干净。

2. **空载时示值变动性的测定**

调好分析天平的零点后，连续 5 次开启天平，记录 5 次平衡读数（L_1），关闭天平。

3. **空载时分度值的测定**

开启天平，记录平衡读数（L_2），关闭天平，将 10 mg 小砝码 r 加在左盘上，再开启天平，记录平衡读数（L_3），关闭天平。

4. **载重时示值变动性的测定**

自左盘中取出小砝码 r，把同面值的两个 20g 砝码 P_1 和 P_2 分别放在左、右盘的中心，开启天平。若天平不平衡，关闭天平，将适当的平衡物加入到较轻的盘中，直至平衡（标尺读数在"0"附近）。连续 5 次开启天平，记录 5 次平衡读数（L_4），关闭天平。

5．载重时分度值的测定

两盘中的砝码 P_1、P_2（包括平衡物）不动，开启天平，记录平衡读数（L_5），关闭天平。在左盘添加小砝码 r，开启天平，记录平衡读数（L_6），关闭天平。

五、实验结果（附示例）

1．数据记录

称量盘上的载荷		平衡读数（分度）					平衡位置
左盘	右盘	1	2	3	4	5	L_i
0	0	0.1	0.3	−0.1	−0.3	0.2	L_1
0	0			−0.1			L_2
r	0			99.4			L_3
P_1	P_2	0.2	0.5	−0.3	−0.1	0.1	L_4
P_1	P_2			0.4			L_5
$P_1 + r$	P_2			98.6			L_6

* 小砝码 r 的准确质量为 10.04mg。

2．结果计算与结论

（1）示值变动性

空载时　$\Delta_0 = L_1$（最大）$- L_1$（最小）

　　　　　　　$= 0.3 - (-0.3) = 0.6$ 分度

没有超过 1 分度的规定。

载重时　$\Delta_P = L_4$（最大）$- L_4$（最小）

　　　　　　　$= 0.5 - (-0.3) = 0.8$ 分度

没有超过 1 分度的规定。

（2）分度值

空载时

$$S_0 = \frac{r}{L_3 - L_2} = \frac{10.04}{99.4 - (-0.1)} = 0.1009 \text{mg/分度}$$

用分度表示为

$$\frac{10.00}{0.1009} = 99.1 \text{分度}$$

没有超过 100 ± 2 分度的规定。

载重时　　$S_P = \frac{r}{L_6 - L_5} = \frac{10.04}{98.6 - 0.4} = 0.1022 \text{mg/分度}$

用分度表示为

$$\frac{10.00}{0.1022} = 97.8 \text{分度}$$

超过了 100 ± 2 分度的规定。

六、注意事项

1. 对分析天平严格全面的性能检定，应按国家有关标准执行，本法只是简单的检定。
2. 天平开启时，不得加减砝码，否则会损坏玛瑙刀口。
3. 升降旋钮开关以及指数盘转动时，动作要轻缓。

七、思考题

1. 分析天平的分度值大小与哪些因素有关？
2. 分度值和示值变动性两者有何关系？
3. 为什么分度值过大或过小都不好？

（苗建伟）

实验二　称　量　练　习

一、目的要求

1. 学会正确使用分析天平。
2. 熟悉称量方法特别是减重称量法。

二、仪器与试剂

仪器　分析天平（TG－328 型或 DT－100 型），托盘天平，小烧杯（50ml），称量瓶。
试剂　$K_2Cr_2O_7$ 或 NaCl（供称量练习用）。

三、方法原理

使用双盘电光天平，1g 以上的砝码由砝码盒中取加；100～900mg 的砝码由指数盘外圈转加；10～90mg 的砝码由指数盘内圈转加；10mg 以下则由投影屏标尺读出，可读准至 0.1mg。

使用单盘电光天平，100mg 以上的砝码由减码手轮取放；1～100mg 可由投影屏标尺读取；不足 1mg 则由微读数字窗口读出。

四、操作步骤

1. 检查天平的水平与清洁情况，检查各部件是否处于正常状态，砝码是否齐全，调整天平零点。
2. 取 2 个干净并编有号码的小烧杯，可先在托盘天平上粗称其质量（准确至 0.1g），然后在分析天平上准确称量（准确至 0.1mg）。
3. 取一只装有试样的称量瓶，可先粗称其质量，然后在分析天平上准确称量。用减重法准确称取 $K_2Cr_2O_7$ 或 NaCl 试样 2 份，每份约 0.5g，分别置于 2 个小烧杯中。

4. 将装有试样的 2 个小烧杯分别在分析天平上准确称量。

五、实验结果

1. 数据记录

实验次数	I	II
（$K_2Cr_2O_7$ + 称量瓶）初重（g）	m_1	
（$K_2Cr_2O_7$ + 称量瓶）末重（g）	m_2	
倒出 $K_2Cr_2O_7$ 重（g）		
（$K_2Cr_2O_7$ + 烧杯）重（g）	m_3	
空烧杯重（g）	m_4	
倒入 $K_2Cr_2O_7$ 重（g）		
绝对差值（g）		

2. 结果计算

倒出 $K_2Cr_2O_7$ 重（g）＝$m_1 - m_2$

倒入 $K_2Cr_2O_7$ 重（g）＝$m_3 - m_4$

绝对差值（g）＝|倒出 $K_2Cr_2O_7$ 重 － 倒入 $K_2Cr_2O_7$ 重|

绝对差值应不超过 0.0005g。

六、注意事项

1. 称量范围一般控制在相对误差约 ±10% 以内。
2. 被称量物品不得用手直接接触，也不能直接放在台面上。
3. 开启天平后，不得在称盘上取放物品或加减砝码。
4. 称量结束后，应将天平复原并在"天平使用登记本"上登记。

七、思考题

1. 如果绝对差值大于 0.5 mg，可能有哪些原因？
2. 平衡读数时，升降旋钮为何要全部打开？
3. 什么是天平的零点和停点？在减重称量法中，天平的零点是否一定要调到"0"？

（苗建伟）

实验三　氯化钡结晶水的测定

一、目的要求

1. 进一步巩固分析天平的操作。
2. 掌握干燥失重法测定水分的原理和方法。
3. 明确恒重的意义。

二、仪器与试剂

仪器　分析天平，扁型称量瓶（直径约 3cm），电热干燥箱，干燥器。

试剂　$BaCl_2 \cdot 2H_2O$ 样品（A.R）。

三、方法原理

在一般情况下，$BaCl_2 \cdot 2H_2O$ 中二分子结晶水较稳定，当干燥温度高于 100℃时，失去结晶水，而无水氯化钡不挥发也不变质。实际工作中，可在 105～110℃对 $BaCl_2 \cdot 2H_2O$ 加热干燥。

$$BaCl_2 \cdot 2H_2O \xrightarrow{\triangle} BaCl_2 + 2H_2O\uparrow$$

$BaCl_2 \cdot 2H_2O$ 晶体含包藏水很少，因此失去的水分即为结晶水。

四、操作步骤

1. 取称量瓶 3 个，洗净。将瓶盖斜靠于瓶口上，置于电热干燥箱中 105℃干燥 1h，取出，置于干燥器中冷却至室温（30min），取出，盖好瓶盖，准确称其质量。重复上述操作，直至连续两次干燥后的质量差不超过 0.3 mg，即达到了恒重。

2. 取 $BaCl_2 \cdot 2H_2O$ 样品 3 份，每份约 1g，平铺于已恒重的称量瓶中，盖好瓶盖，分别精密进行称定。然后将称量瓶盖斜放于瓶口，置电热干燥箱中 105℃干燥 1h，取出，置于干燥器中冷却至室温（30min），取出，盖好瓶盖，准确称其质量。重复上述操作直至恒重。

五、实验结果（附示例）

1. 数据记录

实验次数		I	II	III
空称量瓶恒重 m_0 (g)	第一次干燥	20.0241		
	第二次干燥	20.0240		
	第三次干燥			
称量瓶加样品干燥后恒重 m_1 (g)	第一次干燥	20.9495		
	第二次干燥	20.9484		
	第三次干燥	20.9482		
称量瓶加样品重 m_2 (g)		21.1088		
样品重 $m_2 - m_0$ (g)		1.0848		
结晶水重 $m_2 - m_1$ (g)		0.1606		

2. 结果计算

$$BaCl_2 \cdot 2H_2O\% = \frac{m_{H_2O}}{m_s} \times 100\%$$

$$= \frac{0.1606}{1.0848} \times 100\% = 14.80\%$$

六、注意事项

1. 称量瓶烘干后置于干燥器中冷却时，勿将盖子盖严，以防冷却后不易打开。

2. 称量时速度要快，称量瓶盖应盖好，以免吸潮而影响恒重。

3. 称量瓶加样前后加热干燥的温度以及在干燥器中冷却的时间应保持一致。

七、思考题

1. 空称量瓶为何要干燥至恒重？

2. 如果样品第二次干燥后的质量是 20.9484g，而第三次干燥后质量为 20.9486g，有这种可能吗？样品是否达到了恒重？

（苗建伟）

实验四　滴定分析操作练习

一、目的要求

1. 学习滴定分析仪器的洗涤方法。
2. 掌握滴定管、移液管及容量瓶的操作技术。
3. 学习观察与判断滴定终点的方法。
4. 学会配制铬酸洗涤液和它的使用方法。

二、仪器与试剂

仪器　酸式滴定管（50ml），碱式滴定管（50ml），锥形瓶（250ml），胖肚移液管（25ml），量筒（100ml），烧杯（100ml），容量瓶（100ml），洗耳球。

试剂　氢氧化钠溶液（0.1mol/L），盐酸溶液（0.1mol/L），酚酞指示剂（0.1%），甲基橙指示剂（0.1%），重铬酸钾（C. P），工业用浓硫酸。

三、方法原理

滴定分析是将一种已知准确浓度的标准溶液滴加到被测试样的溶液中，直到化学反应完全为止，然后根据标准溶液的浓度和体积求得被测试样中组分含量的一种方法。准确测量溶液的体积是获得良好分析结果的重要前提之一，为此必须学会正确使用滴定分析仪器，掌握滴定管、移液管和容量瓶的操作技术。本次实验按照滴定分析仪器的使用操作规程，练习移液管、容量瓶的使用及滴定分析操作。

四、操作步骤

1. 按铬酸洗涤液的配制方法配制洗涤液 50ml。
2. 按滴定分析基本操作方法洗涤滴定管、移液管和容量瓶。
3. 取重铬酸钾固体少许，置小烧杯中，加水约 20ml，搅拌使溶解后，按操作规程，定量转移到 100ml 容量瓶中，稀释至刻度线，混匀。
4. 滴定练习

（1）取洗净的碱式滴定管一支，检查是否漏水（如漏水应换上合适的玻璃珠或橡皮管），并用 NaOH 标准溶液（0.1mol/L）荡洗碱式滴定管 3 次，装入 NaOH 标准溶液

（0.1mol/L），排除气泡调整至 0.00 刻度。

（2）取洗净的 25ml 移液管一支，移取 25.00mlHCl 溶液（0.1mol/L）置 250ml 锥形瓶中（移液管在使用前用 0.1mol/L HCl 溶液润洗 3 次），加入 25ml 蒸馏水，酚酞指示剂 2 滴，用 NaOH 标准溶液（0.1mol/L）滴定至微红色 30s 不褪即为终点，记下 NaOH 体积，重复 3 次，每次消耗的 NaOH 体积相差不得超过 0.04ml。

（3）改用酸式滴定管装 HCl 溶液滴定 NaOH 溶液，以甲基橙为指示剂，重复上述操作，观察终点颜色从黄变为橙色，注意半滴加入的操作技术。

五、实验结果

实 验 次 数	Ⅰ	Ⅱ	Ⅲ
NaOH 终读数（ml）			
NaOH 初读数（ml）			
V_{NaOH}（ml）			
HCl 终读数（ml）			
HCl 初读数（ml）			
V_{HCl}（ml）			

六、思考题

1. 玻璃仪器洗净的标志是什么？

2. 滴定管和移液管使用前应如何处理？为什么？用作滴定用的锥形瓶或烧杯是否要同样处理？是否需要干燥？为什么？

3. 用移液管量取溶液时，遗留在管尖内的少量溶液是否应吹出？为什么？

［附］　　　　　滴定分析基本操作

在滴定分析中，准确测量溶液的体积，是获得良好分析结果的重要前提之一。为此，必须学会正确地使用容量器皿，如滴定管、移液管及容量瓶等，现分别介绍如下。

一、容量器皿的洗涤

容量器皿在使用前必须洗净，洗净的容量器皿，它的内壁应能被水均匀润湿而无小水珠。一般器皿如烧杯、锥形瓶等，可先用毛刷蘸取肥皂水或洗衣粉刷洗，刷洗后用自来水冲洗干净，然后器皿的内壁再用适量蒸馏水荡洗 3 次，方能使用。若还不能洗净，则可根据污垢的性质选配适当的洗涤液进行洗涤。下面介绍铬酸洗涤液的配制：量取工业用浓硫酸 100ml 于烧杯中，加热（注意不得加热至冒烟）；称取工业用重铬酸钾 5g 研细后，慢慢倒入热浓硫酸中，边倒边搅拌，溶液呈暗褐色，冷后贮于玻璃瓶中。

1. 滴定管的洗涤

酸式滴定管可倒入铬酸洗涤液 10ml 左右，把管子横过来，两手平端滴定管转动，直至洗涤液布满全管，直立，将洗涤液从管尖放出。

碱式滴定管则需将橡皮管取下，用小烧杯接在管下部，然后倒入铬酸洗液，进行洗涤，洗液洗后仍倒回原瓶内，可继续使用。用洗液洗过的滴定管应用自来水充分洗净后，再用蒸馏水洗 3 次，并检查管内壁是否挂水珠，如不挂水珠，则可用。

　　值得注意的是：碱式滴定管的玻璃尖嘴及玻璃珠用洗液洗过后，用自来水冲洗几次后再装好，这时，用自来水和蒸馏水洗涤滴定管时要从管尖放出，并且改变捏的位置，使玻璃珠各部位都得到洗涤。

　　2．容量瓶的洗涤

　　可倒入少许洗涤液摇动或浸泡，洗液仍倒回原瓶，容量瓶用自来水充分洗涤后，用蒸馏水洗 3 次。

　　3．移液管的洗涤

　　用洗耳球吸取少许洗液于移液管中，横放并转动(图1)，至管内壁均沾上洗液，直立，将洗液自管尖放回原洗液瓶中，洗过的移液管用自来水充分洗净后，用蒸馏水淋洗 3 次，即得。

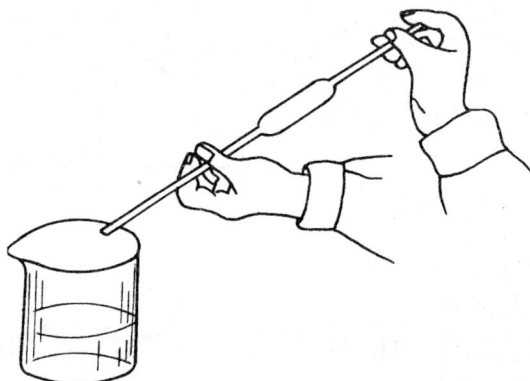

图1　移液管的洗涤操作

二、滴定管及其使用方法

　　滴定管是用来进行滴定的器皿，用于测定在滴定中所用标准溶液的体积，滴定管是一种细长、内径大小均匀而具有刻度的玻璃管，管的下端有玻璃尖嘴，有 25ml、50ml 等不同的容积。最小刻度值与其容积有关，如 50ml 滴定管的最小刻度为 0.1ml，读数可估计到 0.01ml。

　　滴定管可分为二种（图2）：一种是酸式滴定管（见图2-a），另一种是碱式滴定管（见图2-b）。酸式滴定管的下端有玻璃活塞，可装入酸性或氧化性滴定液，不能装入碱性滴定液，因碱性滴定液可使活塞难于转动；(滴定管与活塞套粘合)。碱液要用碱式滴定管，它的下端连接一橡皮管，管内有玻璃珠以控制溶液流出，下面再接

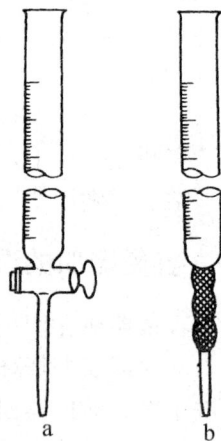

a　　b

图2　酸碱滴定管

有一尖嘴玻璃管，这种滴定管不能装入酸或氧化性等腐蚀橡皮的溶液。

　　1．滴定管使用前的准备

　　酸式滴定管使用前应检查活塞转动是否灵活，然后检查是否漏水。试漏的方法是先将活塞关闭，在滴定管内装满水，放置 2min，观察管口及活塞两端是否有水渗出；将活塞转动 180°，再放置 2min，看是否有水渗出，若无渗水现象，活塞转动也灵活，即可使用；

否则应将活塞取出，用滤纸擦干活塞及活塞套，在活塞粗端和活塞套细端分别涂一薄层凡士林，亦可在玻璃活塞孔的两端涂上一薄层凡士林（图3），小心不要涂在孔边以防堵塞孔眼，然后将活塞放入活塞套内，顺一个方向旋转，直至透明为止。在活塞末端套一橡皮圈以防使用时将活塞顶出。将滴定管加满水后，再检查是否漏水。

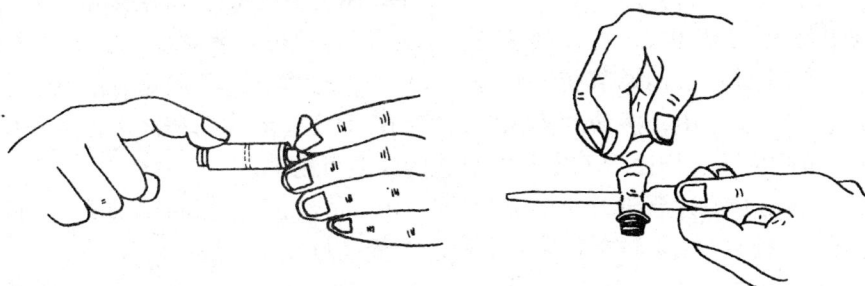

图3 涂凡士林部位

若活塞孔或出口尖嘴被凡士林堵塞时，可将滴定管充满水后，将活塞打开，用洗耳球在滴定管上部挤压、鼓气，可将凡士林排出。

碱式滴定管应选大小合适的玻璃珠和橡皮管，并检查滴定管是否漏水，液滴是否能灵活控制，如不合要求，则应重新装配。

2. 标准溶液的装入

为了避免装入后的标准溶液被稀释,应用此种标准溶液5～10ml荡洗滴定管2～3次,操作时两手平端滴定管,慢慢转动,使标准溶液流遍全管,并使溶液从滴定管下端流出,以除去管内残留水分。在装入标准溶液时,应直接倒入,不得借用任何别的器皿,以免标准溶液浓度改变或造成污染。装好标准溶液后,应检查滴定管尖嘴内有无气泡,否则在滴定过程中,气泡逸出,影响溶液体积的准确测量。对于酸式滴定管可迅速转动活塞,使溶液很快冲出,将气泡带走;对于碱式滴定管,可将橡皮管向上弯曲(图4)并在稍高于玻璃珠处用两手指挤压玻璃珠,使溶液从尖嘴处喷出,即可排除气泡,排除气泡后,调节液面在"0.00"ml,或在"0.00"ml刻度以下处,并记下初读数。

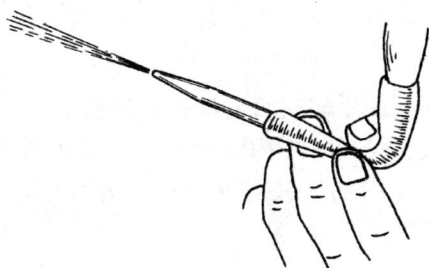

图4 除气泡方法

3. 滴定管的读数

由于滴定管读数不准确引起的误差,常常是滴定分析误差的主要来源之一,因此在滴定前要进行读数练习。读数时,用右手大拇指和食指捏住滴定管上部无刻度处,使滴定管垂直,然后再读数。由于表面张力作用,滴定管内液面呈弯月形,无色溶液的弯月面比较清晰,读数时,眼睛视线与溶液弯月面下缘最低点应在同一水平面上,读出与弯月面相切的刻度,眼睛的位置不同会得出不

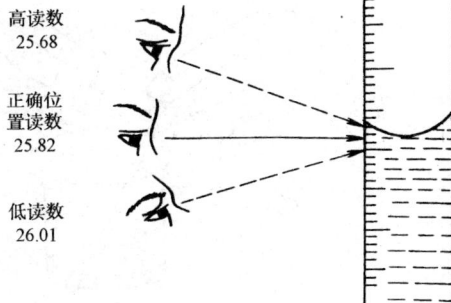

高读数 25.68
正确位置读数 25.82
低读数 26.01

图5 读数视线的位置

同的读数(图5)。对于有色溶液,如 $KMnO_4$ 溶液,弯月面不够清晰,可以观察液面的上缘,读出与之相切的刻度。使用"蓝线"滴定管时,溶液体积的读数与上述方法不同,在这种滴定管中,液面呈现三角交叉点,读取交叉点与刻度相切之处读数。为了使读数准确,应遵守以下原则:

(1)在装满或放出溶液后,必须等 $1\sim2min$,使附在内壁上的溶液流下来以后才能读数。如果放出液体较慢(如接近计量点时就是如此),也可只等 $0.5\sim1min$ 即读数。

(2)每次滴定前将液面调节在 "0.00" 或稍下的位置,由于滴定管的刻度不可能绝对均匀,所以在同一实验中,溶液的体积应该控制在滴定管刻度的相同部位,一般滴定体积在 $20\sim30ml$ 范围内,这样由于刻度不准引起的误差可抵消。

(3)读数的值必须读至毫升小数点后第二位,即要求估计到 $0.01ml$。正确掌握估计 $0.01ml$ 读数方法很重要。滴定管上两个小刻度之间为 $0.1ml$,是如此之小,要准确估计其十分之一的值,必须经过严格训练。初学者可以这样来估计:当液面在此两小刻度之间即为 $0.05ml$;若液面在两小刻度间的 $1/3$ 或 $2/3$ 处,即为 $0.03ml$ 或 $0.07ml$;当液面在两小刻度间的 $1/5$ 时,即为 $0.02ml$ 等等。

(4)在使用非"蓝线"滴定管时,为了使读数清晰,可在滴定管后边衬一张"读数卡"(即一张半边黑半边白的小纸片)。读数时,将读数卡放在滴定管背面,使黑色部分在弯月面下约 $1ml$ 处,此时即可看到弯月面的反射层全部成为黑色,读取此黑色弯月面下缘的最低点。对有色溶液须读其两侧最高点时,须用白色卡片作为背景。

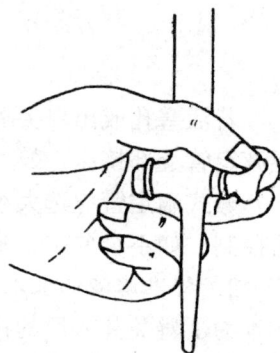

图6　酸式滴定管的操作

4. 滴定操作

使用酸式滴定管滴定时左手控制活塞,大拇指在前,食指和中指在后,手指略微弯曲,轻轻向内扣住活塞,注意手心不要顶住活塞,以免将活塞顶出,造成漏液(图6)。滴定时右手持锥形瓶,边滴边摇(图7),使瓶内溶液混合均匀,反应进行完全。刚开始

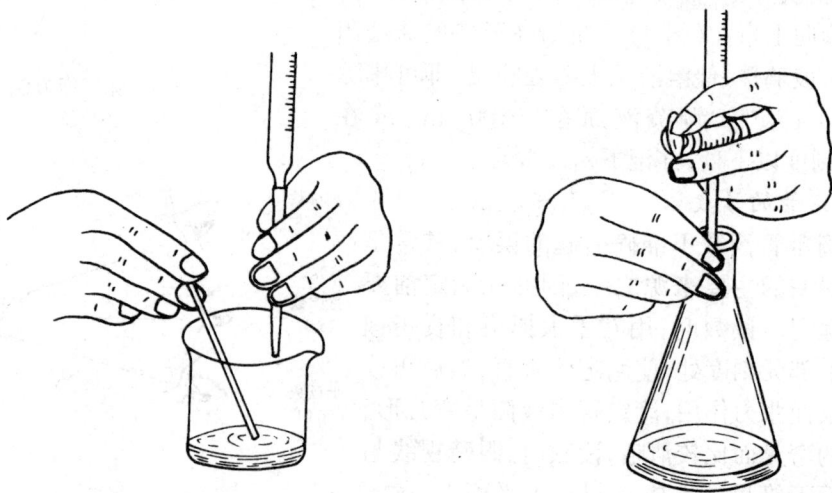

图7　滴定操作

滴定时，滴定液滴出速度可稍快，但也不能使滴出液呈线状。临近终点时，滴定速度应十分缓慢，应一滴或半滴地加入，滴一滴，摇几下，并用洗瓶吹入少量蒸馏水洗锥形瓶内壁，使溅起附着在锥形瓶内壁的溶液洗下，充分作用完全，然后再加半滴，直至终点为止。半滴的滴法是将滴定管活塞稍稍转动，使有半滴溶液悬于滴定管口，将锥形瓶壁与管口接触，使溶液靠入滴定瓶中并用蒸馏水冲下。

使用碱式滴定管时，左手拇指在前，食指在后，捏住橡皮管中的玻璃珠，其他3个手指辅助夹住出口管，在玻璃珠上方，用拇指和食指向外侧捏挤橡皮管，使橡皮管和玻璃珠之间形成一条缝隙(图8)，溶液即可流出。但注意不能捏挤玻璃珠下方的橡皮管，否则空气进入形成气泡。

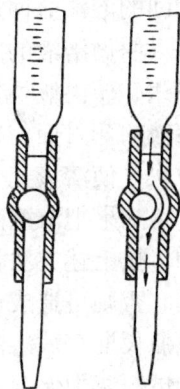

图 8　碱式滴定管操作

三、容量瓶及其使用方法

容量瓶是一种细颈梨形平底瓶（图9），带有磨口玻璃或塑料塞。颈上有标线，表示在所指温度下当液体充满到标线时，液体体积恰好与瓶上所注明的体积相等。容量瓶一般用来配制标准溶液或试样溶液以及稀释一定量溶液到一定的体积。通常有25ml、50ml、100ml、250ml、500ml、1000ml等各种规格。

图 9　容量瓶

1. 容量瓶的准备

使用前要检查是否漏水。检查方法是：放入自来水至标线的附近，盖好瓶塞，瓶外水珠用布擦拭干净，左手按住瓶塞，右手拿住瓶底，将瓶倒立2min，观察瓶塞周围是否有水渗出。如不漏，将瓶直立，把瓶塞转动约180°后，再倒立试一次，检查两次很有必要，因为有时瓶塞与瓶口不是任何位置都密合。容量瓶应洗涤干净。洗涤方法与洗涤滴定管相同。

2. 操作方法

如果是用固体物质配制标准溶液，先将准确称取的固体物质置小烧杯中溶解后，再将溶液转入容量瓶中。转移时，要使玻璃棒的下端靠近瓶颈，使溶液沿玻璃棒及瓶颈内壁流下（图10），溶液全部流完后，将烧杯沿玻璃棒上提，同时直立，使附着在玻璃棒烧杯咀

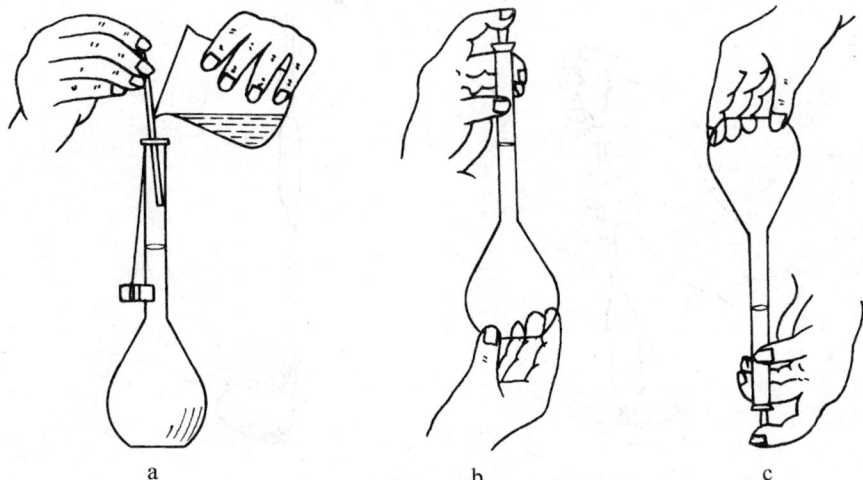

a　　　　　　　　　b　　　　　　　　　c
图 10　容量瓶的使用

之间的溶液流回烧杯中。然后用蒸馏水洗涤烧杯 3 次。洗液一并转入容量瓶（叫做溶液的定量转移）。然后用蒸馏水稀释至容积 2/3 处时，摇动容量瓶，使溶液均匀，继续加蒸馏水，加至接近标线时，要慢慢滴加，直至溶液的弯月面与标线相切为止，盖紧瓶塞，使容量瓶倒转，并将溶液振荡数次，使溶液充分混合均匀。

　　如果把浓溶液定量稀释，则用移液管吸取一定体积的浓溶液移入瓶中，按上述方法稀释至标线，摇匀。热溶液应冷至室温后，才能稀释至标线，否则可造成体积误差。需避光的溶液应以棕色容量瓶配制。不要用容量瓶长期存放溶液，尤其是碱性溶液会侵蚀瓶塞，使之无法打开，应转移到试剂瓶中保存，试剂瓶应先用配好的溶液荡洗 2～3 次。容量瓶不能用火直接加热及烘烤。

四、移液管和吸量管及其使用方法

　　移液管和吸量管都是准确移取一定量溶液的量器。移液管中间有膨大部分又称吸管，常用的规格有 5ml、10ml、25ml、50ml。吸量管是具有分刻度的玻璃管，常用的规格有 1ml、2ml、5ml、10ml。其形状见图 11。

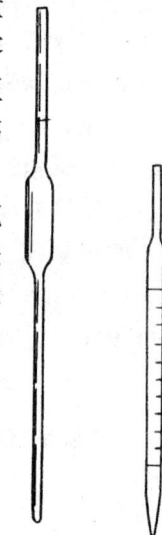

图 11　移液管和吸量管

　　1. 洗涤

　　移液管和吸量管一般采用橡皮洗耳球吸取铬酸洗液洗涤，沥尽洗液后，用自来水冲洗，再用蒸馏水洗涤干净。

　　2. 操作方法

　　当第一次用洗净的移液管吸取溶液时，应先用滤纸将尖端内外的水吸净，否则会因水滴引入改变溶液的浓度。然后，用所要移取的溶液将移液管润洗 2～3 次，以保证移取的溶液的浓度不变。移取溶液时，一般用右手的大拇指和中指拿住颈标线上方，将管子插入溶液中 1～2cm 左右。管子插入太深会使管外沾附溶液过多，影响量取的溶液体积的准确

图 12　吸取溶液操作　　　　　　　　图 13　放出

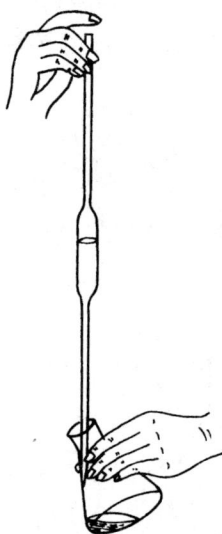

性：太浅往往会产生空吸。左手拿洗耳球，先把球内空气压出，然后把球的尖端接在移液管顶口，慢慢松开左手指使溶液吸入管内（图 12）。当液面升高到刻度以上时移去洗耳球，立即用右手的食指按住管口，将移液管提离液面，并将管的下部原伸入溶液的部分沿待吸液容器内壁轻转两圈（或用滤纸擦干移液管下端）以除去管壁上沾的溶液，然后稍松食指，使液面下降，直到溶液的弯月面与标线相切（注意应平视），立刻用食指压紧管口。取出移液管，把准备承接溶液的容器稍倾斜，将移液管移入容器中，使管垂直，管尖靠着容器内壁，松开食指，让管内溶液自然地全部沿器壁流下（图 13），再等待 15s 左右，取出移液管。切勿把残留在管尖内的溶液吹出，因为在校正移液管时，已考虑了末端所保留的溶液体积，未将这部分液体体积计算在内。

吸量管的操作方法与上述相同，但有一种 0.1ml 的吸量管，管口上刻有"吹"字的，使用时必须将管尖内的溶液吹出，不允许保留。

移液管使用后，应洗净放在移液管架上。移液管和吸量管都不能放在烘箱中烘烤，以免引起容积变化而影响测量的准确度。

（邱细敏）

实验五　氢氧化钠标准溶液的配制与标定

一、目的要求

1. 掌握氢氧化钠溶液的配制和标定方法。
2. 学习用减量法称量固体物质。
3. 熟悉滴定操作和滴定终点的判断。

二、仪器与试剂

仪器　碱式滴定管（50ml），锥形瓶（250ml），量筒（100ml），烧杯（400ml），试剂瓶（500ml），橡皮塞。

试剂　氢氧化钠（A. R），邻苯二甲酸氢钾（基准物质），酚酞指示剂（0.1%）。

三、方法原理

NaOH 易吸收空气中的 CO_2，使得溶液中含有 Na_2CO_3。
$$2NaOH + CO_2 =\!\!= Na_2CO_3 + H_2O$$

经标定后的含有碳酸钠的标准碱溶液，用它测定酸含量时，若使用与标定时相同的指示剂，则含碳酸盐对测定并无影响，若测定与标定不是用相同的指示剂，则将发生一定的误差。因此应配制不含碳酸盐的标准溶液。

由于 Na_2CO_3 在饱和 NaOH 溶液中不溶解，因此可用饱和 NaOH 溶液（含量约为 52%，相对密度约 1.56）配制不含 Na_2CO_3 的 NaOH 溶液。待 Na_2CO_3 沉淀后，量取一定量上清液，稀释至所需浓度，即得。用来配制氢氧化钠溶液的蒸馏水，应加热煮沸放冷，除去其中的 CO_2。

　　标定碱溶液的基准物质很多，如草酸（$H_2C_2O_4 \cdot 2H_2O$）、苯甲酸（C_6H_5COOH）、邻苯二甲酸氢钾（$HOOCC_6H_4COOK$）等。最常用的是邻苯二甲酸氢钾，滴定的反应式如下：

$$\begin{array}{c}\text{COOH}\\\text{COOK}\end{array} + NaOH \Longrightarrow \begin{array}{c}\text{COONa}\\\text{COOK}\end{array} + H_2O$$

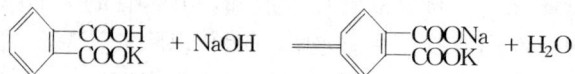

计量点时由于弱酸盐的水解，溶液呈微碱性，应采用酚酞为指示剂。

四、操作步骤

　　1. NaOH 标准溶液的配制

　　（1）NaOH 饱和水溶液的配制　取 NaOH 约 120g，倒入装有 100ml 蒸馏水的烧杯中，搅拌使之溶解成饱和溶液。冷却后，置于塑料瓶中，静置数日，澄清后备用。

　　（2）NaOH 溶液（0.1mol/L）的配制　取澄清的饱和氢氧化钠溶液 2.5ml，加新煮沸的冷蒸馏水 400ml，摇匀即得。

　　2. NaOH 溶液（0.1mol/L）的标定

　　精密称取 105～110℃ 干燥至恒重的基准物邻苯二甲酸氢钾约 0.5g 3 份于 3 个 250ml 锥形瓶中，加新煮沸冷却蒸馏水 50ml，小心振摇使之完全溶解。加酚酞指示剂 2 滴，用 NaOH 溶液（0.1mol/L）滴定至溶液呈浅红色 30s 不褪为终点，记录所消耗的 NaOH 溶液的体积。根据所消耗的 NaOH 体积及邻苯二甲酸氢钾的质量计算 NaOH 的浓度。

五、实验结果

　　1. 数据记录

实　验　次　数	Ⅰ	Ⅱ	Ⅲ
（基准物＋称量瓶）初重（g）			
（基准物＋称量瓶）末重（g）			
邻苯二甲酸氢钾重（g）			
NaOH 终读数（ml）			
NaOH 初读数（ml）			
V_{NaOH}（ml）			

　　2. 结果计算

$$c_{NaOH} = \frac{m_{KHC_8H_4O_4}}{V_{NaOH} \times \dfrac{M_{KHC_8H_4O_4}}{1000}} \qquad M_{KHC_8H_4O_4} = 204.2$$

六、注意事项

　　1. 固体氢氧化钠应在表面皿上或在小烧杯中称量，不能在称量纸上称量。

　　2. 滴定之前，应检查橡皮管内和滴定管管尖处是否有气泡，如有气泡应予排除。

　　3. 盛装基准物的 3 个锥形瓶应编号，以免张冠李戴。

　　4. 在每次滴定结束后，要将标准溶液加至滴定管零点，以减小误差。

七、思考题

1. 配制标准碱溶液时，用台称称取固体 NaOH 是否会影响浓度的准确度？能否用纸称取固体 NaOH？为什么？

2. 用邻苯二甲酸氢钾为基准物质标定 NaOH 溶液的浓度一般应消耗 NaOH 溶液（0.1mol/L）约 25ml，问应称取邻苯二甲酸氢钾若干克？

3. 一个好的基准物质应具备哪些条件？

[附] 滴定分析实验报告

记录与计算结果示例

实 验 次 数	I	II	III
（基准物＋称量瓶）初重（g）	24.2345	23.6525	23.1375
（基准物＋称量瓶）末重（g）	23.6525	23.1375	22.6066
邻苯二甲酸氢钾重（g）	0.5820	0.5150	0.5309
NaOH 终读数（ml）	24.16	21.40	22.03
NaOH 初读数（ml）	0.00	0.02	0.01
V_{NaOH}（ml）	24.16	21.38	22.02
c_{NaOH}（mol/L）	0.1180	0.1180	0.1181
平均值（mol/L）	0.1180		
相对平均偏差（%）	0.08		

（邱细敏）

实验六　　乙酸的含量测定

一、目的要求

1. 了解强碱滴定弱酸时指示剂的选择。
2. 熟悉移液管的使用方法和滴定操作技术。

二、仪器与试剂

仪器　碱式滴定管（50ml），移液管（25ml，10ml），锥形瓶（250ml），量筒（100ml），容量瓶（100ml）。

试剂　NaOH 标准溶液（0.1mol/L），乙酸溶液，酚酞指示剂（0.1%）。

三、方法原理

乙酸的电离常数 $K_a = 1.8 \times 10^{-5}$，可以用标准氢氧化钠溶液直接滴定，反应式为：

$$NaOH + CH_3COOH \xlongequal{\hspace{1cm}} CH_3COONa + H_2O$$

滴定至计量点时的 pH 为 8.7，用 NaOH 溶液（0.1mol/L）滴定 CH$_3$COOH 溶液时其 pH 突跃范围为 7.7～9.7，通常选酚酞为指示剂。终点由无色到显微红色。由于 CO$_2$ 可使酚酞的红色褪去，故滴至溶液显微红色在半分钟内不褪色为止。

四、操作步骤

取洗净的 25ml 移液管 1 支，用少量待测的乙酸样品溶液荡洗 3 遍，然后精密移取 25.00ml 乙酸于 100ml 容量瓶中，加蒸馏水至刻度线，密塞后充分摇匀。将 10ml 移液管洗净后，用少量稀释后的乙酸洗 3 遍，然后精密移取 10.00ml 3 份于 3 个 250ml 锥形瓶中，各加水 25ml，酚酞指示剂 2 滴，用 NaOH 标准溶液（0.1mol/L）滴至淡粉红色，且在半分钟内不褪色为止。

五、实验结果

1. 数据记录

实　验　次　数	I	II	III
取稀释后的 V_{HAc}（ml）			
NaOH 终读数（ml）			
NaOH 最初读数（ml）			
V_{NaOH}（ml）			

2. 结果计算

$$CH_3COOH\% = \frac{c_{NaOH} \times V_{NaOH} \dfrac{M_{CH_3COOH}}{1000}}{V_s} \times 100\% \qquad M_{CH_3COOH} = 60.06$$

$$V_s = 10.00 \times \frac{25.00}{100.00}$$

六、注意事项

乙酸样品液可用食醋代替或取浓乙酸（17mol/L）59ml 加蒸馏水至 100ml 配制而成。

七、思考题

1. 以 NaOH 滴定乙酸属于哪种类型的滴定？计量点 pH 如何计算？怎样选指示剂？

2. 取乙酸的移液管要先用待移取的乙酸液洗 3 遍后才能准确移取，为什么？250ml 锥形瓶要不要用乙酸洗 3 遍？

（邱细敏）

实验七　苯甲酸的含量测定

一、目的要求

1. 掌握用酸碱滴定法测苯甲酸的原理和方法。
2. 掌握酚酞指示剂的滴定终点。

二、仪器与试剂

仪器　碱式滴定管（50ml），锥形瓶（250ml），量筒（100ml）。

试剂　NaOH标准溶液（0.1mol/L），酚酞指示剂（0.1%），中性稀乙醇。

三、方法原理

苯甲酸属芳香羧酸类药物，电离常数 $K_a=6.3\times10^{-3}$，可用标准碱溶液直接滴定，其反应式为：

$$\text{C}_6\text{H}_5\text{—COOH} + \text{NaOH} \Longrightarrow \text{C}_6\text{H}_5\text{—COONa} + \text{H}_2\text{O}$$

计量点时，生成物是强碱弱酸盐，溶液呈微碱性，应选用碱性区域变色的指示剂，本实验选用酚酞作指示剂。

四、操作步骤

精密称取苯甲酸样品约0.27g，加中性稀乙醇（对酚酞指示液显中性）25ml溶解后，加酚酞指示剂2滴，用NaOH标准溶液（0.1mol/L）滴至淡红色。

五、实验结果

1. 数据记录

实 验 次 数	I	II	III
（苯甲酸＋称量瓶）初重（g）			
（苯甲酸＋称量瓶）末重（g）			
苯甲酸重（g）			
NaOH终读数（ml）			
NaOH最初读数（ml）			
V_{NaOH}（ml）			

2. 结果计算

$$\text{C}_7\text{H}_6\text{O}_2\% = \frac{c_{\text{NaOH}}V_{\text{NaOH}}\times\dfrac{M_{\text{C}_7\text{H}_6\text{O}_2}}{1000}}{m_s}\times100\%\qquad M_{\text{C}_7\text{H}_6\text{O}_2}=122.12$$

六、注意事项

1. 苯甲酸在水中微溶，在乙醇中易溶，故用稀乙醇为溶剂。
2. 中性稀乙醇的配制：取 95% 的乙醇 53ml，加水至 100ml，加酚酞指示剂 3 滴，用 NaOH 标准溶液（0.1mol/L）滴定至淡红色，即得。

七、思考题

1. 每份样品称重约 0.27g 是如何求得的？
2. 若实验需用 50% 的乙醇 75ml，问需取 95% 乙醇若干毫升？

（邱细敏）

实验八　盐酸标准溶液的配制与标定

一、目的要求

1. 掌握用无水碳酸钠作基准物质标定盐酸溶液的原理和方法。
2. 正确判断甲基橙指示剂的滴定终点。

二、仪器与试剂

仪器　酸式滴定管（50ml），锥形瓶（250ml），量筒（100ml），试剂瓶（500ml）。
试剂　浓盐酸（A. R），无水碳酸钠（A. R），甲基橙指示剂。

三、方法原理

市售盐酸为无色透明的氯化氢水溶液，HCl 含量为 36%～38%，相对密度约 1.18。由于浓盐酸易挥发放出氯化氢气体，直接配制准确度差，因此配制标准溶液时需用间接配制法。

标定酸的基准物质常用无水碳酸钠和硼砂等，本实验采用无水碳酸钠为基准物质，以甲基橙为指示剂指示终点，终点颜色由黄变橙。

用 Na_2CO_3 标定时反应为：
$$2HCl + Na_2CO_3 \Longrightarrow 2NaCl + H_2O + CO_2\uparrow$$

反应本身由于产生 H_2CO_3 会使滴定突跃不明显，致使指示剂颜色变化不够敏锐，因此，在接近滴定终点之前，最好把溶液加热煮沸，并摇动以赶走 CO_2，冷却后再滴定。

四、操作步骤

1. 0.1mol/L 盐酸溶液的配制
用量筒取盐酸 3.6ml，加水稀释至 400ml 混匀即得。
2. 标定
取在 270～300℃ 干燥至恒重的基准无水碳酸钠约 0.12～0.14g，精密称定 3 份，分别置于 250ml 锥形瓶中，加 50ml 蒸馏水溶解后，加甲基橙指示剂一滴，用盐酸溶液（0.1mol/L）滴定至溶液由黄色变橙色，煮沸约 2min，冷却至室温（或旋摇 2min），继续滴定到橙色，记下所消耗的标准溶液的体积。

五、实验结果

1．数据记录

实　验　次　数	I	II	III
（基准物＋称量瓶）初重（g）			
（基准物＋称量瓶）末重（g）			
无水碳酸钠重（g）			
HCl 终读数（ml）			
HCl 最初读数（ml）			
V_{HCl}（ml）			

2．结果计算

$$c_{HCl} = \frac{m_{Na_2CO_3}}{V_{HCl} \times \dfrac{M_{Na_2CO_3}}{2 \times 1000}} \qquad M_{Na_2CO_3} = 105.99$$

六、注意事项

1．指示剂加一滴即可，不可加太多。

2．无水碳酸钠经过高温烘烤后，极易吸水，故称量瓶一定要盖严，称量时，动作要快些，以免无水碳酸钠吸水。

七、思考题

1．为什么不能用直接法配制盐酸标准溶液？

2．实验中所用锥形瓶是否需要烘干？加入蒸馏水的量是否需要准确？

（邱细敏）

实验九　　硼砂的含量测定

一、目的要求

1．掌握甲基红指示剂的滴定终点。

2．巩固酸碱滴定中盐的测定原理。

二、仪器与试剂

仪器　酸式滴定管（50ml），锥形瓶（250ml），量筒（100ml），电炉。

试剂　硼砂固体试样，HCl 标准溶液（0.1ml/L），甲基红指示剂（0.1%乙醇溶液）。

三、方法原理

Na$_2$B$_4$O$_7$·10H$_2$O 是一个强碱弱酸盐，其滴定产物硼酸是一很弱的酸（$K_{a_1} = 7.3 \times 10^{-10}$），并不干扰盐酸标准溶液对硼砂的测定。在计量点前，酸度很弱，计量点后，盐酸稍过量时溶液 pH 急剧下降，形成突跃。反应式如下：

$$Na_2B_4O_7 + 2HCl + 5H_2O \Longrightarrow 2NaCl + 4H_3BO_3$$

计量点时 pH = 5.1，可选用甲基红为指示剂。

四、操作步骤

取本品约 0.4g，精密称定，加水 50ml 使溶解，加 2 滴甲基红指示剂，用 HCl 标准溶液（0.1mol/L）滴至溶液由黄变橙色即得。

五、实验结果

1．数据记录

实 验 次 数	Ⅰ	Ⅱ	Ⅲ
（硼砂 + 称量瓶）初重（g）			
（硼砂 + 称量瓶）末重（g）			
硼砂重（g）			
HCl 终读数（ml）			
HCl 初读数（ml）			
V_{HCl}（ml）			

2．结果计算

$$Na_2B_4O_7·10H_2O\% = \frac{c_{HCl}V_{HCl} \times \dfrac{M_{Na_2B_4O_7·10H_2O}}{2 \times 1000}}{m_s} \times 100\%$$

$$M_{Na_2B_4O_7·10H_2O} = 381.37$$

六、注意事项

1．硼砂量大，不易溶解，必要时可在电炉上加热使溶解，放冷后再滴定。
2．终点应为橙色，若偏红，则滴定过量，使结果偏高。

七、思考题

1．何种盐能用酸或碱直接滴定？
2．Na$_2$B$_4$O$_7$·10H$_2$O 用标准 HCl 溶液滴至计量点时，计量点的 pH 是多少？

（邱细敏）

实验十 双指示剂法测定混合碱的含量

一、目的要求

1. 掌握双指示剂法测定 NaOH 和 Na_2CO_3 混合物中各组分含量的原理和方法。
2. 熟悉移液管的使用方法。

二、仪器与试剂

仪器 酸式滴定管（50ml），锥形瓶（250ml），移液管（25ml），量筒（100ml）。

试剂 HCl 标准溶液（0.1mol/L），酚酞指示剂，甲基橙指示剂，NaOH 与 Na_2CO_3 的混合溶液。（或采用药用 NaOH 作样品）

三、方法原理

混合碱系指 NaOH 与 Na_2CO_3 或 Na_2CO_3 和 $NaHCO_3$ 混合物，可采用"双指示剂法"进行测定。

若混合碱是 NaOH 与 Na_2CO_3 的混合物，先以酚酞作指示剂，用 HCl 标准溶液滴定至溶液刚好褪色（或略带粉红色），这是第一计量点。此时 NaOH 完全被中和；而 Na_2CO_3 被中和成 $NaHCO_3$（只中和了一半）。其反应为：

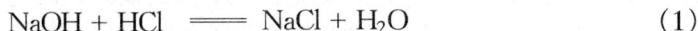

$$NaOH + HCl \longrightarrow NaCl + H_2O \quad\quad (1)$$

$$Na_2CO_3 + HCl \longrightarrow NaHCO_3 + NaCl \quad\quad (2)$$

设第一计量点用去标准盐酸溶液 V_1ml。继续以甲基橙作指示剂，用 HCl 标准溶液滴定至溶液显橙色，这是第二计量点。此时，反应为：

$$NaHCO_3 + HCl \longrightarrow NaCl + H_2O + CO_2\uparrow \quad\quad (3)$$

设第二计量点又用去 HCl 标准溶液 V_2ml。由反应式可知在 Na_2CO_3 与 NaOH 共存情况下，用双指示剂滴定时，$V_1 > V_2$，且 Na_2CO_3 消耗标准溶液的体积为 $2V_2$，NaOH 消耗标准溶液的体积为（$V_1 - V_2$）。根据标准溶液的浓度和所消耗体积，便可算出混合碱中 Na_2CO_3 与 NaOH 的百分含量。

四、操作步骤

精密吸取 25ml 样品溶液于 250ml 锥形瓶中，加蒸馏水 25ml，酚酞指示剂 2 滴，用标准盐酸溶液滴定至溶液由粉红色变至无色，记下所消耗的标准盐酸的体积（V_1），然后加入甲基橙指示剂 1 滴，继续滴定至溶液由黄色变成橙色，记下第二次滴定所消耗的标准盐酸的体积 V_2。

五、实验结果

1. 数据记录

实　验　次　数	Ⅰ	Ⅱ	Ⅲ
混合碱体积（ml）			
HCl 读数（甲基橙变色）（ml）			
HCl 读数（酚酞变色）（ml）			
HCl 初读数（ml）			
V_1HCl（ml）			
V_2HCl（ml）			

2．结果计算

$$NaOH\% = \frac{c_{HCl}(V_1 - V_2)_{HCl} \times \frac{M_{NaOH}}{1000}}{V_s} \times 100\% \qquad M_{NaOH} = 40.00$$

$$NaCO_3\% = \frac{c_{HCl}(2V_2)_{HCl} \times \frac{M_{Na_2CO_3}}{2 \times 1000}}{V_s} \times 100\% \qquad M_{Na_2CO_3} = 105.99$$

六、注意事项

在达到第一计量点之前，不应有 CO_2 的损失，如果溶液中 HCl 局部过浓，可能会引起 CO_2 的损失，即引起（3）式的反应，带来很大误差，因此滴定时溶液应冷却（最好将锥形瓶置于冰水中冷却），加酸时宜慢些，摇动要均匀，但滴定也不能太慢，以免溶液吸收空气中 CO_2。

七、思考题

1．用双指示剂测定混合碱组成的方法原理是什么？
2．滴定混合碱时，若 $V_1 < V_2$ 时，试样的组成如何？
3．如果 NaOH 标准溶液在保存过程中吸收了空气的 CO_2，用该标准溶液滴定盐酸时，以甲基橙及以酚酞为指示剂分别进行滴定，测定结果是否相同？为什么？

（邱细敏）

实验十一　EDTA 标准溶液的配制与标定

一、目的要求

1．掌握 EDTA 标准溶液的配制和标定方法。
2．掌握使用铬黑 T 指示剂的条件和滴定终点的判断。

二、仪器与试剂

仪器　酸式滴定管（50ml），锥形瓶（250ml），量筒（100ml），试剂瓶（500ml）。

试剂 $Na_2H_2Y\cdot 2H_2O$(A. R), ZnO(G. R), 6mol/LHCl 溶液,0.025%甲基红指示液, 2mol/L $NH_3\cdot H_2O$ 溶液, $NH_3\cdot H_2O-NH_4Cl$ 缓冲溶液(pH=10),1%铬黑 T 指示液。

三、方法原理

EDTA 标准溶液的配制可以用纯 $Na_2H_2Y\cdot 2H_2O$ 直接准确称量来配制,但一般用间接法先配成近似浓度的溶液,再用基准物质标定。标定 EDTA 溶液的基准物质有 Zn、Cu、ZnO、$CaCO_3$、$MgSO_4\cdot 7H_2O$、$ZnSO_4\cdot 7H_2O$ 等。一般多采用 Zn 或 ZnO 为基准物质,ED-TA 溶液既能在 pH=9~10 的 $NH_3\cdot H_2O-NH_4Cl$ 缓冲溶液中用铬黑 T 作指示剂进行标定,又能在 pH=5~6 的 HAc-NaAc 缓冲溶液中用二甲酚橙为指示剂进行标定,终点均很敏锐。

四、操作步骤

1. 0.050mol/L EDTA 溶液的配制

称取 $Na_2H_2Y\cdot 2H_2O$ 约9.5g,置小烧杯中,用少量蒸馏水溶解后,转入聚乙烯塑料瓶中,加蒸馏水稀释至500ml,摇匀。

2. 0.050mol/L EDTA 溶液的标定

准确称取在800℃灼烧至恒重的基准 ZnO 约0.12g,置250ml锥形瓶中,加稀 HCl 溶液3ml使溶解,加蒸馏水25ml和0.025%甲基红指示液1滴,滴加2mol/L$NH_3\cdot H_2O$溶液至溶液呈微黄色。再加蒸馏水25ml,$NH_3\cdot H_2O-NH_4Cl$缓冲溶液10ml及铬黑 T 指示液6滴,用 EDTA 溶液滴定至溶液由紫红色变为纯蓝色即为终点。

五、实验结果

1. 数据记录

实 验 次 数	I	II	III
(基准物 ZnO+称量瓶)初重(g)			
(基准物 ZnO+称量瓶)末重(g)			
ZnO(g)			
EDTA 终读数(ml)			
EDTA 初读数(ml)			
V_{EDTA}(ml)			

2. 结果计算

$$c_{EDTA}=\frac{m_{ZnO}}{\dfrac{V_{EDTA}\cdot M_{ZnO}}{1000}} \qquad M_{ZnO}=81.38$$

六、注意事项

1. 调整微碱性时,一定注意恰好调整至溶液呈微黄色。
2. 终点一定要控制在恰好为纯蓝色。

七、思考题

1. 为什么在滴定时要加 $NH_3 \cdot H_2O - NH_4Cl$ 缓冲溶液。
2. 如果用 $HAc - NaAc$ 缓冲溶液，能否用铬黑 T 作指示剂？为什么？
3. 为什么 ZnO 溶解后要加甲基红指示剂及 $NH_3 \cdot H_2O$ 溶液调节溶液至微黄色？

（孟宪伟）

实验十二 水的硬度测定

一、目的要求

1. 熟悉用 EDTA 法测定水的硬度的原理。
2. 掌握水的硬度测定的方法及其计算。

二、仪器与试剂

仪器 移液管（50ml），容量瓶（250ml），锥形瓶（250ml），量筒（10ml），酸式滴定管（50ml）。

试剂 0.050mol/L EDTA 标准溶液，$NH_3 \cdot H_2O - NH_4Cl$ 缓冲溶液（pH＝10），1%铬黑 T 指示液，水样。

三、方法原理

水的硬度的测定就是测定水中钙、镁离子总量，并以 $CaCO_3$ 进行计算。一般采用配位滴定法，用 EDTA 标准溶液直接滴定水中 Ca^{2+}、Mg^{2+} 总量，然后以 $CaCO_3$ 换算为相应的硬度单位。

用 EDTA 滴定 Ca、Mg 总量时，一般是在 pH≈10 的氨性缓冲溶液中进行，用铬黑 T 作指示剂。化学计量点前，钙和镁与铬黑 T 形成酒红色配合物，当用 EDTA 溶液滴定至化学计量点时，游离出指示剂，溶液呈现纯蓝色。

四、操作步骤

1. 0.010mol/L EDTA 标准溶液的配制

用移液管吸取 0.050mol/L EDTA 标准溶液 50ml 置于 250ml 容量瓶中，加蒸馏水稀释至标线，摇匀备用。

2. 水的硬度测定

用移液管吸取水样 50～100ml 置于 250ml 锥形瓶中，加 $NH_3 \cdot H_2O - NH_4Cl$ 缓冲溶液 2ml 和铬黑 T 指示液 5 滴，用 0.010mol/L EDTA 标准溶液滴定至溶液由酒红色变为纯蓝色即为终点。

五、实验结果

1. 数据记录

实 验 次 数	I	II	III
$V_{水样}$ （ml）			
EDTA 终读数 （ml）			
EDTA 初读数 （ml）			
V_{EDTA} （ml）			

2．结果计算

$$硬度（mg/L）= \frac{c_{EDTA} \times V_{EDTA} \times M_{CaCO_3}}{V_{H_2O}} \times 1000 \quad （以 CaCO_3 mg/L 计）$$

$$M_{CaCO_3} = 100.1$$

六、注意事项

本实验在操作中消耗的 EDTA 的体积是比较少的，一定注意观察指示剂的颜色改变。

七、思考题

该水样的总硬度若以 CaO 10mg/L 为单位，结果又为多少？

（孟宪伟）

实 验 十 三　　明 矾 的 测 定

一、目的要求

1．掌握用 EDTA 法测定铝盐的原理及方法。
2．熟悉剩余滴定的操作。
3．掌握使用二甲酚橙指示剂的条件及终点判断。

二、仪器与试剂

仪器　烧杯（100ml），试剂瓶（250ml），量筒（10ml），水浴锅，酸式滴定管（50ml），锥形瓶（250ml），容量瓶（100ml），移液管（25ml）。

试剂　0.05mol/L EDTA 标准溶液，HAc‐NH₄Ac 缓冲溶液（pH=4.5），0.2％二甲酚橙指示液，2mol/LHCl 溶液，ZnSO₄·7H₂O（A．R 或 C．P），明矾试样。

三、方法原理

测定明矾的含量一般都是测定其组成中的铝的含量，然后换算成明矾的含量。Al^{3+} 与 EDTA 配合缓慢；Al^{3+} 对二甲酚橙指示剂有封闭作用；当酸度不高时，Al^{3+} 易水解形成多种多核羟基配合物；因此，Al^{3+} 不能用直接法滴定。用剩余滴定法测定 Al^{3+} 时，在试液中，先加入一定量过量的 EDTA 标准溶液，煮沸以加速 Al^{3+} 与 EDTA 的反应，冷却后，调节 pH 至 5～6，以保证 Al^{3+} 与 EDTA 定量配合。最后用二甲酚橙指示剂（Al^{3+} 已形成

AlY 配合物，不再封闭指示剂），用 Zn^{2+} 标准溶液滴定过量 EDTA。由两种标准溶液的浓度和用量，可以求得 Al^{3+} 的量。

常用二甲酚橙（XO）或吡啶偶氮萘酚（PAN 0.1% 甲醇液）为指示剂。二甲酚橙在 pH<6.3 时呈黄色，pH>6.3 时呈红色，而 Zn^{2+} 与二甲酚橙的配合物呈紫红色，所以溶液的酸度要控制在 pH<6.3。

四、操作步骤

1. 0.05mol/L 锌溶液的配制

精密称取基准 $ZnSO_4 \cdot 7H_2O$ 3.7g，置于小烧杯中，加 2mol/L HCl 溶液 2ml 和少量蒸馏水，溶解后转入容量瓶，再用少量蒸馏水洗涤 2~3 次，洗涤液并入容量瓶，最后加蒸馏水至 250ml。

2. 明矾的测定

准确称取研细的明矾试样约 1.4g 置于小烧杯中，加少量蒸馏水溶解，转入 100ml 容量瓶中，再用少量蒸馏水洗涤 2~3 次，洗涤液并入容量瓶，用蒸馏水稀释至标线，摇匀。从中准确吸取 25.00ml 置于锥形瓶中，用移液管加入 0.050mol/L EDTA 标准溶液 25.00ml，在沸水浴中加热 10min，冷至室温，加蒸馏水 100ml、HAc－NH_4Ac 缓冲溶液 5ml 及 0.2% 二甲酚橙指示液 1ml，用 0.050mol/L 锌溶液滴定至由黄色变为橙色即为终点，并将滴定结果用空白试验校正。

五、实验结果

1. 数据记录

（1）标准锌溶液配制

实　验　次　数	Ⅰ	Ⅱ	Ⅲ
($ZnSO_4 \cdot 7H_2O$＋称量瓶）初重（g）			
($ZnSO_4 \cdot 7H_2O$＋称量瓶）末重（g）			
$ZnSO_4 \cdot 7H_2O$ 重（g）			
c_{ZnSO_4}（mol/L）			

（2）明矾含量测定

实　验　次　数	Ⅰ	Ⅱ	Ⅲ
（明矾试样＋称量瓶）初重（g）			
（明矾试样＋称量瓶）末重（g）			
明矾试样重（g）			
标准锌溶液终读数（ml）			
标准锌溶液初读数（ml）			
V_{ZnSO_4}（ml）			

2. 结果计算

（1）标准锌溶液浓度

$$c_{ZnSO_4} = \frac{m_{ZnSO_4 \cdot 7H_2O}}{M_{ZnSO_4 \cdot 7H_2O} \times \frac{250}{1000}} \qquad M_{ZnSO_4 \cdot 7H_2O} = 287.56$$

(2) 明矾含量测定

$$KAl(SO_4)_2 \cdot 12H_2O\% = \frac{\left[(cV)_{EDTA} - (cV)_{ZnSO_4}\right] \times M_{KAl(SO_4)_2 \cdot 12H_2O} \times 10^{-3}}{m_s \times \frac{25.00}{100}} \times 100\%$$

$$M_{KAl(SO_4)_2 \cdot 12H_2O} = 474.4$$

六、注意事项

1. 实验采用的是返滴定法，操作步骤较多，带来误差的机会也相对增多，因此，必须注意每一步操作的准确性。

2. 明矾试样的溶解、洗涤都要注意蒸馏水的用量。

七、思考题

1. 用 EDTA 测定 Al^{3+} 时，为什么宜用剩余滴定方式？

2. 用 EDTA 测定 Al^{3+} 时，能否用铬黑 T 为指示剂？为什么？

（孟宪伟）

实验十四　碘标准溶液的配制与标定

一、目的要求

1. 掌握碘标准溶液的配制方法和注意事项。

2. 掌握以 As_2O_3 为基准物标定碘标准溶液的原理和方法。

二、仪器与试剂

仪器　酸式滴定管（50ml），锥形瓶（250ml），垂熔玻璃滤器。

试剂　I_2（A.R），KI（A.R），As_2O_3（基准物质），$NaHCO_3$（A.R），NaOH 溶液（1mol/L），浓 HCl（A.R），H_2SO_4 溶液（1mol/L），酚酞指示剂，淀粉指示剂。

三、方法原理

碘在水中的溶解度很小且易挥发，但有大量 KI 存在时，I_2 与 I^- 形成可溶性的 I_3^- 配离子，这样既增大了 I_2 的溶解度，又降低了 I_2 的挥发性，所以配制碘标准溶液时都要加入过量的 KI。

标定 I_2 溶液浓度最常用的基准物是 As_2O_3（俗名砒霜），As_2O_3 难溶于水，可先用 NaOH 溶液使之溶解。

$$As_2O_3 + 6OH^- \Longrightarrow 2AsO_3^{3-} + 3H_2O$$

过量的 NaOH 用 H_2SO_4 中和，再加入 $NaHCO_3$，使溶液的 pH 保持在 8 左右。实际的滴定反应式如下。

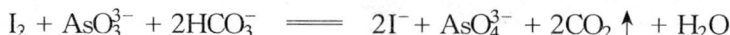

$$I_2 + AsO_3^{3-} + 2HCO_3^- \Longrightarrow 2I^- + AsO_4^{3-} + 2CO_2\uparrow + H_2O$$

四、操作步骤

1. I_2 标准溶液（0.05mol/L）的配制

称取 I_2 6.5g 和 KI18g 置于大烧杯中，加水少许，搅拌至 I_2 全部溶解，加浓 HCl 2 滴，用蒸馏水稀释至 500ml，搅匀，用垂熔玻璃滤器过滤，滤液置于棕色瓶中，阴凉处保存。

2. I_2 标准溶液（0.05ml/L）的标定

精密称取在 105℃ 干燥至恒重的基准物质 As_2O_3 约 0.12g，加 NaOH 溶液（1mol/L）4ml 使溶解，加蒸馏水 20ml，酚酞指示剂 1 滴，滴加 H_2SO_4 溶液（1mol/L）至粉红色褪去，再加 $NaHCO_3$ 2g、蒸馏水 30ml 及淀粉指示剂 2ml，用 I_2 标准溶液滴定至溶液显浅蓝色，即为终点。

五、实验结果

1. 数据记录

实 验 次 数	I	II	III
（As_2O_3+称量瓶）初重（g）			
（As_2O_3+称量瓶）末重（g）			
As_2O_3 重（g）			
I_2 终读数（ml）			
I_2 初读数（ml）			
V_{I_2}（ml）			

2. 结果计算

$$c_{I_2} = \frac{m_{As_2O_3} \times 1000 \times 2}{M_{As_2O_3} V_{I_2}} \qquad M_{As_2O_3} = 197.84$$

六、注意事项

1. I_2 在稀的 KI 溶液中溶解很慢，所以在配制 I_2 溶液时，应将 I_2 在浓的 KI 溶液中完全溶解后，才能加水稀释。

2. As_2O_3 有剧毒，实验后多余的试剂交由老师统一处理。

3. I_2 能缓慢腐蚀橡胶等有机物，应避免和这类物质接触。

七、思考题

1. 配制 I_2 标准溶液时为什么要加入 KI？

2. I_2 标准溶液为深棕色，装入滴定管后弯月面看不清楚，应如何读数？

3. 配制 I_2 标准溶液时，为什么要加入 2 滴浓盐酸？

（苗建伟）

实验十五 硫代硫酸钠标准溶液的配制与标定

一、目的要求

1. 掌握 $Na_2S_2O_3$ 标准溶液的配制方法。
2. 掌握 $Na_2S_2O_3$ 标准溶液标定的原理和方法。
3. 学会碘量瓶的正确使用。

二、仪器与试剂

仪器　碱式滴定管（50ml），碘量瓶（250ml），量筒（10ml，100ml），量杯（500ml）。

试剂　$Na_2S_2O_3 \cdot 5H_2O$（A.R），$K_2Cr_2O_7$（基准物质），KI（A.R），HCl 溶液（6mol/L），淀粉指示剂。

三、方法原理

$Na_2S_2O_3 \cdot 5H_2O$ 常含有 S、Na_2SO_3、Na_2SO_4 等微量杂质，易风化或潮解，故只能用间接法配制。即使配好的 $Na_2S_2O_3$ 溶液，由于水中 CO_2 和微生物的作用、空气中 O_2 的作用，其浓度也会发生改变。因此，配制 $Na_2S_2O_3$ 溶液时，要用新煮沸放冷的蒸馏水，并加入少量的 Na_2CO_3 作为稳定剂。配好的溶液应贮存于棕色瓶中，放置 8～14d，待其浓度稳定后再进行标定。

标定 $Na_2S_2O_3$ 溶液常用的基准物质是 $K_2Cr_2O_7$。先将 $K_2Cr_2O_7$ 与过量的 KI 反应，再用 $Na_2S_2O_3$ 溶液滴定析出的 I_2。有关反应式如下：

$$Cr_2O_7^{2-} + 14H^+ + 6I^- === 3I_2 + 2Cr^{3+} + 7H_2O \qquad (1)$$
$$2S_2O_3^{2-} + I_2 === S_4O_6^{2-} + 2I^- \qquad (2)$$

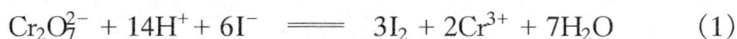

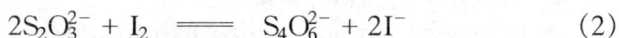

反应（1）须在较强的酸性介质中进行，在这样的酸度下，还要放置 10min，该反应才能定量完成。反应（2）只能在中性或弱酸性介质中进行，所以滴定之前，溶液应加水稀释，这样既可降低溶液酸度，又可使溶液中 Cr^{3+} 的颜色不致于太深，以免影响终点观察。

四、操作步骤

1. $Na_2S_2O_3$ 标准溶液（0.1mol/L）的配制

取 Na_2CO_3 0.1g，置 500ml 量杯中，加新煮沸放冷的蒸馏水约 200ml，搅拌使溶解，加入 $Na_2S_2O_3 \cdot 5H_2O$ 13g，搅拌使完全溶解，用新煮沸放冷的蒸馏水稀释至 500ml，搅匀，转入棕色试剂瓶中，放置 8～14d 后再标定。

2. $Na_2S_2O_3$ 标准溶液（0.1mol/L）的标定

精密称取在 120℃ 干燥至恒重的基准物质 $K_2Cr_2O_7$ 约 0.12g，置 250ml 碘瓶中，加水 50ml 使溶解，加 KI 2g，HCl 溶液（6mol/L）5ml，密塞、摇匀、水封。在暗处放置 10min 后，加蒸馏水 50ml，用 $Na_2S_2O_3$ 标准溶液滴定至近终点（浅黄绿色），加淀粉指示剂 2ml，继续滴定至溶液由蓝色变为亮绿色，即为终点。

五、实验结果

1. 数据记录

实　验　次　数	I	II	III
（K₂Cr₂O₇＋称量瓶）初重（g）			
（K₂Cr₂O₇＋称量瓶）末重（g）			
K₂Cr₂O₇ 重（g）			
Na₂S₂O₃ 终读数（ml）			
Na₂S₂O₃ 初读数（ml）			
$V_{Na_2S_2O_3}$（ml）			

2. 结果计算

$$c_{Na_2S_2O_3} = \frac{m_{K_2Cr_2O_7} \times 1000 \times 6}{M_{K_2Cr_2O_7} V_{Na_2S_2O_3}} \qquad M_{Na_2S_2O_3} = 294.18$$

六、注意事项

1. 滴定至终点后，溶液放置时间约 5min 以上变蓝，是空气中的氧氧化 I⁻ 所致，不影响结果。如果很快变蓝，说明 K₂Cr₂O₇ 和 KI 反应不完全，遇此情况，实验应重做。

2. 滴定开始时要快滴慢摇，以减少 I₂ 的挥发。加淀粉指示剂后，要慢滴并用力旋摇以减小淀粉对 I₂ 吸附的影响。

3. 3 份样品在暗处放置的时间要相同。

七、思考题

1. 配制和保存 Na₂S₂O₃ 溶液时应注意哪些问题？
2. 在用 Na₂S₂O₃ 滴定之前，析出 I₂ 的溶液未加 50ml 水稀释，对滴定结果有何影响？
3. 为什么在滴定至近终点时才加入淀粉指示剂？过早加入会出现什么现象？

（苗建伟）

实验十六　间接碘量法测定铜盐的含量

一、目的要求

1. 掌握间接碘量法测定铜盐含量的原理和方法。
2. 巩固碘量法的操作。

二、仪器与试剂

仪器　碱式滴定管（50ml），碘量瓶（250ml），量筒（10ml、100ml）。

试剂 HAc 溶液(6mol/L)，KI(A.R)，淀粉指示剂，KSCN 溶液(10%)，$CuSO_4 \cdot 5H_2O$(C.P)。

三、方法原理

在乙酸酸性条件下，Cu^{2+} 可以定量地将 I^- 氧化成 I_2。

$$2Cu^{2+} + 4I^- \Longrightarrow 2CuI\downarrow + I_2$$

置换出来的 I_2，用 $Na_2S_2O_3$ 标准溶液滴定

$$2S_2O_3^{2-} + I_2 \Longrightarrow S_4O_6^{2-} + 2I^-$$

该滴定反应须在中性或弱酸性条件下进行。根据以上两个反应对酸度的要求，可用乙酸控制溶液的 pH 以 3.5~4 为宜。

由于 CuI 沉淀强烈地吸附 I_2，会使测定结果偏低。可在近终点时加入 KSCN，使 CuI($K_{sp}=5.06\times10^{-12}$) 转化为溶解度更小的 CuSCN($K_{sp}=4.8\times10^{-15}$)

$$CuI + SCN^- \Longrightarrow CuSCN\downarrow + I^-$$

这样就可以释放出被 CuI 吸附的 I_2。但 KSCN 不能过早加入，否则 SCN^- 有可能把 Cu^{2+} 和 I_2 还原，使测定结果偏低。

四、操作步骤

精密称取 $CuSO_4 \cdot 5H_2O$ 试样约 0.5g，置于碘量瓶中，加蒸馏水 50ml 使溶解，再加 HAc 溶液 (6mol/L) 4ml、KI 2g，用 $Na_2S_2O_3$ 标准溶液 (0.1mol/L) 滴定至近终点（浅黄色），加淀粉指示剂 2ml，当滴定至浅蓝色时，再加入 KSCN 溶液 (10%) 5ml，继续滴定至蓝色刚好消失即为终点。

五、实验结果

1. 数据记录

实 验 次 数	I	II	III
（硫酸铜＋称量瓶）初重（g）			
（硫酸铜＋称量瓶）末重（g）			
$CuSO_4$ 重（g）			
$Na_2S_2O_3$ 终读数（ml）			
$Na_2S_2O_3$ 初读数（ml）			
$V_{Na_2S_2O_3}$（ml）			

2. 结果计算

$$CuSO_4 \cdot 5H_2O\% = \frac{c_{Na_2S_2O_3}\ V_{Na_2S_2O_3}\ M_{CuSO_4\cdot 5H_2O}}{1000 \times m_s} \times 100\%$$

$$M_{CuSO_4\cdot 5H_2O} = 249.68$$

六、注意事项

1. 加入 KSCN 溶液不能过早，加入后要剧烈摇动，以利于沉淀的转化和释放及吸附 I_2。

2．加入 KI 后，不必放置，应立即滴定，以防止 CuI 沉淀对 I_2 的吸附太牢固。

3．KI 不可同时加入到待测溶液中，应做一份加一份。

七、思考题

1．用间接碘量法测定硫酸铜的含量时，溶液的 pH 应在什么范围？pH 过高或过低对结果有何影响？

2．已知 $\varphi^{\ominus}_{Cu^{2+}/Cu^{+}}=0.159V$，$\varphi^{\ominus}_{I_2/2I^-}=0.54V$，为什么在本法中 Cu^{2+} 能把 I^- 氧化为 I_2？

3．在本实验中，能否用 250ml 锥形瓶代替碘量瓶？

（苗建伟）

实验十七　漂白粉中有效氯的测定

一、目的要求

1．掌握间接碘量法测定漂白粉中有效氯的原理和方法。

2．巩固碘量法的操作。

二、仪器与试剂

仪器　碱式滴定管（50ml），碘量瓶（250ml），容量瓶（250ml），移液管（25ml）。

试剂　冰醋酸（A. R），KI（A. R），淀粉指示剂。

三、方法原理

漂白粉的主要成分是次氯酸钙和氯化钙（通常写成 Ca（OCl）Cl）及氧化钙等，其中具有氧化能力的是次氯酸盐。所谓有效氯是指漂白粉在酸化时放出的氯，有效氯的含量是漂白粉的主要质量指标。

测定有效氯的方法是：在漂白粉的溶液中加入过量的 KI，随后酸化溶液，析出的 I_2 用 $Na_2S_2O_3$ 标准溶液滴定。有关反应式如下：

$$Ca(OCl)Cl + 2H^+ =\!=\!= Ca^{2+} + Cl_2 + H_2O$$

$$Cl_2 + 2I^- =\!=\!= I_2 + 2Cl^-$$

$$I_2 + 2S_2O_3^{2-} =\!=\!= 2I^- + S_4O_6^{2-}$$

四、操作步骤

精密称取漂白粉试样 2g，置小烧杯中，加少量蒸馏水，用玻棒将试样调成糊状。将它小心地转入 250ml 容量瓶中，用少量蒸馏水洗涤小烧杯数次，所得洗液全部转入容量瓶，再加蒸馏水稀释至标线，密塞，摇匀。

从容量瓶中准确吸取漂白粉混悬液 25.00ml，置于碘量瓶中，加 KI 1g、冰 HAc2ml，混匀，密塞，水封，于暗处放置 5min 后，用 $Na_2S_2O_3$ 标准溶液（0.1mol/L）滴定至近终点（浅黄色）时，加入淀粉指示剂 2ml，继续滴定至蓝色消失即为终点。

五、实验结果

1. 数据记录

实 验 次 数	I	II	III
（漂白粉＋称量瓶）初重（g）			
（漂白粉＋称量瓶）末重（g）			
漂白粉重（g）			
$Na_2S_2O_3$ 终读数（ml）			
$Na_2S_2O_3$ 初读数（ml）			
$V_{Na_2S_2O_3}$（ml）			

2. 结果计算

$$Cl_2\% = \frac{c_{Na_2S_2O_3} V_{Na_2S_2O_3} M_{Cl_2} \times 250.0}{2 \times 1000 \times m_s \times 25.00} \times 100\% \qquad M_{Cl_2} = 70.90$$

六、注意事项

1. 为避免酸化时引起 Cl_2 的损失，KI 应在酸化前加入。
2. 3 份试样在暗处放置的时间要相同。

七、思考题

1. 称取漂白粉试样、KI 及量取样品混悬液、冰醋酸各用什么量器？
2. 在本实验中，影响分析结果准确度的因素有哪些？

（苗建伟）

实验十八　高锰酸钾标准溶液的配制与标定

一、目的要求

1. 掌握 $KMnO_4$ 标准溶液的配制和保存方法。
2. 掌握用 $Na_2C_2O_4$ 标定 $KMnO_4$ 溶液的原理和方法。
3. 学会用自身指示剂确定终点。

二、仪器与试剂

仪器　酸式滴定管（50ml），锥形瓶（250ml），垂熔玻璃漏斗，水浴锅，电炉，温度计（100～200℃）。

试剂　$KMnO_4$（A.R），$Na_2C_2O_4$（基准物质），浓 H_2SO_4（A.R）。

三、方法原理

KMnO₄ 中常含有少量的 MnO_2 和其他杂质，配成溶液后，KMnO₄ 除了自身能分解外，还能与水中微量还原性物质作用。MnO_2、光对上述反应有催化作用。所以，在用间接法配制稳定的 KMnO₄ 溶液时，须将溶液中的 MnO_2 滤掉，并置于棕色瓶中保存。

KMnO₄ 标准溶液的浓度常用基准物质 $Na_2C_2O_4$ 来标定，其标定反应如下：

$$2MnO_4^- + 5C_2O_4^{2-} + 16H^+ \Longrightarrow 2Mn^{2+} + 10CO_2\uparrow + 8H_2O$$

由于 KMnO₄ 和 $Na_2C_2O_4$ 的反应较慢，需要加热。刚开始滴定时反应仍然不够快，滴入的 KMnO₄ 不能立即褪色，一但有 Mn^{2+} 生成后，Mn^{2+} 对反应有催化作用，反应速度加快。在通常情况下，KMnO₄ 可作自身指示剂，利用稍过量的 MnO_4^- 使溶液显浅粉红色指示滴定终点的到达。

四、操作步骤

1. KMnO₄ 标准溶液（0.02mol/L）的配制

称取 KMnO₄ 约 1.6g 置于大烧杯中，加新煮沸放冷的蒸馏水使溶解并稀释至 500ml。盖上表面皿，加热煮沸 15min，冷却后转入棕色玻璃瓶中，密塞，摇匀，在暗处放置 7～10d，然后用垂熔玻璃漏斗过滤，滤液存于另一棕色玻璃瓶中。

2. KMnO₄ 标准溶液（0.02mol/L）的标定

精密称取在 105℃ 干燥至恒重的基准物质 $Na_2C_2O_4$ 约 0.17g，置于 250ml 锥形瓶中，加新煮沸放冷的蒸馏水 100ml 使溶解，再加浓 H_2SO_4 5ml，摇匀，在水浴上加热到 75～85℃，趁热用 KMnO₄ 溶液滴定，至溶液显浅粉红色并保持 30s 不褪即为终点。当滴定终了时，溶液的温度应不低于 55℃。

五、实验结果

1. 数据记录

实　验　次　数	I	II	III
（$Na_2C_2O_4$＋称量瓶）初重（g）			
（$Na_2C_2O_4$＋称量瓶）末重（g）			
$Na_2C_2O_4$ 重（g）			
KMnO₄ 终读数（ml）			
KMnO₄ 初读数（ml）			
V_{KMnO_4}（ml）			

2. 结果计算

$$c_{KMnO_4} = \frac{2 \times m_{Na_2C_2O_4} \times 1000}{5 \times M_{Na_2C_2O_4} V_{KMnO_4}} \qquad M_{Na_2C_2O_4} = 134.0$$

六、注意事项

1. 蒸馏水中常含有少量有机杂质，能还原 $KMnO_4$，因此必须使用新煮沸放冷的蒸馏水。

2. 不可将 $Na_2C_2O_4$ 溶液用明火加热，而应在水浴上加热。

3. 滴定刚开始时，滴定速度要慢，第一滴 $KMnO_4$ 褪色后再滴入第二滴，随着 Mn^{2+} 的增加，反应速度加快，滴定速度可适当加快，但也不能太快。

七、思考题

1. 用 $KMnO_4$ 溶液滴定 $Na_2C_2O_4$ 时，能否用 HCl 或 HNO_3 酸化溶液？

2. $KMnO_4$ 溶液装入酸式滴定管后，应如何从滴定管上读数？

3. 过滤 $KMnO_4$ 溶液时，能否使用滤纸？

（苗建伟）

实验十九　过氧化氢的含量测定

一、目的要求

1. 掌握 $KMnO_4$ 法测定 H_2O_2 含量的原理和方法。

2. 熟悉液体样品的取样方法。

二、仪器与试剂

仪器　酸式滴定管（50ml），吸量管（1ml），移液管（10ml，25ml），容量瓶（250ml），锥形瓶（250ml）。

试剂　$KMnO_4$ 标准溶液（0.02 mol/L），H_2SO_4 溶液（3mol/L）。

三、方法原理

H_2O_2（俗称双氧水）既有氧化性也有还原性，在酸性溶液中可被 $KMnO_4$ 氧化。

$$2MnO_4^- + 5H_2O_2 + 6H^+ == 2Mn_{2+} + 5O_2\uparrow + 8H_2O$$

市售双氧水的含量有 30 % 和 3 % 两种规格，都要稀释后方可测定。

用 $KMnO_4$ 标准溶液滴定 H_2O_2 时，开始反应速度较慢，随着 Mn^{2+} 的生成，反应速度加快，但临近终点时，溶液中 H_2O_2 的浓度很低，反应速度也比较慢，因此滴定速度应与反应速度相适应。本法不需要外加指示剂，可利用 $KMnO_4$ 本身的颜色来指示滴定终点。

四、操作步骤

精密量取 1.00ml 30 % H_2O_2（或 10.00ml 3 % H_2O_2）样品溶液，置于 250ml 容量瓶中，

用蒸馏水稀释至刻度，摇匀。用移液管准确吸取稀释液 25.00ml，置于 250ml 锥形瓶中，加 60ml 蒸馏水，30ml H_2SO_4 溶液（3mol/L），用 $KMnO_4$ 标准溶液（0.02mol/L）滴定至溶液显微红色并保持 30s 不褪，即为终点。

五、实验结果

1．数据记录

实　验　次　数	I	II	III
$KMnO_4$ 终读数（ml）			
$KMnO_4$ 初读数（ml）			
V_{KMnO_4}（ml）			

2．结果计算

$$H_2O_2\% = \frac{5 \times c_{KMnO_4} V_{KMnO_4} M_{H_2O_2} \times 250.0 \times 100}{2 \times 1000 \times V_s \times 25.00} \qquad M_{H_2O_2} = 34.01$$

六、注意事项

1．滴定刚开始时，滴定速度不能快，以防止来不及反应的 $KMnO_4$ 在酸性溶液中分解。

2．H_2O_2 溶液有很强的腐蚀性，防止溅到皮肤和衣物上。

七、思考题

1．用 $KMnO_4$ 法测定 H_2O_2 时，能否用 HNO_3、HCl 或 HAc 控制酸度？为什么？

2．若 H_2O_2 样品中含有少量具有还原性的乙酰苯胺或尿素（作稳定剂），是否仍然可用 $KMnO_4$ 法测定 H_2O_2 的含量？

（苗建伟）

实验二十　硝酸银标准溶液的配制与标定

一、目的要求

1．掌握硝酸银标准溶液的配制与标定方法。
2．熟悉吸附指示剂的变色原理。

二、仪器与试剂

仪器　酸式滴定管（50ml、棕色），量杯（500ml），锥形瓶（250ml），量筒（10ml），烧杯（250ml）。

试剂 AgNO₃（A.R），NaCl（基准物质），糊精溶液（1→50），荧光黄指示剂（0.1%乙醇溶液）。

三、方法原理

硝酸银标准溶液多用分析纯的硝酸银按间接法配制，然后再用 NaCl 作基准物质标定其浓度，其标定反应为：

$$Ag^+ + Cl^- === AgCl\downarrow$$

此滴定多采用吸附指示剂法确定终点，为了使 AgCl 保持较强的吸附能力，应使沉淀保持胶体状态。为此，可将溶液适当稀释，并加入糊精溶液以保护胶体。

用基准 NaCl 标定 AgNO3 溶液，以荧光黄为指示剂，终点时胶体溶液由黄绿色转变为淡红色，其变化过程如下：

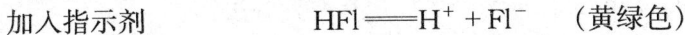

加入指示剂　　　　　　　HFl ==== H⁺ + Fl⁻　　（黄绿色）
终点前　溶液中 Cl⁻ 过量，沉淀带负电荷而吸附正离子（AgCl）·Cl⁻……M⁺
终点时　溶液中 Ag⁺ 稍过量，沉淀带正电荷而吸附负离子（AgCl）·Ag⁺……Fl⁻

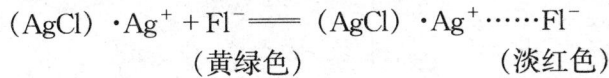

　　　　　（AgCl）·Ag⁺ + Fl⁻ ==== （AgCl）·Ag⁺……Fl⁻
　　　　　　　（黄绿色）　　　　　　　　（淡红色）

四、操作步骤

1．AgNO₃ 标准溶液（0.1mol/L）的配制

取 AgNO₃8.5g，置 250ml 烧杯中，加蒸馏水约 100ml 使溶解，转入棕色试剂瓶中，加蒸馏水稀释至 500ml，摇匀，避光保存。

2．AgNO₃ 标准溶液的标定

精密称取在 110℃ 干燥至恒重的基准 NaCl 约 0.15g 3 份，分别置于 3 个 250ml 锥形瓶中，各加蒸馏水 50ml 使溶解，再加糊精溶液（1→50）5ml 与荧光黄指示剂 8 滴，用 AgNO₃ 标准溶液滴定至浑浊液由黄绿色变为淡红色，即为终点。记录所消耗的 AgNO₃ 标准溶液的体积。

五、实验结果

1．数据记录

实 验 次 数	I	II	III
（NaCl+称量瓶）初重（g）			
（NaCl+称量瓶）末重（g）			
NaCl 重（g）			
AgNO₃ 终读数（ml）			
AgNO₃ 初读数（ml）			
V_{AgNO_3}（ml）			

2．结果计算

$$c_{AgCl} = \frac{m_{NaCl}}{V_{AgCl} \times \dfrac{M_{NaCl}}{1000}} \qquad M_{NaCl} = 58.44$$

六、注意事项

1．配制 AgNO₃ 标准溶液的水应无 Cl⁻，否则配成的 AgNO₃ 溶液会出现白色浑浊，不能使用。

2．光线能促进荧光黄对 AgCl 的分解作用，因此应避免强光直射。

七、思考题

1．用荧光黄为指示剂标定 AgNO₃ 溶液时，为什么要加入糊精溶液？

2．按指示终点的方法不同，硝酸银标准溶液的标定有几种方法？

（王世渝）

实验二十一　生理盐水中氯化钠含量的测定

一、目的要求

1．掌握用铬酸钾指示剂法（Mohr 法）测定氯化钠的原理及条件。

2．正确判断 K_2CrO_4 作指示剂的滴定终点。

二、仪器与试剂

仪器　酸式滴定管（50、25ml），移液管（25、10ml），量杯（100ml），锥形瓶（250ml）。

试剂　0.10mol/L AgNO₃ 标准溶液，5%铬酸钾指示剂，生理盐水。

三、方法原理

NaCl 的测定采用 Mohr 法。根据分步沉淀的原理，溶解度小的 AgCl（1.3×10^{-5}mol/L）先沉淀，溶解度大的 Ag₂CrO₄（7.9×10^{-5}mol/L）后沉淀。适当控制 K_2CrO_4 指示剂浓度使 AgCl 恰好完全沉淀后立即出现砖红色 Ag₂CrO₄ 沉淀，指示终点的到达。其反应如下：

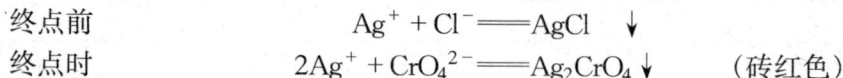

终点前　　　　　　$Ag^+ + Cl^- =\!= AgCl \downarrow$

终点时　　　　　　$2Ag^+ + CrO_4^{2-} =\!= Ag_2CrO_4 \downarrow$　　　（砖红色）

四、操作步骤

用移液管准确移取生理盐水 10ml 于 250ml 锥形瓶中，加入 40ml 蒸馏水，加 1ml 铬酸钾指示剂，摇匀，在充分摇动下，用 0.10mol/L AgNO₃ 标准溶液滴定至溶液呈砖红色，即为终点，记录所消耗 $AgNO_3$ 标准溶液的体积。

五、实验结果

1. 数据记录

实 验 次 数	I	II	III
$AgNO_3$ 终读数（ml）			
$AgNO_3$ 初读数（ml）			
V_{AgNO_3}（ml）			

2. 结果计算

$$NaCl\% = \frac{c_{AgNO_3} \times V_{AgNO_3} \times \frac{M_{NaCl}}{1000}}{V_s} \times 100\% \qquad M_{NaCl} = 58.45$$

六、注意事项

1. 在滴定过程中须不断振摇，因为 AgCl 沉淀可吸附 Cl^-，被吸附的 Cl^- 又较难和 Ag^+ 反应完全，如振摇不充分可使终点过早出现。

2. 必要时进行空白测定，即取 50.00ml 蒸馏水按上述同样操作测定，计算时应扣除空白测定所消耗 $AgNO_3$ 之体积。

七、思考题

1. 铬酸钾指示剂的用量过多或过少对测定结果各有何影响？
2. 能否用莫尔法以 NaCl 标准溶液直接滴定 Ag^+？为什么？

（王世渝）

附　　录

一、弱酸、弱碱在水中的电离常数

化合物	t（℃）	分步	K_a（或 K_b）	pK_a（或 pK_b）
砷酸	18	1	5.62×10^{-3}	2.25
		2	1.70×10^{-7}	6.77
		3	2.95×10^{-12}	11.60
亚砷酸	25		6×10^{-10}	9.23
硼酸	20	1	7.3×10^{-10}	9.14
碳酸	25	1	4.30×10^{-7}	6.37
		2	5.61×10^{-11}	10.25
铬酸	25	1	1.8×10^{-1}	0.74
		2	3.20×10^{-7}	6.49
氢氟酸	25		3.53×10^{-4}	3.45
氢氰酸	25		4.93×10^{-10}	9.31
氢硫酸	18	1	5.1×10^{-8}	7.29
		2	1.2×10^{-15}	14.92
过氧化氢	25		2.4×10^{-12}	11.62
次溴酸	25		2.06×10^{-9}	8.69
次氯酸	18		2.95×10^{-8}	7.53
次碘酸	25		2.3×10^{-11}	10.64
碘酸	25		1.69×10^{-1}	0.77
亚硝酸	12.5		4.6×10^{-4}	3.37
高碘酸	25		2.3×10^{-2}	1.64
磷酸	25	1	7.52×10^{-3}	2.12
	25	2	6.23×10^{-8}	7.21
	18	3	2.2×10^{-13}	12.67
亚磷酸	18	1	1.0×10^{-2}	2.00
	18	2	2.6×10^{-7}	6.59

续表

化合物	t (℃)	分步	K_a（或 K_b）	pK_a（或 pK_b）
焦磷酸	18	1	1.4×10^{-1}	0.85
	18	2	3.2×10^{-2}	1.49
		3	1.7×10^{-6}	5.77
		4	6×10^{-9}	8.22
硒酸	25	2	1.2×10^{-2}	1.92
亚硒酸	25	1	3.5×10^{-3}	2.46
	25	2	5×10^{-8}	7.31
硅酸	30	1	2.2×10^{-10}	9.66
		2	2×10^{-12}	11.70
		3	1×10^{-12}	12.00
		4	1×10^{-12}	12.00
硫酸	25	2	1.20×10^{-2}	1.92
亚硫酸	18	1	1.54×10^{-2}	1.81
		2	1.02×10^{-7}	6.91
氨水	25		1.76×10^{-5}	4.75
氢氧化钙	25	1	3.74×10^{-3}	2.43
	30	2	4.0×10^{-2}	1.40
羟胺	20		1.70×10^{-8}	7.97
氢氧化铅	25		9.6×10^{-4}	3.02
氢氧化银	25		1.1×10^{-4}	3.96
氢氧化锌	25		9.6×10^{-4}	3.02
甲酸	20		1.77×10^{-4}	3.75
乙酸	25		1.76×10^{-5}	4.75
枸橼酸	20	1	7.1×10^{-4}	3.14
	20	2	1.68×10^{-5}	4.77
乳酸			1.4×10^{-4}	3.85
草酸	25	1	6.5×10^{-2}	1.19
	25	2	6.1×10^{-5}	4.21
酒石酸	25	1	1.04×10^{-3}	2.98
	25	2	4.55×10^{-5}	4.34
琥珀酸	25	1	6.89×10^{-5}	4.16
	25	2	2.47×10^{-6}	5.61

化合物	t (℃)	分步	K_a (或 K_b)	pK_a (或 pK_b)
甘油磷酸	25	1	3.4×10^{-2}	1.47
	25	2	6.4×10^{-7}	6.195
甘氨酸	25		1.67×10^{-10}	9.78
羟基乙酸	25		1.52×10^{-4}	3.82
顺丁烯二酸	25	1	1.42×10^{-2}	1.83
	25	2	8.57×10^{-7}	6.06
丙二酸	25	1	1.49×10^{-3}	2.83
	25	2	2.03×10^{-6}	5.69
一氯醋酸	25		1.4×10^{-3}	2.85
三氯醋酸	25		2×10^{-1}	0.7
苯甲酸	25		6.46×10^{-5}	4.19
对羟基苯甲酸	19	1	3.3×10^{-5}	4.48
	19	2	4.8×10^{-10}	9.32
邻苯二甲酸	25	1	1.3×10^{-3}	2.89
	25	2	3.9×10^{-6}	5.51
水杨酸	19	1	1.07×10^{-3}	2.97
	18	2	4×10^{-14}	13.40
氨基磺酸	25		6.5×10^{-4}	3.19
苦味酸	25		4.2×10^{-1}	0.38
五倍子酸	25		3.9×10^{-5}	4.41
正丁胺	18		5.89×10^{-4}	3.23
二乙基胺	40		3.08×10^{-4}	3.51
二甲基胺	25		5.4×10^{-4}	3.26
乙基胺	20	1	6.41×10^{-4}	3.19
乙二胺	25	1	8.5×10^{-5}	4.07
	25	2	7.1×10^{-8}	7.15
三乙基胺	18		1.02×10^{-3}	2.99
苯胺	25		4.26×10^{-10}	9.37
联苯胺	25	1	9.3×10^{-10}	9.03
	25	2	5.6×10^{-11}	10.25
α-萘胺	25		8.32×10^{-11}	10.08
β-萘胺	25		1.44×10^{-10}	9.84

续表

化合物	t (℃)	分步	K_a（或 K_b）	pK_a（或 pK_b）
对乙氧基苯胺	28		1.58×10^{-9}	8.80
六次甲基四胺	25		1.4×10^{-9}	8.85
氨基乙醇	25		2.77×10^{-5}	4.56
尿素	21		1.26×10^{-14}	13.9
吡啶	20		2.21×10^{-10}	9.65
马钱子碱	25		1.91×10^{-6}	5.72
可待因	25		1.62×10^{-6}	5.79
黄连碱	25		2.51×10^{-8}	7.60
吗啡	25		1.62×10^{-6}	5.79
烟碱	25	1	1.05×10^{-6}	5.98
烟碱	25	2	1.32×10^{-11}	10.88
毛果芸香碱	30		7.41×10^{-8}	7.13
喹啉	20		7.94×10^{-10}	9.10
奎宁	25	1	3.31×10^{-6}	5.48
	25	2	1.35×10^{-10}	9.87
番木鳖碱	25		1.82×10^{-6}	5.74

二、难溶化合物的溶度积（K_{SP}）[①]

化合物	K_{SP}	化合物	K_{SP}	化合物	K_{SP}
Ag_3AsO_4	1.0×10^{-22}	$Co[Hg(SCN)_4]$	1.5×10^{-6}	$MgNH_4PO_4$	2.5×10^{-13}
$AgBr$	5.0×10^{-13}	Ag_2CO_3	8.1×10^{-12}	$Ag_4[Fe(CN)_6]$	1.6×10^{-41}
$AgCl$	1.56×10^{-10}[③]	$Ag_3[CO(NO_2)_6]$	8.5×10^{-21}	AgI	1.5×10^{-16}[③]
$AgCN$	1.2×10^{-16}	Ag_2CrO_4	1.1×10^{-12}	Ag_3PO_4	1.4×10^{-16}
$Ag_2C_2O_4$	2.95×10^{-11}	$Ag_2Cr_2O_7$	2.0×10^{-7}	Ag_2S	6.3×10^{-50}
$AgSCN$	1.0×10^{-12}	$CoHPO_4$	2×10^{-7}	$Mg(OH)_2$	1.8×10^{-11}
Ag_2SO_4	1.4×10^{-5}	$Co(OH)_2$（新）	1.6×10^{-15}	$Mg_3(PO_4)_2$	$10^{-28} \sim 10^{-27}$
$Al(OH)_3$	1.3×10^{-33}	$Co_3(PO_4)_2$	2×10^{-35}	$Mn(OH)_2$	1.9×10^{-13}
$AlPO_4$	6.3×10^{-19}	CoS	3×10^{-26}[③]	MnS	1.4×10^{-15}[③]
As_2S_3	4.0×10^{-29}	$Cr(OH)_3$	6.3×10^{-31}	$Ni(OH)_2$（新）	2.0×10^{-15}
Ba_3AsO_4	8.0×10^{-51}	$Cu_3(AsO_4)_2$	7.6×10^{-36}	NiS	1.4×10^{-24}[③]

续表

化合物	K_{SP}	化合物	K_{SP}	化合物	K_{SP}
$BaCO_3$	8.1×10^{-9}③	$CuCN$	3.2×10^{-20}	$Pb_3(AsO_4)_2$	4.0×10^{-36}
BaC_2O_4	1.6×10^{-7}	$Cu_2[Fe(CN)_6]$	1.3×10^{-16}	$PbCO_3$	7.4×10^{-14}
$BaCrO_4$	1.2×10^{-10}	$Cu_3(PO_4)_2$	1.3×10^{-37}	$PbCl_2$	1.6×10^{-5}
BaF_2	1.0×10^{-9}	$Cu_2P_2O_7$	8.3×10^{-16}	$PbCrO_4$	1.8×10^{-14}③
$BaHPO_4$	3.2×10^{-7}	$CuSCN$	4.8×10^{-15}	PbF_2	2.7×10^{-8}
$Ba_3(PO_4)_2$	3.4×10^{-23}	CuS	6.3×10^{-36}	$Pb_2[Fe(CN)_6]$	3.5×10^{-15}
$Ba_2P_2O_7$	3.2×10^{-11}	$FeCO_3$	3.2×10^{-11}	$PbHPO_4$	1.3×10^{-10}
$BaSiF_6$	1×10^{-6}	$Fe_4[Fe(CN)_6]$	3.3×10^{-41}	PbI_2	7.1×10^{-9}
$BaSO_4$	1.1×10^{-10}	$Fe(OH)_2$	8.0×10^{-16}	$Pb(OH)_2$	1.2×10^{-15}
$Bi(OH)_3$	4×10^{-31}	$Fe(OH)_3$	1.1×10^{-36}③	$Pb_3(PO_4)_2$	8.0×10^{-48}
Bi_2S_3	1×10^{-97}	$FePO_4$	1.3×10^{-22}	PbS	8.0×10^{-28}
$BiPO_4$	1.3×10^{-23}	FeS	3.7×10^{-19}③	$PbSO_4$	1.6×10^{-8}
$CaCO_3$	8.7×10^{-9}③	Hg_2Cl_2	1.3×10^{-18}	$Sb(OH)_3$	4×10^{-42}②
CaC_2O_4	4×10^{-9}	$Hg_2(CN)_2$	5×10^{-40}	Sb_2S_3	2.9×10^{-59}②
$CsCrO_4$	7.1×10^{-4}	Hg_2I_2	4.5×10^{-29}	SnS	1.0×10^{-25}
CaF_2	2.7×10^{-11}	Hg_2S	1×10^{-47}	$SrCO_3$	1.6×10^{-9}③
$CaHPO_4$	1×10^{-7}	$HgS(红)$	4×10^{-53}	SrC_2O_4	5.6×10^{-8}③
$Ca(OH)_2$	5.5×10^{-6}	（黑）	1.6×10^{-52}	$SrCrO_4$	2.2×10^{-5}
$Ca_3(PO_4)_2$	2.0×10^{-29}	$Hg_2(SCN)_2$	2.0×10^{-20}	SrF_2	2.5×10^{-9}
$CaSiF_6$	8.1×10^{-4}	$K[B(C_6H_5)_4]$	2.2×10^{-8}	$Sr_3(PO_4)_2$	4.0×10^{-28}
$CaSO_4$	9.1×10^{-6}	$K_2Na[Co(NO_2)_6]$	2.2×10^{-11}	$SrSO_4$	3.2×10^{-7}
$Cd_2[Fe(CN)_6]$	3.2×10^{-17}	$\cdot H_2O$		$Zn_2[Fe(CN)_6]$	4.0×10^{-16}
$Cd(OH)_2$(新)	2.5×10^{-14}	$K_2[PtCl_6]$	1.1×10^{-5}	$Zn[Hg(SCN)_4]$	2.2×10^{-7}
$Cd_3(PO_4)_2$	2.5×10^{-33}	$MgCO_3$	3.5×10^{-8}	$Zn(OH)_2$	1.2×10^{-17}
CdS	3.6×10^{-29}③	MgC_2O_4	8.5×10^{-5}③	$Zn_3(PO_4)_2$	9.0×10^{-33}
$Co_2[Fe(CN)_6]$	1.8×10^{-15}	MgF_2	6.5×10^{-9}	ZnS	1.2×10^{-23}③

① 摘自 J.A.Dean, Lange's Handbook of Chemistry 11th Ed. Mcgraw-Hill Book Co. 1973

② 摘自佘志英普通化学常用数据表, 中国工业出版社, 北京, 1956

③ 摘自 R.C.Weart, Handbook of Chemistry and Physics, 55th. Ed. CRC Press, 1974

三、配位滴定有关常数

金属配合物的稳定常数

金属离子	离子强度	n	$\lg\beta_n$
氨配合物			
Ag^+	0.1	1,2	3.40,7.40
Cd^{2+}	0.1	1,…,6	2.60,4.65,6.04,6.92,6.6,4.9
Co^{2+}	0.1	1,…,6	2.05,3.62,4.61,5.31,5.43,4.75
Cu^{2+}	2	1,…,4	4.13,7.61,10.48,12.59
Ni^{2+}	0.1	1,…,6	2.75,4.95,6.64,7.79,8.50,8.49
Zn^{2+}	0.1	1,…,4	2.27,4.61,7.01,9.06
氟配合物			
Al^{3+}	0.53	1,…,6	6.1,11.15,15.0,17.7,19.4,19.7
Fe^{3+}	0.5	1,2,3	5.2,9.2,11.9
Th^{4+}	0.5	1,2,3	7.7,13.5,18.0
TiO^{2+}	3	1,…,4	5.4,9.8,13.7,17.4
Sn^{4+}	*	6	25
Zr^{4+}	2	1,2,3	8.8,16.1,21.9
氯配合物			
Ag^+	0.2	1,…,4	2.0,4.7,5.0,5.9
Hg^{2+}	0.5	1,…,4	6.7,13.2,14.1,15.1
碘配合物			
Cd^{2+}	*	1,…,4	2.4,3.4,5.0,6.15
Hg^{2+}	0.5	1,…,4	12.9,23.8,27.6,29.8
氰配合物			
Ag^+	0~0.3	1,…,4	−,21.1,21.8,20.7
Cd^{2+}	3	1,…,4	5.5,10.6,15.3,18.9
Cu^+	0	1,…,4	−,24.0,28.6,30.3
Fe^{2+}	0	6	35.4
Fe^{3+}	0	6	43.6
Hg^{2+}	0.1	1,…,4	18.0,34.7,38.5,41.5
Ni^{2+}	0.1	4	31.3
Zn^{2+}	0.1	4	16.7

金属离子	离子强度	n	$\lg\beta_n$
硫氰酸配合物			
Fe^{3+}	*	$1,\cdots,5$	2.3,4.2,5.5,6.4,6.4
Hg^{2+}	1	$1,\cdots,4$	$-$,16.1,19.0,20.9
硫代硫酸配合物			
Ag^+	0	1,2	8.82,13.5
Hg^{2+}	0	1,2	29.86,32.26
枸橼酸配合物			
Al^{3+}	0.5	1	20.0
Cu^{2+}	0.5	1	18
Fe^{3+}	0.5	1	25
Ni^{2+}	0.5	1	14.3
Pb^{2+}	0.5	1	12.3
Zn^{2+}	0.5	1	11.4
磺基水杨酸配合物			
Al^{3+}	0.1	1,2,3	12.9,22.9,29.0
Fe^{3+}	3	1,2,3	14.4,25.2,32.2
乙酰丙酮配合物			
Al^{3+}	0.1	1,2,3	8.1,15.7,21.2
Cu^{2+}	0.1	1,2	7.8,14.3
Fe^{3+}	0.1	1,2,3	9.3,17.9,25.1
邻二氮菲配合物			
Ag^+	0.1	1,2	5.02,12.07
Cd^{2+}	0.1	1,2,3	6.4,11.6,15.8
Co^{2+}	0.1	1,2,3	7.0,13.7,20.1
Cu^{2+}	0.1	1,2,3	9.1,15.8,21.0
Fe^{2+}	0.1	1,2,3	5.9,11.1,21.3
Hg^{2+}	0.1	1,2,3	$-$,19.65,23.35
Ni^{2+}	0.1	1,2,3	8.8,17.1,24.8
Zn^{2+}	0.1	1,2,3	6.4,12.15,17.0
乙二胺配合物			
Ag^+	0.1	1,2	4.7,7.7
Cd^{2+}	0.1	1,2	5.47,10.02

续表

金属离子	离子强度	n	$\lg\beta_n$
乙二胺配合物			
Cu^{2+}	0.1	1,2	10.55,19.60
Co^{2+}	0.1	1,2,3	5.89,10.72,13.82
Hg^{2+}	0.1	2	23.42
Ni^{2+}	0.1	1,2,3	7.66,14.06,18.59
Zn^{2+}	0.1	1,2,3	5.71,10.37,12.08

* 离子强度不定。

一些金属离子的 $\lg\alpha_{M(OH)}$ 值

金属离子	离子强度	pH													
		1	2	3	4	5	6	7	8	9	10	11	12	13	14
Al^{3+}	2					0.4	1.3	5.3	9.3	13.3	17.3	21.3	25.3	29.3	33.3
Bi^{3+}	3	0.1	0.5	1.4	2.4	3.4	4.4	5.4							
Ca^{2+}	0.1													0.3	1.0
Cd^{2+}	3									0.1	0.5	2.0	4.5	8.1	12.0
Co^{2+}	0.1								0.1	0.4	1.1	2.2	4.2	7.2	10.2
Cu^{2+}	0.1								0.2	0.8	1.7	2.7	3.7	4.7	5.7
Fe^{2+}	1									0.1	0.6	1.5	2.5	3.5	4.5
Fe^{3+}	3			0.4	1.8	3.7	5.7	7.7	9.7	11.7	13.7	15.7	17.7	19.7	21.7
Hg^{2+}	0.1			0.5	1.9	3.9	5.9	7.9	9.9	11.9	13.9	15.9	17.9	19.9	21.9
La^{3+}	3										0.3	1.0	1.9	2.9	3.9
Mg^{2+}	0.1											0.1	0.5	1.3	2.3
Mn^{2+}	0.1										0.1	0.5	1.4	2.4	3.4
Ni^{2+}	0.1									0.1	0.7	1.6			
Pb^{2+}	0.1							0.1	0.5	1.4	2.7	4.7	7.4	10.4	13.4
Th^{4+}	1				0.2	0.8	1.7	2.7	3.7	4.7	5.7	6.7	7.7	8.7	9.7
Zn^{2+}	0.1									0.2	2.4	5.4	8.5	11.8	15.5

四、标准电极电位表（25℃）

编号	电　极　反　应	$\varphi^{\ominus}$ (V)
1	$Li^+ + e^- = Li$	−3.024
2	$K^+ + e^- = K$	−2.924
3	$Ba^{2+} + 2e^- = Ba$	−2.90
4	$Ca^{2+} + 2e^- = Ca$	−2.87

编号	电 极 反 应	$\varphi^{\ominus}$（V）
5	$Na^+ + e^- \rule[0.5ex]{1em}{0.4pt} Na$	-2.714
6	$Mg^{2+} + 2e^- \rule[0.5ex]{1em}{0.4pt} Mg$	-2.34
7	$Al^{3+} + 3e^- \rule[0.5ex]{1em}{0.4pt} Al$	-1.67
8	$ZnO_2^{2-} + 2H_2O + 2e^- \rule[0.5ex]{1em}{0.4pt} Zn + 4OH^-$	-1.216
9	$Sn\,(OH)_6^{2-} + 2e^- \rule[0.5ex]{1em}{0.4pt} HSnO_2^- + 3OH^- + H_2O$	-0.96
10	$SO_4^{2-} + H_2O + 2e^- \rule[0.5ex]{1em}{0.4pt} SO_3^{2-} + 2OH^-$	-0.90
11	$2H_2O + 2e^- \rule[0.5ex]{1em}{0.4pt} H_2 + 2OH^-$	-0.828
12	$HSnO_2^- + H_2O + 2e^- \rule[0.5ex]{1em}{0.4pt} Sn + 3OH^-$	-0.79
13	$Zn^{2+} + 2e^- \rule[0.5ex]{1em}{0.4pt} Zn$	-0.762
14	$Cr^{3+} + 3e^- \rule[0.5ex]{1em}{0.4pt} Cr$	-0.71
15	$AsO_4^{3-} + 2H_2O + 2e^- \rule[0.5ex]{1em}{0.4pt} AsO_2 + {}^- + 4OH^-$	-0.71
16	$SO_3^{2-} + 3H_2O + 6e^- \rule[0.5ex]{1em}{0.4pt} S^{2-} + 6OH^-$	-0.61
17	$2CO_2 + 2H^+ + 2e^- \rule[0.5ex]{1em}{0.4pt} H_2C_2O_4$	-0.49
18	$Fe^{2+} + 2e^- \rule[0.5ex]{1em}{0.4pt} Fe$	-0.441
19	$Cr^{3+} + e^- \rule[0.5ex]{1em}{0.4pt} Cr^{2+}$	-0.41
20	$Cd^{2+} + 2e^- \rule[0.5ex]{1em}{0.4pt} Cd$	-0.402
21	$Cu_2O + H_2 + 2e^- \rule[0.5ex]{1em}{0.4pt} 2Cu + 2OH^-$	-0.361
22	$AgI + e^- \rule[0.5ex]{1em}{0.4pt} Ag + I^-$	-0.151
23	$Sn^{2+} + 2e^- \rule[0.5ex]{1em}{0.4pt} Sn$	-0.140
24	$Pb^{2+} + 2e^- \rule[0.5ex]{1em}{0.4pt} Pb$	-0.126
25	$CrO_4^{2-} + 4H_2O + 3e^- \rule[0.5ex]{1em}{0.4pt} Cr\,(OH)_3 + 5OH^-$	-0.12
26	$Fe^{3+} + 3e^- \rule[0.5ex]{1em}{0.4pt} Fe$	-0.036
27	$2H^+ + 2e^- \rule[0.5ex]{1em}{0.4pt} H_2$	0.0000
28	$NO_3^- + H_2O + 2e^- \rule[0.5ex]{1em}{0.4pt} NO_2^- + 2OH^-$	0.01
29	$AgBr + e^- \rule[0.5ex]{1em}{0.4pt} Ag + Br^-$	0.073
30	$S + 2H^+ + 2e^- \rule[0.5ex]{1em}{0.4pt} H_2S$	0.141
31	$Sn^{4+} + 2e^- \rule[0.5ex]{1em}{0.4pt} Sn^{2+}$	0.15
32	$Cu^{2+} + e^- \rule[0.5ex]{1em}{0.4pt} Cu^+$	0.159
33	$S_4O_6^{2-} + 2e^- \rule[0.5ex]{1em}{0.4pt} 2S_2O_3^{2-}$	0.17
34	$SO_4^{2+} + 4H^+ + 2e^- \rule[0.5ex]{1em}{0.4pt} H_2SO_3 + H_2O$	0.20
35	$AgCl + e^- \rule[0.5ex]{1em}{0.4pt} Ag + Cl^-$	0.222
36	$IO_3^- + 3H_2O + 6e^- \rule[0.5ex]{1em}{0.4pt} I^- + 6OH^-$	0.26

编号	电　极　反　应	$\varphi^{\ominus}$ (V)
37	$Hg_2Cl_2 + 2e^- \Longrightarrow 2Hg + 2Cl^-$	0.267
38	$Cu^{2+} + 2e^- \Longrightarrow Cu$	0.345
39	$[Fe(CN)_6]^{3-} + e^- \Longrightarrow [Fe(CN)_6]^{4-}$	0.36
40	$2H_2SO_3 + 2H^+ + 4e^- \Longrightarrow 3H_2O + S_2O_3^{2-}$	0.40
41	$O_2 + 2H_2O + 4e^- \Longrightarrow 4OH^-$	0.401
42	$2BrO^- + 2H_2O + 2e^- \Longrightarrow Br_2 + 4OH^-$	0.45
43	$4H_2SO_3 + 4H^+ + 6e^- \Longrightarrow 6H_2O + S_4O_6^{2-}$	0.48
44	$Cu^+ + e^- \Longrightarrow Cu$	0.522
45	$I_2 + 2e^- \Longrightarrow 2I^-$	0.534
46	$I_3^- + 2e^- \Longrightarrow 3I^-$	0.535
47	$MnO_4^- + e^- \Longrightarrow MnO_4^{2-}$	0.54
48	$H_3AsO_4 + 2H^+ + 2e^- \Longrightarrow H_3AsO_3 + H_2O$	0.559
49	$IO_3^- + 2H_2O + 4e^- \Longrightarrow IO^- + 4OH^-$	0.56
50	$MnO_4^- + 2H_2O + 3e^- \Longrightarrow MnO_2 + 4OH^-$	0.57
51	$BrO_3^- \, 3H_2O + 6e^- \Longrightarrow Br^- + 6OH^-$	0.61
52	$ClO_3^- + 3H_2O + 6e^- \Longrightarrow Cl^- + 6OH^-$	0.62
53	$O_2 + 2H^+ + 2e^- \Longrightarrow H_2O_2$	0.682
54	$Fe^{3+} + e^- \Longrightarrow Fe^{2+}$	0.771
55	$Hg_2^{2+} + 2e^- \Longrightarrow 2Hg$	0.789
56	$Ag^+ + e^- \Longrightarrow Ag$	0.7991
57	$2Hg^{2+} + 2e^- \Longrightarrow Hg_2^{2+}$	0.920
58	$NO_3^- + 3H^+ + 2e^- \Longrightarrow HNO_2 + H_2O$	0.94
59	$HIO + H^+ + 2e^- \Longrightarrow I^- + H_2O$	0.99
60	$HNO_2 + H^+ + 2e^- \Longrightarrow NO + H_2O$	1.00
61	$Br_2 + 2e^- \Longrightarrow 2Br^-$	1.0652
62	$IO_3^- + 6H^+ + 6e^- \Longrightarrow I^- + 3H_2O$	1.085
63	$IO_3^- + 6H^+ + 5e^- \Longrightarrow 1/2I_2 + 3H_2O$	1.195
64	$O_2 + 4H^+ + 4e^- \Longrightarrow 2H_2O$	1.229
65	$MnO_2 + 4H^+ + 2e^- \Longrightarrow Mn^{2+} + 2H_2O$	1.23
66	$HBrO + H^+ + 2e^- \Longrightarrow Br^- + H_2O$	1.33
67	$Cr_2O_7^{2-} + 14H^+ + 6e^- \Longrightarrow 2Cr^{3+} + 7H_2O$	1.33
68	$ClO_4^- + 8H^+ + 2e^- \Longrightarrow 1/2Cl_2 + 4H_2O$	1.34

编号	电 极 反 应	$\varphi^{\ominus}$ (V)
69	$Cl_2 + 2e^- = 2Cl^-$	1.3595
70	$BrO_3^- + 6H^+ + 6e^- = Br^- + 3H_2O$	1.44
71	$ClO_3^- + 6H^+ + 6e^- = Cl^- + 3H_2O$	1.45
72	$HIO + H^+ + e^- = 1/2I_2 + H_2O$	1.45
73	$PbO_2 + 4H^+ + 2e^- = Pb^{2+}\, 2H_2O$	1.455
74	$ClO_3^- + 6H^+ + 5e^- = 1/2Cl_2 + 3H_2O$	1.47
75	$HClO + H^+ + 2e^- = Cl^- + H_2O$	1.49
76	$MnO_4^- + 8H^+ + 5e^- = Mn^{2+} + 4H_2O$	1.51
77	$BrO_3^- + 6H^+ + 5e^- = 1/2Br_2 + 3H_2O$	1.52
78	$HBrO + H^+ + e^- = 1/2Br_2 + H_2O$	1.59
79	$Ce^{4+} + e^- = Ce^{3+}$	1.61
80	$2HClO + 2H^+ + 2e^- = Cl_2 + 2H_2O$	1.63
81	$Pb^{4+} + 2e^- = Pb^{2+}$	1.69
82	$MnO_4^- + 4H^+ + 3e^- = MnO_2 + 2H_2O$	1.695
83	$H_2O_2 + 2H^+ + 2e^- = 2H_2O$	1.77
84	$S_2O_3^{2-} + 2e^- = 2SO_4^{2-}$	2.01
85	$O_3 + 2H^+ + 2e^- = O_2 + H_2O$	2.07
86	$F_2 + 2e^- = 2F^-$	2.65

五、氧化还原电对的条件电位表

电 极 反 应	φ' (V)	溶液成分
$Ag^+ + e^- = Ag$	+0.792	1mol/L $HClO_4$
	+0.77	1mol/L H_2SO_4
$AgI + e^- = Ag + I^-$	-1.37	1mol/L KI
$H_3AsO_4 + 2H^+ + 2e^- = HAsO_2 + 2H_2O$	+0.577	1mol/L HCl 或 $HClO_4$
$Ce^{4+} + e^- = Ce^{3+}$	+0.06	2.5mol/L K_2CO_3
	+1.28	1mol/L HCl
	+1.70	1mol/L $HClO_4$
	+1.6	1mol/L HNO_3
	+1.44	1mol/L H_2SO_4

续表

电　极　反　应	φ'（V）	溶　液　成　分
$Cr^{3+} + e^- =\!\!= Cr^{2+}$	-0.26	饱和 $CaCl_2$
	-0.40	5mol/L HCl
	-0.37	$0.1\sim0.5$mol/L H_2SO_4
$CrO_4^{2-} + 2H_2O + 3e^- =\!\!= CrO_2^- + 4OH^-$	-0.12	1mol/L NaOH
$Cr_2O_7^{2-} + 14H^+ + 6e^- =\!\!= 2Cr^{3+} + 7H_2O$	$+0.93$	0.1mol/L HCl
	$+1.00$	1mol/L HCl
	$+1.08$	3mol/L HCl
	$+0.84$	0.1mol/L $HClO_4$
	$+1.025$	1mol/L $HClO_4$
	$+0.92$	0.1mol/L H_2SO_4
	$+1.15$	4mol/L H_2SO_4
$Fe^{3+} + e^- =\!\!= Fe^{2+}$	$+0.71$	0.5mol/L HCl
	$+0.68$	1mol/L HCl
	$+0.64$	5mol/L HCl
	$+0.53$	10mol/L HCl
	-0.68	10mol/L NaOH
	$+0.735$	1mol/L $HClO_4$
	$+0.01$	1mol/L $K_2C_2O_4$，pH5
	$+0.46$	2mol/L H_3PO_4
	$+0.68$	1mol/L H_2SO_4
	$+0.07$	0.5mol/L 酒石酸钠，pH5$\sim$8
$Fe(CN)_6^{3-} + e^- =\!\!= Fe(CN)_6^{4-}$	$+0.56$	0.1mol/L HCl
	$+0.71$	1mol/L HCl
$I_3^- + 2e^- =\!\!= 3I^-$	$+0.545$	0.5mol/L H_2SO_4
$MnO_4^- + 8H^+ + 5e^- =\!\!= Mn^{2+} + 4H_2O$	$+1.45$	1mol/L $HClO_4$
$Pb^{2+} + 2e^- =\!\!= Pb$	-0.32	1mol/L NaAc
$SO_4^{2-} + 4H^+ + 2e^- =\!\!= SO_2 + 2H_2O$	$+0.07$	1mol/L H_2SO_4
$Sb^{5+} + 2e^- =\!\!= Sb^{3+}$	$+0.75$	3.5mol/L HCl
	$+0.82$	6mol/L HCl
$Sn^{4+} + 2e^- =\!\!= Sn^{2+}$	$+0.14$	1mol/L HCl
	-0.63	1mol/L $HClO_4$

六、标准缓冲液的 pH

t(℃)	草酸三氢钾标准缓冲液 0.05mol/L	邻苯二甲酸氢钾标准缓冲液 0.05mol/L	磷酸盐标准缓冲液(pH6.8) KH_2PO_4(0.025mol/L) Na_2HPO_4(0.025mol/L)	磷酸盐标准缓冲液(pH7.4) KH_2PO_4(0.08695mol/L) Na_2HPO_4(0.03043mol/L)	硼砂标准缓冲液	25℃饱和氢氧化钙
0	1.67	4.01	6.98	7.52	9.46	13.42
5	1.67	4.00	6.95	7.49	9.39	13.21
10	1.67	4.00	6.92	7.47	9.33	13.01
15	1.67	4.00	6.90	7.44	9.28	12.82
20	1.68	4.00	6.88	7.43	9.23	12.63
25	1.68	4.00	6.86	7.41	9.18	12.46
30	1.68	4.01	6.85	7.40	9.14	12.29
35	1.69	4.02	6.84	7.39	9.07	12.13
40	1.69	4.03	6.84	7.38	9.07	11.98
45	1.70	4.04	6.83	7.38	9.04	11.84
50	1.71	4.06	6.83	7.38	9.02	11.70

七、常用缓冲溶液的配置

缓冲溶液组成	pK_a	缓冲液 pH	缓 冲 溶 液 配 制 方 法
氨基乙酸-HCl	2.35 (pK_{a_1})	2.3	取氨基乙酸 150g 溶于 500ml 水中后，加浓 HCl 80ml，水稀释至 1L
H_3PO_4-枸橼酸盐		2.5	取 $Na_2HPO_4 \cdot 12H_2O$ 113g 溶于 200ml 水后，加枸橼酸 387g，溶解，过滤过，稀释后 1L
一氯乙酸-NaOH	2.86	2.8	取 200g 一氯乙酸溶于 200ml 水中，加 NaOH40g，溶解后，稀释至 1L
邻苯二甲酸氢钾-HCl	2.95 (pK_{a_1})	2.9	取 500g 邻苯二甲酸氢钾溶于 500ml 水中，加浓 HCl 80ml，稀释至 1L
甲酸-NaOH	3.76	3.7	取 95g 甲酸和 NaOH40g 于 500ml 水中，溶解，稀释至 1L
NH₄Ac-HAc		4.5	取 NH₄Ac77g 溶于 200ml 水中，加冰 HAc 59ml，稀释至 1L
NaAc-HAc	4.74	4.7	取无水 NaAc 83g 溶于水中，加冰 HAc 60ml，稀释至 1L
NaAc-HAc	4.74	5.0	取无水 NaAc 160g 溶于水中，加冰 HAc 60ml，稀释至 1L
NH₄Ac-HAc		5.0	取 NH₄Ac 250g 溶于水中，加冰 HAc 25ml，稀释至 1L

续表

缓冲溶液组成	pK_a	缓冲液pH	缓冲溶液配制方法
六次甲基四胺-HCl	5.15	5.4	取六次甲基四胺40g溶于200ml水中，加浓HCl10ml，稀释至1L
NH_4Ac-HAc		6.0	取NH_4Ac 600g溶于水中，加冰HAc 20ml，稀释至1L
NaAc-H_3PO_4盐		8.0	取无水NaAc 50g和$Na_2HPO_4\cdot12H_2O$ 50g溶于水中，稀释至1L
Tris-HCl（三羟甲基氨甲烷 $CNH_2\equiv(HOCH_2)_3$）	0.21	8.2	取25g Tris试剂溶于水中，加浓HCl 8ml，稀释至1L
NH_3-NH_4Cl	9.26	9.2	取NH_4Cl 54g溶于水中，加浓氨水63ml稀释至1L
NH_3-NH_4Cl	9.26	9.5	取NH_4Cl 54g溶于水中，加浓氨水126ml，稀释至1L
NH_3-NH_4Cl	9.26	10.0	取NH_4Cl 54g溶于水中，加浓氨水350ml，稀释至1L

注：①缓冲液配制后可用pH试纸检查，如pH不对，可用共轭酸或碱调节。pH欲调节精确时，可用pH计调节。
②若需增加或减少缓冲液的缓冲容量时，可相应增加或减少共轭酸碱对物质的量，再调节之。

八、常用指示剂

（一）酸碱指示剂（18～25℃）

指示剂名称	变色pH范围	颜色变化	溶液配制方法
甲基紫（第一变色范围）	0.13～0.5	黄－绿	0.1%或0.05%的水溶液
苦味酸	0.0～1.3	无色－黄	0.1%水溶液
甲基绿	0.1～2.0	黄－绿－浅蓝	0.05%水溶液
孔雀绿（第一变色范围）	0.13～2.0	黄－浅蓝－绿	0.1%水溶液
甲酚红（第一变色范围）	0.2～1.8	红－黄	0.04g指示剂溶于100ml 50%乙醇中
甲基紫（第二变色范围）	1.0～1.5	绿－蓝	0.1%水溶液
百里酚蓝（麝香草酚蓝）（第一变色范围）	1.2～2.8	红－黄	0.1g指示剂溶于100ml 20%乙醇中
甲基紫（第三变色范围）	2.0～3.0	蓝－紫	0.1%水溶液
茜素黄R（第一变色范围）	1.9～3.3	红－黄	0.1%水溶液
二甲基黄	2.9～4.0	红－黄	0.1或0.01g指示剂溶于100ml 90%乙醇中

续表

指示剂名称	变色 pH 范围	颜色变化	溶液配制方法
甲 基 橙	3.1~4.4	红－橙黄	0.1％水溶液
溴 酚 蓝	3.0~4.6	黄－蓝	0.1g 指示剂溶于 100ml 20％乙醇中
刚 果 红	3.0~5.2	蓝紫－红	0.1％水溶液
茜 素 红 S（第一变色范围）	3.7~5.2	黄－紫	0.1％水溶液
溴甲酚绿	3.8~5.4	黄－蓝	0.1g 指示剂溶于 100ml 20％乙醇中
甲 基 红	4.4~6.2	红－黄	0.1 或 0.2g 指示剂溶于 100ml 60％乙醇中
溴 酚 红	5.0~6.8	黄－红	0.1 或 0.04g 指示剂溶于 100ml 20％乙醇中
溴甲酚紫	5.2~6.8	黄－紫红	0.1g 指示剂溶于 100ml 20％乙醇中
溴百里酚蓝	6.0~7.6	黄－蓝	0.05g 指示剂溶于 100ml 20％乙醇中
中 性 红	6.8~8.0	红－亮黄	0.1g 指示剂溶于 100ml 60％乙醇中
酚 红	6.8~8.0	黄－红	0.1g 指示剂溶于 100ml 20％乙醇中
甲 酚 红	7.2~8.8	亮黄－紫红	0.1g 指示剂溶于 100ml 50％乙醇中
百里酚蓝（麝香草酚蓝）（第二变色范围）	8.0~9.0	黄－蓝	参看第一变色范围
酚 酞	8.2~10.0	无色－紫红	0.1g 指示剂溶于 100ml 60％乙醇中
百里酚酞	9.4~10.6	无色－蓝	0.1g 指示剂溶于 100ml 90％乙醇中
茜素红 S（第二变色范围）	10.0~12.0	紫－淡黄	参看第一变色范围
茜素黄 R（第二变色范围）	10.1~12.1	黄－淡紫	0.1％水溶液
孔 雀 绿（第二变色范围）	11.5~13.2	蓝绿－无色	参看第一变色范围
达 旦 黄	12.0~13.0	黄－红	溶于水、乙醇

（二）混合酸碱指示剂

指示剂溶液的组成	变色点 pH	颜 色		备注
		酸 色	碱 色	
一份 0.1%甲基黄乙醇溶液 一份 0.1%次甲基蓝乙醇溶液	3.25	蓝 紫	绿	pH3.2 蓝紫色 pH3.4 绿色
一份 0.1%甲基橙溶液 一份 0.25%靛蓝（二磺酸）水溶液	4.1	紫	黄 绿	
一份 0.1%溴百里酚绿钠盐水溶液 一份 0.2%甲基橙水溶液	4.3	黄	蓝 绿	pH3.5 黄色 pH4.0 黄绿色 pH4.3 绿色
三份 0.1%溴甲酚绿乙醇溶液 一份 0.2%甲基红乙醇溶液	5.1	酒 红	绿	
一份 0.2%甲基红乙醇溶液 一份 0.1%次甲基蓝乙醇溶液	5.4	红 紫	绿	pH5.2 红紫 pH5.4 暗蓝 pH5.6 绿
一份 0.1%溴甲酚绿钠盐水溶液 一份 0.1%氯酚红钠盐水溶液	6.1	黄 绿	蓝 绿	pH5.4 蓝绿 pH5.8 蓝 pH6.2 蓝紫
一份 0.1%溴甲酚紫钠盐水溶液 一份 0.1%溴百里酚蓝钠盐水溶液	6.7	黄	蓝 紫	pH6.2 黄紫 pH6.6 紫 pH6.8 蓝紫
一份 0.1%中性红乙醇溶液 一份 0.1%次甲基蓝乙醇溶液	7.0	蓝 紫	绿	pH7.0 蓝紫
一份 0.1%溴百里酚蓝钠盐水溶液 一份 0.1%酚红钠盐水溶液	7.5	黄	绿	pH7.2 暗绿 pH7.4 淡紫 pH7.6 深紫
一份 0.1%甲酚红钠盐水溶液 三份 0.1%百里酚蓝钠盐水溶液	8.3	黄	紫	pH8.2 玫瑰色 pH8.4 紫色

（三）金属离子指示剂

指示剂名称	离解平衡和颜色变化	溶液配制方法
铬 黑 T （EBT）	$pK_{a_2}=6.3 \quad pK_{a_3}=11.55$ $H_2In^- \rightleftharpoons HIn^{2-} \rightleftharpoons In^{3-}$ 紫红　　　蓝　　　橙	0.5%水溶液
二甲酚橙 （XO）	$pK_{a_2}=6.3$ $H_3In^{4-} \rightleftharpoons H_2In^{5-}$ 黄　　　　红	0.2%水溶液
K-B 指示剂	$pK_{a_1}=8 \quad pK_{a_2}=13$ $H_2In \rightleftharpoons HIn^- \rightleftharpoons In^{2-}$ 红　　蓝　　紫红 （酸性铬蓝 K）	0.2g 酸性铬蓝 K 与 0.4g 萘酚绿 B 溶于 100ml 水中
钙指示剂	$pK_{a_2}=7.4 \quad pK_{a_3}=13.5$ $H_2In \rightleftharpoons HIn^{2-} \rightleftharpoons In^{3-}$ 酒红　　蓝　　酒红	0.5%的乙醇溶液

续表

指示剂名称	离解平衡和颜色变化	溶液配制方法
吡啶偶氮萘酚 （PAN）	$pK_{a_1}=1.9$　　$pK_{a_2}=12.2$ $H_2In \rightleftharpoons HIn \rightleftharpoons In^{3-}$ 黄绿　　　黄　　　淡红	0.1%的乙醇溶液
Cu-PAN （CuY-PAN）溶液	$\underbrace{CuY + PAN}_{浅绿} + \underbrace{Mn^+ = MY}_{无色} + \underset{红色}{Cu-PAN}$	将 0.05mol/L Cu^{2+} 液 10ml，加 pH5～6 的 HAc 缓冲液 5ml，1 滴 PAN 指示剂，加热至 60℃ 左右，用 EDTA 滴至绿色，得到约 0.025mol/LCuY 溶液。使用时取 2～3ml 于试液中，再加数滴 PAN 溶液
磺基水杨酸	$pK_{a_1}=2.7$　　$pK_{a_2}=13.1$ $H_2In \rightleftharpoons HIn^- \rightleftharpoons In^{2-}$ 无色	1%的水溶液
钙镁试剂 （Calmagite）	$pK_{a_2}=8.1$　　$pK_{a_3}=12.4$ $H_2In \rightleftharpoons HIn \rightleftharpoons In^{2-}$ 红　　　蓝　　　红橙	0.5%的水溶液

注：EBT，钙指示剂，K-B 指示剂等在水溶液中稳定性较差，可以配成指示剂与 NaCl 之比为 1：100 或 1：200 的固体粉末。

（四）氧化还原指示剂

指示剂名称	φ（V） 〔H$^+$〕=1 mol/L	颜色变化		溶液配制方法
		氧化态	还原态	
中性红	0.24	红	无色	0.05%的 60%乙醇溶液
次甲基蓝	0.36	蓝	无色	0.05%水溶液
变胺蓝	0.59 （pH=2）	无色	蓝色	0.05%水溶液
二苯胺	0.76	紫	无色	1%的浓 H$_2$SO$_4$ 溶液
二苯胺磺酸钠	0.85	紫红	无色	0.5%的水溶液
N-邻苯氨基 苯甲酸	1.03	紫红	无色	0.1g 指示剂加 20ml 5%的 Na$_2$CO$_3$ 溶液，用水稀至 100ml
邻二氮菲- Fe（Ⅱ）	1.06	浅蓝	红	1.485g 邻二氮菲加 0.965g FeSO$_4$，溶于 100ml 水中（0.025mol/L 水溶液）
5-硝基邻二氮菲 -Fe（Ⅱ）	1.25	浅蓝	紫红	1.608g5-硝基邻二氮菲加 0.695g FeSO$_4$，溶于 100ml 水中（0.025mol/L 水溶液）

（五）沉淀滴定吸附指示剂

指示剂	被测离子	滴定剂	滴定条件	溶液配制方法
荧光黄	Cl$^-$	Ag$^+$	pH7～10（一般 7～8）	0.2%乙醇溶液
二氯荧光黄	Cl$^-$	Ag$^+$	pH4～10（一般 5～8）	0.1%水溶液
曙红	Br$^-$，I$^-$，SCN$^-$	Ag$^+$	pH2～10（一般 3～8）	0.5%水溶液
溴甲酚绿	SCN$^-$	Ag$^+$	pH4～5	0.1%水溶液

续表

指示剂	被测离子	滴定剂	滴定条件	溶液配制方法
甲　基　紫	Ag^+	Cl^-	酸性溶液	0.1%水溶液
罗丹明6G	Ag^+	Br^-	酸性溶液	0.1%水溶液
钍　试　剂	SO_4^{2-}	Ba^{2+}	pH1.5~3.5	0.5%水溶液
溴　酚　蓝	Hg_2^{2+}	Cl^-, Br^-	酸性溶液	0.1%水溶液

九、常用基准物的干燥条件和应用

基准物质 名称	基准物质 分子式	干燥后组成	干燥条件（℃）	标定对象
碳酸氢钠	$NaHCO_3$	Na_2CO_3	270~300	酸
碳酸钠	$Na_2CO_3 \cdot 10H_2O$	Na_2CO_3	270~300	酸
硼砂	$Na_2B_4O_7 \cdot 10H_2O$	$Na_2B_4O_7 \cdot 10H_2O$	放在含NaCl和蔗糖饱和液的干燥器中	酸
碳酸氢钾	$KHCO_3$	K_2CO_3	270~300	酸
草酸	$H_2C_2O_4 \cdot 2H_2O$	$H_2C_2O_4 \cdot 2H_2O$	室温空气干燥	碱或$KMnO_4$
邻苯二甲酸氢钾	$KHC_8H_4O_4$	$KHC_8H_4O_4$	110~120	碱
重铬酸钾	$K_2Cr_2O_7$	$K_2Cr_2O_7$	140~150	还原剂
溴酸钾	$KBrO_3$	$KBrO_3$	130	还原剂
碘酸钾	KIO_3	KIO_3	130	还原剂
铜	Cu	Cu	室温干燥器中保存	还原剂
三氧化二砷	As_2O_3	As_2O_3	同　上	氧化剂
草酸钠	$Na_2C_2O_4$	$Na_2C_2O_4$	130	氧化剂
碳酸钙	$CaCO_3$	$CaCO_3$	110	EDTA
锌	Zn	Zn	室温干燥器中保存	EDTA
氧化锌	ZnO	ZnO	900~1000	EDTA
氯化钠	$NaCl$	$NaCl$	500~600	$AgNO_3$
氯化钾	KCl	KCl	500~600	$AgNO_3$
硝酸银	$AgNO_3$	$AgNO_3$	280~290	氯化物
氨基磺酸	$HOSO_2NH_2$	$HOSO_2NH_2$	在真空H_2SO_4干燥器中保存48h	碱
氟化钠	NaF	NaF	铂坩埚中500~550℃下保存40~50min后，H_2SO_4干燥器中冷却	

十、常用式量表

（根据 1981 年国际相对原子质量）

分　子　式	相对分子质量	分　子　式	相对分子质量
$AgBr$	187.77	$KMnO_4$	158.03
$AgCl$	143.32	KNO_2	85.10
AgI	234.77	KOH	56.11
$AgNO_3$	169.87	K_2PtCl_6	486.00
Al_2O_3	101.96	$MgCO_3$	84.31
As_2O_3	197.84	$MgCl$	95.21
$BaCl_2 \cdot 2H_2O$	244.27	$MgSO_4 \cdot 7H_2O$	246.47
BaO	153.33	$MgNH_4PO_4 \cdot 6H_2O$	245.41
$Ba(OH)_2 \cdot 8H_2O$	315.47	MgO	40.30
$BaSO_4$	233.39	$Mg(OH)_2$	58.32
$CaCO_3$	100.09	$Na_2P_2O_7$	222.55
CaO	56.08	$Na_2B_4O_7 \cdot 10H_2O$	381.37
$Ca(OH)_2$	74.09	$NaBr$	102.89
CO_2	44.01	$NaCl$	58.44
CuO	79.55	Na_2CO_3	105.99
Cu_2O	143.09	$NaHCO_3$	84.01
$CuSO_4 \cdot 5H_2O$	249.68	$Na_2HPO_4 \cdot 12H_2O$	358.14
FeO	71.85	$NaNO_2$	69.00
Fe_2O_3	159.69	Na_2O	61.98
$FeSO_4 \cdot 7H_2O$	278.01	$NaOH$	40.00
$FeSO_4 \cdot (NH_4)_2SO_4 \cdot 6H_2O$	392.13	H_2SO_4	98.07
H_3BO_3	61.83	I_2	253.81
HCl	36.46	$KAl(SO_4)_2 \cdot 12H_2O$	474.38
$HClO_4$	100.47	KBr	119.00
HNO_3	63.02	$KBrO_3$	167.00
H_2O	18.01528	KCl	74.55
H_2O_2	34.01	$KClO_4$	138.55
H_3PO_4	98.00	$KSCN$	97.18

续表

分　子　式	相对分子质量	分　子　式	相对分子质量
K_2CO_3	138.21	PbO_2	239.20
K_2CrO_4	194.19	$PbSO_4$	303.26
$K_2Cr_2O_7$	294.18	P_2O_5	141.94
KH_2PO_4	136.09	SiO_2	60.08
$KHSO_4$	136.16	SO_2	64.06
KI	166.00	SO_3	80.06
KIO_3	214.00	ZnO	81.38
$KIO_3 \cdot HIO_3$	389.91	$HC_2H_3O_2$	60.05
$Na_2S_2O_3$	158.10	$H_2C_2O_4 \cdot 2H_2O$（草酸）	126.07
$Na_2S_2O_3 \cdot 5H_2O$	248.17	$KHC_4H_4O_6$（酒石酸氢钾）	188.18
NH_3	17.03	$KHC_8H_4O_4$（邻苯二钾酸氢钾）	204.44
NH_4Cl	53.49	$K(SbO)C_4H_4O_6 \cdot 1/2H_2O$	333.94
NH_4OH	35.05	（酒石酸锑钾）	
$(NH_4)_3PO_4 \cdot 12MoO_3$	1876.35	$Na_2C_2O_4$（草酸钠）	134.00
$(NH_4)_2SO_4$	132.13	$NaC_7H_5O_2$（苯甲酸钠）	144.41
$PbCrO_4$	323.19	$Na_3C_6H_5O_7 \cdot 2H_2O$（枸橼酸钠）	294.12

十一、国际相对原子质量表（1993 年）

元　素		原子	相对原子质量	元　素		原子	相对原子质量
符号	名称	序数		符号	名称	序数	
Ag	银	47	107.8682（2）	Gd	钆	64	157.25（3）
Al	铝	13	26.981539（5）	Ge	锗	32	72.61（2）
Ar	氩	18	39.948（1）	H	氢	1	1.00794（7）
As	砷	33	74.92159（2）	He	氦	2	4.002602（2）
Au	金	79	196.96654（3）	Hf	铪	72	178.49（2）
B	硼	5	10.811（5）	Hg	汞	80	200.59
Ba	钡	56	137.327（7）	Ho	钬	67	164.93032（3）
Be	铍	4	9.012182（3）	I	碘	53	126.90447（3）
Bi	铋	83	208.98037（3）	In	铟	49	114.818（3）
Br	溴	35	79.904（1）	Ir	铱	77	192.217（3）

元素		原子序数	相对原子质量	元素		原子序数	相对原子质量
符号	名称			符号	名称		
C	碳	6	12.011 (1)	K	钾	19	39.0983 (1)
Ca	钙	20	40.078 (4)	Kr	氪	36	83.80 (1)
Cd	镉	48	112.411 (8)	La	镧	57	138.9055 (2)
Ce	铈	58	140.115 (4)	Li	锂	3	6.941 (2)
Cl	氯	17	35.4527 (9)	Lu	镥	71	174.967 (1)
Co	钴	27	58.93320 (1)	Mg	镁	12	24.3050 (6)
Cr	铬	24	51.9961 (6)	Mn	锰	25	54.93805 (1)
Cs	铯	55	132.90543 (5)	Mo	钼	42	95.94 (1)
Cu	铜	29	63.546 (3)	N	氮	7	14.00674 (7)
Dy	镝	66	162.50 (3)	Na	钠	11	22.989768 (6)
Er	铒	68	167.26 (3)	Nb	铌	41	92.90638 (2)
Eu	铕	63	151.965 (9)	Nd	钕	60	144.24 (3)
F	氟	9	18.9984032 (9)	Ne	氖	10	20.1797 (6)
Fe	铁	26	55.845 (2)	Ni	镍	28	58.6934 (2)
Ga	镓	31	69.723 (1)	O	氧	8	15.9994 (3)
Os	锇	76	190.23 (3)	Sn	锡	50	118.710 (7)
P	磷	15	30.973762 (4)	Sr	锶	38	87.62 (1)
Pa	镤	91	231.03588 (2)	Ta	钽	73	180.9479 (1)
Pb	铅	82	207.2 (1)	Tb	铽	65	158, 92534 (3)
Pd	钯	46	106.42 (1)	Te	碲	52	127.60 (3)
Pr	镨	59	140.90765 (3)	Th	钍	90	232.0381 (1)
Pt	铂	78	195.08 (3)	Ti	钛	22	47.867 (1)
Rb	铷	37	85.4678 (3)	Tl	铊	81	204.3833 (2)
Re	铼	75	186.207 (1)	Tm	铥	69	168.93421 (3)
Rh	铑	45	102.90550 (3)	U	铀	92	238.0289 (1)
Ru	钌	44	101.07 (2)	V	钒	23	50.9415 (1)
S	硫	16	32.066 (6)	W	钨	74	183.84 (1)
Sb	锑	51	121.760 (1)	Xe	氙	54	131.29 (2)
Sc	钪	21	44.955910 (9)	Y	钇	39	88.90585 (2)
Se	硒	34	78.96 (3)	Yb	镱	70	173.04 (3)
Si	硅	14	28.0855 (3)	Zn	锌	30	65.39 (2)
Sm	钐	62	150.36 (3)	Zr	锆	40	91.224 (2)

注（引自《大学化学》，1993 年 6 期）

主 要 参 考 书

[1] 孙毓庆主编 . 分析化学 . 第 3 版，北京：人民卫生出版社，1991
[2] 孙毓庆主编 . 分析化学实验 . 北京：人民卫生出版社，1993
[3] 张其河主编 . 分析化学 . 北京：中国医药科技出版社，1996
[4] 马长清主编 . 分析化学实验 . 北京：中国医药科技出版社，1998
[5] 朱亚琦主编 . 分析化学 . 北京：海洋出版社，1990
[6] 杜运清等编著 . 定量分析化学 . 武汉：华中师范大学出版社，1996
[7] 彭崇慧等编著 . 定量分析化学简明教程 . 第 2 版，北京：高等教育出版社，1997
[8] 武汉大学主编 . 分析化学 . 第 3 版，北京：高等教育出版社，1995
[9] 李龙泉，林长山，朱玉瑞等编著 . 定量化学分析 . 合肥：中国科技大学出版社，
      1997
[10] 许晓文，杨万龙，沈含熙编著 . 定量化学分析 . 天津：南开大学出版社，1996
[11] 薛华，李隆弟，郁源等编著 . 分析化学 . 第 2 版，北京：清华大学出版社，1994
[12] 杜岱春编著 . 分析化学 . 上海：复旦大学出版社，1993
[13] 华东化工学院分析化学教研组、成都科技大学教研组编 . 分析化学 . 第 3 版，北
      京：高等教育出版社，1982
[14] 华中师范大学等 . 分析化学 . 第 3 版，北京：高等教育出版社，1989
[15] 余忠谊、邹学贤主编 . 分析化学 . 武汉：湖北科技出版社，1990
[16] 陈华序主编 . 分析化学简明教程 . 北京：冶金工业出版社，1997